이야기를 횡단하는
호모픽투스의 모험

이야기를 횡단하는 호모 픽투스의 모험

Jonathan Gottschall
조너선 갓셜

노승영 옮김

The Adventure of Homo Fictus

인류의 저주이자 축복, 질병이자 치료제, 숙명이자 구원, 인간의 스토리텔링 본성을 찾아서

위즈덤하우스

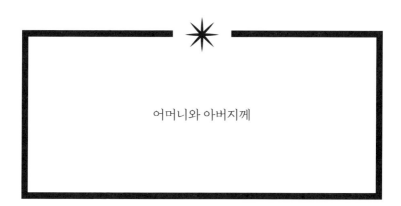

어머니와 아버지께

이야기를 들려달라.
이 광란의 세기에, 순간에,
이야기를 들려달라.

-로버트 펜 워런, 〈오듀본〉

머리말 :
결코 이야기꾼을 믿지 말라

INTRODUCTION : Never Trust a Storyteller

며칠 전 술집에 갔다. 그저 생각에 집중하기 위해서였지만 마음 한구석에서는 왠지 그러지 못할 것 같았다. 세상은 암담했고 집필은 막막했다. 이 책을 쓰려고 오랫동안 조사와 기획을 진행했다. 수백 쪽의 메모와 수백 쪽의 초고를 썼으며 내가 쓰게 될 책의 온갖 버전에 이름을 붙였다 뗐다 하면서 수십 가지 제목을 시도하고 폐기했다. 당시는 공포의 해Annus horribilis인 2020년 초였으며 나는 마감일을 어길 것이고 다음 마감일도 어길 것임을 알고 있었다.

물론 책의 전체 주제는 알고 있었다. 그것은 이야기다. 실제와 허구, 그 중간의 긴가민가한 서사까지 온갖 종류의 이야기, 더 구체적으로 말하자면 부지불식간에 우리의 마음을 빚어내는 이야기의 어두운 힘 말이다. 하지만 플라톤의 《국가》를 논한 2400년 분량의 학술 문헌, 대서양 노예무역의 만행, 세뇌에 대한 20세기

중반의 기이한 공포, 실소가 터질 만큼 터무니없는 큐어논(QAnon: 인터넷 커뮤니티 4chan의 /pol/ 게시판에서 유래한 미국의 극우 음모론 집단—옮긴이)과 지평설(地平說: 지구의 모양이 구체가 아니고 납작한 평면 형대를 띠고 있으며 땅끝에는 얼음 돔이 있다는 주장—옮긴이)의 부상, 거듭되는 총기 난사, 세계 최고(와 최악) 저술가들의 창작 과정에 대한 심도 있는 분석, 가상현실의 부상, 명확한 서사적 노선 아래 진행되는 미국 사회의 양극화, 그리고 우리의 뇌가 어떻게 이야기를 빚어내고 이야기에 의해 빚어지는지에 대한 방대한 연구에 이르기까지 조사할 게 너무 많았다.

　이 모든 조사는 다음의 질문에 답하기 위한 것이었다. 바로 지금 이 순간 이야기가 인류를 광기에 빠뜨리는 것처럼 보이는 이유는 무엇일까?

　하여 술집의 한적한 구석에 앉아 제일 싼 버번을 가득 따라달라고 주문했다. 귀에 귀마개를 끼우고 새하얀 술집 냅킨에 펜을 갖다 댔다. 취기가 오르길 기다렸다. 의식 상태와 주변 환경이 달라지면 고정관념에서 벗어나 창의적인 아이디어를 떠올릴 수 있을 것 같았다. 냅킨을 한참 쳐다보았다. 몇 자 끄적였다. 그런 다음 버번을 한 잔 더 주문하고서 주위를 둘러보았다. 맨 먼저 눈에 들어온 것은 소리를 끈 텔레비전에서 방영되는 요리 대결 리얼리티 쇼였다. 다른 텔레비전으로 고개를 돌리니 ESPN 채널에서 덩치 큰 사내 둘이 탁자를 사이에 두고 서로 고함을 지르고 있었다. 멀찍한 텔레비전에서는 경찰 드라마가 끝나고 새 프로그램이 시작되고 있었다.

그즈음 실감했다. 내가 이곳에 온 것은 생각하기 위해서가 아니라 한잔하기 위해서였음을. 하지만 실내를 둘러보다 취기 덕분에 내가 바라던 대로 세상을 삐딱하게 보게 되었음을 깨달았다. 우리가 평상시에 군중을 관찰하는 것은 **정말로** 군중을 관찰하는 게 아니다. 우리는 시야를 좁혀 개개인을 훑는다. 어쩌다 유난히 잘생긴 사람이 눈길을 사로잡으면 됐다 싶을 때까지 오랫동안 찬찬히 뜯어본다. 그러다 남달리 세련되거나 특이하게 차려입은 사람이 눈에 들어온다. 다음으로 키가 아주 작거나 크거나 말랐거나 뚱뚱한 사람을 바라본다. 우리의 눈은 한 특징에서 다음 특징으로 휙휙 넘어간다.

어쨌거나 나는 그랬다. 하지만 이날 밤 나는 개인이 아니라 군중을, 나무가 아니라 숲을 볼 수 있었다. 인간은 자신의 행동이 다채롭고 다양하고 예측 불허라고 자부한다. 하지만 그렇지 않다. 우리의 행동은 획일적이고 상투적이고 예측 가능하다. 술집 손님들은 (취하고 침울한 작가만 빼면) 모두 **정확히 같은** 행동을 하고 있었다.

무엇을 하고 있었는지 묘사해보겠다. 그들은 허공에 손을 흔들고 있었다. 입을 벌렸다 다물었다 하고 있었다. 입술과 혀를 무척 날렵하고 힘차게 놀리고 있었다. 몇몇은 새된 음성을, 또 몇몇은 우렁찬 음성을 토하고 있었다. 한 남자가 여자의 귓가에 손을 오므려 대고서 따스한 정보가 담긴 숨결을 달팽이관 속으로 불어

넣어 그녀의 뇌에 직접 주입하는 광경이 보였다. 여자가 경련하듯 고개를 뒤로 젖혔다. 목에 핏대가 선 채 천장을 향해서 컹컹 개 짖는 소리를 냈다.

눈을 뗄 수 없었다. 술집에 있는 모든 사람이 이 행동을 하고 있었다. 탁자 앞에 앉은 손님들. 종업원과 바텐더. 심지어 텔레비전 속의 성난 전직 선수들, 얼굴을 뜯어고친 뉴스 진행자들, 경찰과 도둑을 연기하는 배우들, 샘와우 키친타월을 홍보하는 남자까지 전부 같은 행동을 하고 있었다.

술집 냅킨을 다시 들여다보았다. 꼬물거리는 귀마개를 손가락으로 꾹 눌렀다. 이렇게 썼다. '이 사람들은 괴상하다. 여기서 뭘 하고 있지? 그들이 실제로 하고 있는 건 뭘까?'

물론 나는 그들이 무엇을 하는지 알고 있었다. 그들은 친구와 어울리고 있었다. 평생의 반려자를 찾고 있었다. 나처럼 우울을 달래고 있었다. 하지만 일단 무리를 이루면, 설령 단둘이 만나더라도 누구나 입술을 옴쭉거리고 얼굴을 일그러뜨리고 손을 흔드는 발작적 동작을 하는 건 왜일까?

사람들은 온종일 자신과 타인이 내뱉는 말의 돌풍을 헤치며 나아간다. 아기가 엄마에게 옹알거리는 최초의 소리부터 임종에 터져 나오는 최후의 단말마까지 평생을 그렇게 산다. 사람들은 모이기만 하면 번갈아가며 말한다. 말을 하지 않을 때는 텔레비전에서 딴 사람들이 말하는 것을 보거나 책에서 남의 말을 읽거나 라디오에서 노랫말을 듣는다.

당신이 인간 행동을 연구하는 외계인 학자인데 인류를 특징 짓는 행동을 하나만 꼽아달라고 요청받았다면 '수면'이나 '노동'이라고 말할지도 모르겠다. 하지만 그건 당신이 외계인이고 우리를 전혀 이해하지 못했기 때문이다. 당신이 나처럼 인간 행동을 연구하는 지구인 학자라면 '소통'이라고 말할 것이다.

하지만 꼼꼼히 살펴보면 우리가 하는 말들은 대부분 하나 마나 한 것들이다. 강의에 스토리텔링을 접목하는 방법에 대해 손과 입술을 파닥거려 달라는 요청을 받은 적이 있다. 강당을 메운 사람들은 핵발전소에서 근무하는 안전지도사들이었다. 그들의 말은 정말로 중요하다. 안전지도사들이 정확한 낱말을 골라 정확한 순서로 배열하지 않으면 참사가 벌어질 수도 있다.

하지만 대부분의 소통은 그렇지 않다. 우리는 누군가의 우스꽝스러운 애완견이나 골 빈 상사나 밥맛없는 남자친구에 대한 말을 주고받는다. 술집 텔레비전에서 뿔난 전직 선수들이 고함지르며 주고받던 말은 롭 그론카우스키라는 전설의 미식축구 영웅이 은퇴를 번복할 것인가 말 것인가였다. 취하고 침울한 작가마저도 자리에 앉아 끊임없이 이런 혼잣말을 주절거리고 있었다. 나는 폭삭 망한 걸까? 인류 역사상 저자를 골로 보낸 책이 몇 권이던가?

냅킨에 쓴 질문을 내려다보았다. 그들이 실제로 하고 있는 일은 뭘까? 질문이 굵은 글씨로 두드러져 보일 때까지 덧칠하고 또 덧칠했다. 고개를 들어 둘러보니 사람들은 서고 앉고 앞뒤로 기대고 이리저리 걸어다니고 있었다. 숲이 산들바람에 흔들리듯 말의 숨결에 밀려 움직이는 것 같았다.

냅킨에 낱말 하나를 더 썼다. '구슬림.'

냅킨을 살짝 틀어 다른 각도에서 낱말을 쳐다보았다. 그런 다음 물음표를 덧붙여 '구슬림?'으로 만들었다. 찡그린 얼굴로 오래도록 술집을 둘러보았다.

구슬림

Sway

우리가 평생 끊임없이 주고받는 소통에는 하나같이 궁극적인 목적이 있다. 그 목적이란 타인의 마음에 영향을 미치는 것, 사람들의 생각과 느낌, 최종적으로는 행동을 내가 바라는 쪽으로 하게 구슬리는 것이다. 우리는 소통할 때마다 소소하고 시시한 말을 이용하여 상대방을 약간이나마 구슬리고 그럼으로써 세상을 자신에게 유리하도록 바꾸려 한다.

우리가 입김을 내뿜고 키보드를 두드리고 노래하는 것은 십중팔구 구슬리기 위해서다. 스스로에게 내뱉는 말조차 그렇다. 내면의 목소리를 과학적으로 연구하긴 힘들지만 오래전부터 심리학자들은 "혼잣말은 충동을 억누르고 행동을 유도하고 목표 달성을 점검하는 역할을 한"다고 단언했다.[1] 말하자면 혼잣말은 정신 똑바로 차리라며 스스로를 구슬리는 방법이다.

경우에 따라서는 구슬림이 소통의 중심에 있다는 사실이 뚜렷해 보일 때도 있다. 판촉원이나 정치인의 소통은 우리를 구슬려 지갑을 열게 하거나 표를 얻으려는 수작이 틀림없다. 하지만 앞의 술집 같은 상황에서도 뚜렷하지는 않을지언정 같은 일이 벌어지고 있다. 술자리 대화는 대체로 이루 말할 수 없이 시답잖지만, 그럼에도 인류의 번영에 필수적인 사회적 유대감을 확립하거나 유지하는 중요한 역할을 한다. 비행기에서 낯선 사람과 주고받는 인사치레 잡담조차도 그와 안면을 터서 행여 나를 죽이고 물건을 빼앗으려는 생각을 품지 않도록 하려는 본능에서 비롯하는지도 모른다.

우리가 평생 동안 지껄이는 이유는 소통 능력이 영향력의 잣대이기 때문이다. 남들에게 휘둘리지 않고 내 의지를 얼마나 남들에게 관철할 수 있는가를 보여주기 때문이다. 그렇다고 해서 여기에 반드시 마키아벨리적인 구석이 있는 것은 아니다. 아니, 그런 구석은 거의 없다. 호모 사피엔스가 온갖 악행을 저지르긴 하지만 생물학자 스티븐 제이 굴드의 말마따나 우리는 "지극히 상냥한 종"이니까.[2] 우리가 친구나 낯선 사람과 매일매일 주고받는 상호작용은 지극히 상냥하거나 적어도 중립적이다. 우리가 상냥하다고 말할 수 있는 한 가지 근거는 자신의 이익 못지않게 타인의 이익에도 부합하도록 그들을 구슬리려고 열심히 노력한다는 것이다. 한때 지리멸렬한 종이던 인류가 지구를 정복한 첫 번째 이유는 정교한 언어 덕에 다른 동물보다 효과적으로 협력할 수 있었기 때문이다.[3] 한마디로 우리가 남을 구슬리는 것은 기생하기 위해서가 아니라 공생하기 위해서다.

당신에게는 이 구슬림 이야기가 솔깃하게 들릴지도 모르겠다. 어쩌면 뻔하게 들릴 수도 있고. 숙취가 가라앉자 이 통찰은 뻔한 동시에 솔깃하게 느껴졌다. 하지만 소통의 쓰임새가 구슬림이라는 이 단순한 전제에서 한발만 내디디면 스토리텔링의 목적을 규명하는 더 근본적인 삼단논법에 이르게 된다.

소통의 주된 쓰임새는 구슬림이다.
스토리텔링은 소통의 한 형태다.
따라서 스토리텔링의 주된 쓰임새도 구슬림이다.

게다가 이야기는 소설가나 광고 전문가뿐 아니라 모든 사람이 상대방을 구슬릴 때 주로 쓰는 방법이다. 어쨌든 술집에 있던 사람들은 우스꽝스러운 애완견이나 밥맛없는 남자친구에 대해 보고서나 논문을 토의하고 있는 게 아니었다. 그들은 이야기를 하고 있었다. 텔레비전 속 방송인들도 이야기를 하고 있었고 배우들도 이야기를 연기하고 있었으며 뿔난 전직 선수들도 그론카우스키 논란을 안 그래도 흥미진진한 뉴잉글랜드 프로 미식축구라는 드라마에 엮어 넣고 있었다. 요리 대결 리얼리티쇼의 주제는 결코 요리가 아니었다. 주인공이 해피엔드를 향해 분투하고 진행자들이 갈등과 극적 효과를 증폭하려고 온갖 기법과 꼼수를 부리는 이야기였다.

인간이 하는 일 중에서 으뜸은 말의 바람을 헤치고 나아가는 것이다. 이 말들은 파워포인트 화면, 업무 매뉴얼, 엑셀 표, 목록으로 정리되어 있지 않다. 아이의 서툰 농담에서 슈퍼마켓 잡담, 판촉이나 선전 문구, (미국인 평균으로 따져 네 시간 이상의) 텔레비전 시청, 국가적·종교적 신화의 단편들에 이르는 온갖 서사를 섭렵하는 일로 우리는 하루 대부분을 보낸다.

이것은 이야기가 타인의 마음에 영향을 미치는 가장 강력한 수법이기 때문이다. 이야기는 서로를 단단히 구슬려 마음을 영영 돌려놓는 수단 중에서 인류가 찾아낸 가장 효과적인 수단이다. 이야기의 어마어마한 능력이 좋은 쪽으로 발휘되어 공감, 이해, 자선, 평화를 증진한다면 근사한 일이다. 하지만 스토리텔링의 구슬림 마법은 분열, 불신, 증오의 씨를 뿌리는 데에도 더없이 효과적이다.

내 말이 곧이들리지 않을지도 모르겠다. 그게 옳은 태도다. 어쨌거나 나는 학자를 자처하는 인물이지만 지금까지는 당신에게 이야기 하나를 들려주었을 뿐이다. 그리고 당신이 이 책에서 얻어야 할 단 하나의 교훈이 있다면 바로 이것이다.

결코 이야기꾼을 믿지 말라.

하지만 우리는 믿는다. 실은 믿지 않을 수 없다.

이야기가 강아지나 무지개처럼 삶을 더 낫게 만들어준다는 말에 반대하는 사람은 아무도 없다. 비즈니스, 교육, 법률, 의약품, 자기계발을 비롯한 수많은 인간사의 영역에서 스토리텔링의 막강한 능력을 찬미하는 범문화적 분위기가 조성되어 있으며, 이는 이야기에 대한 본능적이고 무조건적인 호감을 부추긴다. 하지만 이렇게 주입된 좋은 인상 때문에 이야기는 합리적 논증보다 강하고 엄밀한 사실보다 솔깃한 힘을 얻었다. 사람들에게 이야기가 자신의 생각과 행동에 얼마나 영향을 미치느냐고 물으면 대부분은 이렇게 답한다. "별로요."[4] 얄궂게도, 이야기꾼이 우리를 마음대로 구슬리는 것은 그들이 우리를 구슬리지 못하리라는 우리의 근거 없는 자신감 때문이다. 그들은 좋은 쪽으로 구슬릴 때도 있지만 대개는 나쁜 쪽으로 구슬린다.

이야기가 우리를 좋은 쪽으로 구슬리는 것에 대해서는 이미 전작 《스토리텔링 애니멀》에서 들여다보았다. 이번 책은 전작의 핵심 주제들을 다시 거론하되 이야기가 어떻게 우리를 개인적 차원에서뿐 아니라 무엇보다 사회 전체의 차원에서 나쁜 쪽으로 구슬리는지에 초점을 맞춘다.

그렇다면 우리는 어떻게 해야 할까? 이 질문은 마지막에 살펴볼 것이다. 지금은 이 책에서 다루지 않을 환상 하나만 언급하고자 한다. 그것은 이야기꾼을 사회에서 추방할 수 있다거나 우리가 그런 세상에서 살고 싶어 하리라는 플라톤의 유명한 발언이다. 인간은 숨 쉬거나 잠자는 것을 포기하지 못하듯 서사를 포기하지 못한다. 그러니 이 책에서 나는 당신을 구슬릴 수 있는 가장 효과적인 방법으로 이야기의 힘을 설명할 것이다. 그 방법은 이야기다.

남자는 마흔여섯 살이다. 덩치가 크고 투실투실하며 친구는 한 명도 없다. 한동안 실직 상태였지만 늘 그랬던 건 아니다. 늘 친구가 없었던 것도 아니다. 한때는 빵집에서 일했다. 동료들은 그를 좋아했다. 그는 파티에 참석했고 동료의 자녀들과 놀아주었다. 친구들 사이에서는 뱁스Babs라는 별명으로 통했다. 말썽에 휘말린 적은 한 번도 없었다. 누구 하나 다치게 한 적도 없었다. 그가 고성능 총기를 사러 갔을 때 범죄경력 조회 결과는 전과 하나 없이 깨끗했다.

2018년 10월 27일 남자는 예전 같은 호인이 아니었다. 실은 음험한 사상과 충동에 사로잡혀 있었다. 나는 10월의 그 토요일 아침 그가 일어나 독거남의 아침 식사인 인스턴트 오트밀이나 콘플레이크를 먹는 장면을 상상한다. 커피를 홀짝거리며 소셜미디어 게시물을 넘겨 보다 어떤 것에는 미소 짓고 어떤 것에는 고개를 내두르는 장면을 상상한다. 그런 다음 (온 세상을 구슬릴) 게시물을 직접 올린 뒤에 그는 가방을 트럭에 던져 넣고서 15분간 차를 몰아 피츠버그 인근의 파릇파릇한 부촌 스쿼럴힐Squirrel Hill에 도착했다.

그가 차를 몰면서 무슨 생각을 했는지 궁금하다. 죽음이 두려웠을까? 죽이는 것은? 차를 길가에 대고 마지막으로 한 번 더 고민했을까? 정의감에 불타올랐을까? 여느 운전사처럼 포트피트 터널의 병목 지점에서 까무룩 졸았으려나?

남자는 생명나무 유대교 회당 앞에 차를 세우고는 정문으로 걸어 들어가 총격을 시작했다. "유대인은 전부 죽어야 해!" 이렇게 외치며 AR-15 소총과 글록 .357 권총 세 정을 잇따라 발사했다.

첫 경찰이 도착하기까지 몇 분간 그는 열한 명의 목숨을 빼앗고 여러 명에게 부상을 입혔다. 그러고는 경찰특공대의 총에 맞아 쓰러졌다. 경관들이 그의 목숨을 살리려 애쓰는 동안 살해범은 자신의 행동을 변호하려 안간힘을 썼다. 자신은 아무 이유 없이 학교나 쇼핑몰에 총기를 난사하는 허무주의자 미친개와는 다르다고 항변했다. 자신이 범죄를 저지른 것은 오로지 훨씬 거대하고 사악한 범죄를 중단시키기 위해서라고 말했다. 유대인들이 미국을 사실상 침공하고 있으며 백인을 서서히 절멸시키고 있다고 주장했다.

그날 밤 나는 스쿼럴힐까지 반 시간을 운전하여 급조된 경야(經夜: 죽은 사람을 장사 지내기 전에 가까운 친척이나 친구들이 관 옆에서 밤을 새워 지키는 일—옮긴이)에 참석했다. 황망해하는 수천 명의 추모객을 헤치고 앞으로 나아갔다. 이런 생각이 들었다. 이 모든 것은, 이곳에 드리운 모든 죽음과 슬픔의 장막은 이야기 때문이야.

이야기는 세상에서 가장 사랑받는 전통 중 하나다. 이야기는 불사의 존재처럼 비척비척 역사를 통과한다. 아무리 죽으려고 안간힘을 써도, 아무리 많은 증거를 들이대어 매장하려 해도 비척비척 앞으로 나아간다.

이야기는 신약성경에서 본디오 빌라도가 손을 씻는 장면을 시작으로 《시온 장로 의정서》를 거쳐 스톰프런트(Stormfront: 백인우월주의 웹사이트—옮긴이) 선언문까지 글에서 글로 이어지며 학살을 부추기고 또 부추긴다. 언제나 똑같은 이야기가 무수히 변주된다.

이런 식이다. 유대인은 역사의 흡혈귀다. 이 인간 말종 초인간들은 악마적 교활함과 탐욕으로 부와 권력을 차지하고 나머지 모든 사람을 노예로 삼을 음모를 수천 년째 벌이고 있다. 선한 사람들이 떨쳐 일어나 유대인을 몰아내면, 모든 선한 것을 옭아맨 그들의 굴레를 부술 수만 있다면 만사가 해결될 것이다.

이 이야기는 하도 친숙해서 어떤 사람들은 이것이 얼마나 얼토당토않은지 실감하지 못한다. 그러니 음모론자 데이비드 아이크David Icke의 사례와 비교하는 게 좋겠다. 그는 4차원 외계 도마뱀 인간들이 우리를 몰래 노예로 부리고 있다고 주장하여 유명해졌다. 그의 주장에 따르면 모든 미국 대통령이 외계 도마뱀이라는 사실을 우리가 모르는 이유는 그들이 홀로그램 베일을 둘러 새까만 눈알과 비늘 덮인 꼬리를 감추기 때문이다. 아이크는 도마뱀 지배자들의 유별난 식습관이야말로 모든 인간이 고통받는 근원이라고 주장한다. 도마뱀은 인간 에너지를 먹고 사는데, 고통이야말로 그들에겐 가장 감미로운 음식이다. 그래서 도마뱀들은 전쟁, 빈곤, 질병으로 인류를 괴롭힌다. 그들의 목적은 우리의 슬픔을 가득 모아 가느다란 파충류 혀로 핥아 먹는 것이다. 여론 조사에 따르면 약 1200만 명의 미국인이 이 이야기를 진짜라고 믿는다.[5]

이제 앞의 문단을 다시 읽되 '외계 도마뱀 인간'의 자리에 '유대인'을 넣어보라. 그러면 생명나무 살해범뿐 아니라 나치에게 영감을 준 이야기와 얼추 비슷해진다.* 1933년 나치가 정권을 잡자 히틀러는 요제프 괴벨스에게 제국국민계몽선전부 설립을 지시했다. 이 부처는 새로운 국가 현실을 지어내기 위해 독일의 모든 스토리텔링 기구를 국가의 통제하에 두었다. 라디오에서, 신문에서, 뉴스 영화에서, 연설에서, 심지어 인위적 입소문 선전전(문트프로파간다 mundpropaganda)에서 나치 선전원들은 수많은 이야기를 하는 것 같았지만 사실 그것들은 단 하나의 이야기, 아리아인 기사들이 인류 최후의 대결전에서 유대인의 악과 싸운다는 이야기였다. 이 이야기가 어찌나 간명하고 강력했던지, 대중에게 어찌나 솔깃했던지 허구는 현실이 되어버렸다.[6]

이 이야기 하나가 일으킨 고통의 규모는 상상을 초월한다. 반反유대주의는 홀로코스트에서뿐 아니라 제2차 세계대전에 대한 나치의 정당화에서도 언제나 중심적인 역할을 했다.[7] 이 이야기 때문에 유대인 수백만 명이 살해되었을 뿐 아니라 수천만 명이 전사하고 헤아릴 수 없는 사람들이 불구가 되거나 강간당하고 고대 도시들이 사라지고 어마어마한 물질적·문화적 부가 증발했다. 이 모든 비극은 유대인의 사악함에 대한 이야기에서 비롯했다. 데이비

---

* 혹자는 아이크가 전 세계 유대인 음모를 교활하게 모방한다고 비난한다. 이러한 반유대주의 공격에 대해 아이크는 오히려 그것이야말로 세계 도마뱀 음모 세력이 자신의 신뢰성을 떨어뜨리려고 공작을 벌이는 증거라고 맞받아친다.

드 아이크의 도마뱀 판타지만큼이나 멍청한 이야기에서.

이 멍청한 이야기로 인한 사망자 수는 늘어만 갔으며 생명나무 유대교 회당의 단독 학살도 그중 하나다. 총격범이 범행 전에 소셜미디어에 올려 악명을 떨친 마지막 글은 다음과 같다. "HIAS(히브리이민자구호협회)는 우리 나라 사람들을 죽이는 침략자들을 입국시키고 싶어 해. 나의 동포가 학살당하는 광경을 두고 볼 수 없어. 눈깔 똑바로 끼우고 똑똑히 봐. 난 결행하겠어."

살해범의 말은 이런 뜻이다. 나는 바보가 아니다. 무력하고 대부분 노쇠한 신자들에게 총알을 난사하는 게 좋아 보이지 않는다는 걸 안다. 내가 괴물처럼 보일 거라는 걸 안다. 하지만 똑똑히 보라. 나는 괴물이 아니다. 나는 괴물을 처단하려고 모든 것을 희생하는 선한 사람이다.

이것은 의미심장한 대목이다. 회당에서 벌어진 사건의 심층적 의미로 연결되기 때문이다. 생명나무 살해범은 단순히 유대인의 사악함을 주제로 한 옛 허구의 애독자가 아니었다. 어느 순간 등장인물이 되어 허구 속으로 들어갔다. 스스로 역사상 가장 위대한 서사시의 징벌자 영웅이 되었다. 살해범은 끔찍한 라프(LARP: 현실판 롤플레잉 게임) 판타지에 스스로를 옭아맸다. 숲속을 신나게 내달리며 〈던전 앤 드래곤Dungeons & Dragons〉 판타지를 연기하는 다른 어른들처럼 말이다.

하지만 그의 희생자들은 진짜였다.

나는 《스토리텔링 애니멀》에서 호모 사피엔스(슬기로운 사람)가 인류를 일컫는 적절한 정의라고 주장했다. 하지만 호모 픽투스(픽션 사람, 이야기 사람)가 더 나을지 모른다.[8] 인간은 이야기하는 동물이다.

하지만 이번에는 호모 픽투스의 정의를 가다듬어 인류의 스토리텔링 본능과 연장 사용 본능에 일관성이 있음을 강조해보겠다. 인간은 이야기를 연장처럼 쓰는 동물이다. 연장이란 폭넓게 정의하자면 주변 세상을 변화시키고 영향을 미치기 위해 사용하는 도구다. 사람들은 연장 사용에 도가 텄다. 망치를 써서 못을 박고 나사못을 써서 널빤지를 잇대고 주사기를 써서 목숨을 구하고 컴퓨터를 써서 계산하고 소통한다.

하지만 우리에게는 타고난 자연적 연장도 있다. 이를테면 손은 움직여 소통하고 어루만져 애정을 표하고 다른 연장을 만들고 공격자를 물리치는 만능 연장이다.

이야기는 주변 세상뿐 아니라 주변 사람들을 변화시키는 데 사용하는 마음속 연장이다. 이야기꾼이 궁리한다. 어떻게 사람들을 구슬릴 수 있을까? 어떻게 그들의 돈을 차지할 수 있을까? 어떻게 생명의 아름다움으로 그들을 감동시킬 수 있을까? 어떻게 그들에게 내 세계관을 주입할 수 있을까? 어떻게 그들을 웃겨 나를 좋아하게 만들 수 있을까? 어떻게 그들의 표를 끌어올 수 있을까? 어떻게 그들을 한 팀으로 뭉치게 할 수 있을까? 어떻게 세상을 바꿀 수 있을까? 이야기는 픽션과 서사적 논픽션, 그 사이에 있는 모든 것으로서, 듣는 사람을 이 목표 쪽으로 움직이게 하는 자연적 손잡이다.

여느 연장과 마찬가지로 이야기에는 당면 목표와 궁극적인 목적이 있다. X를 위하여 Y를 하는 것이다. 망치의 당면 목표는 못을 박는 것이지만 궁극적인 목적은 무언가를, 이를테면 탁자를 만드는 것이다. 당면 목표 차원에서 이야기는 상대방을 즐겁게 하고 가르치고 의미를 만들어내는 등 여러 역할을 하지만 이 역할들은 구슬리기라는 스토리텔링의 더 폭넓은 역할과 별개가 아니며 그 일부다. 이야기는 영향력 발생기influence machine다. 눈길을 사로잡고 감정을 불러일으키도록 고안된 예측 가능한 요소들을 갖추고 있으며, 그 궁극적인 목적은 타인에게 영향력을 행사하는 것이다.

이야기의 구슬림 능력을 이해하는 좋은 방법은 〈스타워즈〉의 '포스'를 현실에 옮겨놓았다고 상상하는 것이다. 포스와 마찬가지로 이야기는 사방에 퍼져 있는 어둠과 빛의 에너지장이며 우리의 모든 행동에 영향을 미친다. 라디오에서, 뉴스에서, 텔레비전에서, 팟캐스트에서, 소셜미디어에서, 광고에서, 대화에서 우리는 출렁거리는 서사의 바다를 끝없이 헤엄치며, 경쟁하는 이야기들은 서로 밀치락달치락하며 우리를 흔들어댄다.

물론 〈스타워즈〉의 포스는 허구적 종교의 중심에, 허구적 우주의 중심에 있는 순전히 허구적인 관념이다. 하지만 이야기의 포스는 진짜다. 전자기력에서 지진에 이르는 여느 자연력처럼 과학적으로 정의하고 연구할 수 있는 자연 현상이다. 사실 지난 수십 년에 걸쳐 등장한 본격적인 스토리텔링 과학은 이야기의 힘이 말로 표현할 수 없는 무언가, 과학으로 설명할 수 없는 무언가라는 낡은 미신에 도전하고 있다. 오늘날 심리학자, 커뮤니케이션 전문가, 신경과학자, 문학 '분석가'를 비롯한 다양한 연구자 집단이 과학적 방법을 동원하여 '이야기에 빠진 뇌'를 연구하고 있다.

그 결과는 솔직히 심란하다. 알고 보면 이야기의 달인은 포스의 달인과 다르지 않다. 이야기꾼은 주술을 부려 우리 마음속에 들어오는 입장권을 얻으며 우리의 감정을 바꿔 생각을 바꾸고 그럼으로써 우리가 소비하고 투표하고 관심을 표하는 방식을 바꿀 수 있다.

이야기 포스의 어마어마한 능력이 참된 제다이를 통해 선한 쪽으로 발휘되는 것은 근사한 일이다. 하지만 이 구슬림 능력은 다크 사이드(어둠의 편)에서도 얼마든지 발휘될 수 있다.

이야기 과학에 따르면 〈스타워즈〉의 포스가 양면적인 것과 마찬가지로 스토리텔링의 모든 측면 또한 악용될 수 있다. 스토리텔링을 건전하게 만드는 모든 것은 실은 스토리텔링을 위험하게 만드는 것이기도 하다.

물론 내가 핵발전소 안전지도사들에게 말했듯 이야기는 가르침과 배움을 위한 귀중한 연장이다. 하지만 조작과 세뇌에 안성맞춤인 연장이기도 하다.

물론 서사는 우리가 세상을 이해하는 주된 연장이다. 하지만 위험한 헛소리를 지어내는 주된 연장이기도 하다.

물론 이야기에는 일반적으로 친사회적 행동을 강화하는 도덕적 측면이 있다. 하지만 선악과 정의의 플롯에 천편일률적으로 집착하여 야만적 복수와 도덕적 자만심 본능을 충족하고 강화하기도 한다.

물론 공감적 스토리텔링은 편견을 극복하는 최선의 연장 중 하나다. 하지만 그런 편견을 조장하고 살을 붙이고 전파하는 수단이기도 하다.

물론 사회가 우리 본성의 선한 천사를 찾도록 이야기가 도움을 준 사례는 무수히 많다. 하지만 역사를 통틀어 최악의 악마를 불러낸 이야기는 언제나 존재했다.

물론 이야기는 가지각색의 인류를 자석처럼 끌어당겨 끈끈한 집단으로 뭉칠 수 있다. 하지만 이야기는 마주 보는 두 N극처럼 집단들을 밀어내는 주된 힘이기도 하다.

이를 비롯한 여러 이유를 근거로 나는 스토리텔링을 인류의 '필수적 독'으로 여긴다. 필수적 독이란 인류의 생존에 필수적이지만 치명적일 수도 있는 성분을 일컫는다. 산소를 생각해보라. 인간은 호흡하는 여느 생물처럼 산소가 있어야 살 수 있다. 하지만 산소는 "유독성 환경 독소"[9]로 불릴 만큼 매우 불안정한 화합물로, 일생에 걸쳐 우리 몸에 지속적으로 손상을 입힌다.

차가 산화하면 녹이 슬고 부서져 고철이 되듯 인체의 유기적 구조가 산화하면 DNA 가닥이 끊어지고 동맥이 뻣뻣해지고 세포막이 갈라지고 200여 가지 퇴행성 질환에 걸릴 수 있다. 산화로 인한 인체 손상(산화 스트레스)은 뭉뚱그려 노화라 불리는 과정의 주원인이기도 하다. 중년이 되어 '녹슨' 느낌을 받는 것은 말 그대로 금속처럼 부식하는 것이 아니라 산화 스트레스의 영향을 체감하는 것이다. 연구자들은 이것을 '산소 역설'이라고 부른다. 산소는 필수적이지만 결국에 가서는 매우 해롭다.[10]

이 책의 주제는 이야기의 역설이다. 이야기는 인류의 오래된 저주이자 축복이다. 우리의 질병이자 치료제다. 숙명이자 구원이다. 이야기는 인류를 으뜸가는 종으로 우뚝 세웠다. 연약하고 보잘것없는 인류가 지구를 제패한 것은 서사 능력 덕이다.[11] 하지만 이제 우리는 스토리텔링의 빅뱅을 겪고 있다. 이야기의 우주가 놀랄 만큼 빠르게 사방으로 팽창하고 있다. 우리는 소셜미디어, 케이블 텔레비전, 24시간 뉴스 채널, 총 미디어 소비 급증의 시대를 살아간다. 기술적 진입 장벽이 일순간 사라지자 커뮤니케이션 제국을 짓고 싶은 사람은 누구든 도전할 수 있게 되었다. 우리는 지구적 네트워크를 통해 활자 콘텐츠, 시각 콘텐츠, 음성 콘텐츠를 순식간에 유포할 수 있다. 이것은 20년 전만 해도 주요 미디어 기업들조차 엄두도 내지 못한 능력이다. 지금 같은 대규모 기술적·문화적 격변의 시대에 이야기는 우리의 마음을 착란시키고 우리를 다른 현실에 가두고 사회를 갈기갈기 찢을 것처럼 보인다.

이야기가 인류를 광기로 몰아간다는 말은 이런 뜻이다. 우리가 광분하고 포악해지는 것은 소셜미디어 때문이 아니라 소셜미디어가 퍼뜨리는 이야기 때문이다. 우리가 서로 단절되는 것은 정치 때문이 아니라 정치인들이 말하는 날 선 이야기 때문이다. 우리가 지구를 파괴하는 과소비를 일삼는 것은 판촉 때문이 아니라 판촉원이 지어내는 '그 후로 오랫동안 행복하게' 식 판타지 때문이다. 우리가 서로를 악마화하는 것은 무지나 비열함 때문이 아니다. 피해망상과 복수심에 물든 사고방식 때문에 우리는 선인이 악인과 싸운다는 뻔한 이야기에 빠져들고 빠져들고 또 빠져든다.

이 책에서 나는 이야기의 어두운 힘을 보여주는 충격적인 사례들과 그 힘이 일반인에게, 즉 우리 한 사람 한 사람에게 영향을 미치는 은밀한 과정에 초점을 맞출 것이다. 어쩌면 생명나무 살해범은 타고난 괴물이었는지도 모른다. 하지만 이야기 때문에 괴물이 되었을 가능성이 더 크다. 그에게서 우리는 인류 역사의 대법칙이자 이 책의 일관된 주제를 본다. 이런 식이다. 괴물은 언제나 괴물처럼 행동한다. 하지만 착한 사람을 괴물처럼 행동하게 만들려면 우선 터무니없는 거짓말, 음험한 음모론, 모든 것을 아우르는 정치적·종교적 신화 같은 이야기를 그에게 들려주어야 한다. 악한 행위, 이를테면 전 세계 유대인을 쓸어버리는 행위를 좋아 보이게 하는 마법적 허구를 들려주어야 한다.

정치적 양극화, 환경 파괴, 무책임한 선동, 전쟁, 증오 같은 우리 문명 최악의 병폐들을 부추기는 모든 요인의 이면에는 언제나 똑같은 주요인이 있다. 그것은 마음을 미혹하는 이야기다. '이야기의 역설'로 인간 행동의 모든 것을 설명할 수는 없을지라도 적어도 가장 나쁜 것들을 설명할 수는 있다.

우리가 스스로에게 물어야 할 가장 시급한 질문은 케케묵은 "어떻게 이야기를 **통해** 세상을 바꿀 수 있을까?"가 아니다. "어떻게 이야기**로부터** 세상을 구할 수 있을까?"다.

1. "이야기꾼이 세상을 다스린다"

"THE STORYTELLER RULES THE WORLD"

이야기꾼이 정말로 세상을 다스리는지는 몰라도 워싱턴·제퍼슨대학에서는 그래 보이지 않는다.* 여느 대학과 마찬가지로 이 작은 인문대학에서도 세상을 다스리는 것은 이야기꾼이 아니라 과학자인 것처럼 보인다.

이런 생각이 든 것은 매킬베인홀이 철거되었을 때였다. 그곳은 한 세기 동안 나를 비롯한 워싱턴·제퍼슨대학의 학생과 교수들이 철학, 사회학, 영문학의 수수께끼를 탐구하던 장소였다. 그런데 어느 날 아침 한 남자가 기다란 목과 억센 턱을 가진 커다란 기계에 올라탔다. 무쇠 브론토사우루스처럼 생긴 그 기계는 끙끙거리고 뿡뿡거리면서 목을 쭉 빼더니 저 모든 장인의 노고를 무너뜨

---

* "이야기꾼이 세상을 다스린다"라는 속담은 출처가 불분명하다. 플라톤, 아리스토텔레스, 호피 족 노인, 아메리카 원주민 무녀巫女 등 여러 출처가 거론된다.

려 큼지막한 덩어리로 부순 다음 땅바닥에 쓰레기로 팽개쳤다.

대학은 그 자리에 스완슨과학연구동을 신축했다. 4600제곱미터 부지에 벽돌과 매끈한 돌로 지은 실험실들은 유리와 철강으로 반짝거렸다. 실내에는 널찍한 대리석 홀이 18미터 높이로 뚫려 있었으며 웅장한 기둥과 팔라디오 양식의 창문이 바닥에서 천장까지 뻗어 있었다. 수천만 달러를 들여 지은 과학의 타지마할이었다.

나는 12미터도 떨어지지 않은 영문학과 건물 뒤쪽 현관에서 과학연구동이 차곡차곡 올라가는 광경을 지켜보았다. 영문학과가 위치한 데이비스홀에는 모종의 남루한 위엄이 있다. 이 건물은 19세기 콜로니얼 양식으로 지어졌으며 천장은 높고 바닥은 하드우드고 현관의 포치 지붕은 으리으리하다. 하지만 가까이서 보면 녹슬 수 있는 것은 모조리 녹슬고 있고 벗겨질 수 있는 것은 모조리 벗겨지고 있다. 포치 지붕에서 떨어진 빗물에 데크가 휘어진 게 보인다. 물렁해진 덧문에서 페인트가 일어나 우툴두툴한 초록색 표면이 보인다. 고개를 들어 옥상을 바라보면 굴뚝 주변으로 낙엽을 뚫고 솟아난 어린나무 침입자들이 뿌리를 내려 벽돌을 부스러뜨리는 게 보인다. 뒤로 돌아가면 표면 부식이 흑색종처럼 건물을 좀먹어 들어가는 게 보인다.

공사가 끝났을 때 나는 멀찍이 서서 데이비스홀과 스완슨과학연구동이 커다란 고래와 작고 딱딱한 따개비처럼 바싹 붙어 있는 장면을 바라보았다. 좋은 비유는 보면 안다.

데이비스홀은 천천히 무너져 폐허가 되어가고 인문학이라는 옛 종교는 사멸한다.

스완슨과학연구동은 새로 떠오른 신을 위한 신전이다.

나는 문학과 과학 '두 문화' 사이에서 벌어지는 전쟁에서 숙명적 최후의 대결을 벌이는 인문학 전사가 아니다. 전쟁은 끝났다. 과학의 문화가 완승했다. 국립과학재단의 2020년 예산은 83억 달러였고 국립인문학기금 예산은 1억 6200만 달러였다. 차이는 50배 이상이었다. 융합인재양성(STEM: 1990년대에 미국 국립과학재단에서 정한 과학, 기술, 공학, 수학의 약칭으로, 통합 교과 수업을 일컫는다—옮긴이) 중심의 교육과정에 막대한 국가적 투자가 이루어지고 있다. 이는 대학의 과학연구동에서 관할하는 분야(과학)가 우리의 미래고 전 세계 데이비스홀에서 관할하는 분야(인문학)는 과거의 유물이라는 사회적 합의에 따른 것이다.

하지만 우리가 틀렸으면 어떡하나?

이야기가 우리의 삶에 엄청나게 깊고도 강력한 영향을 미치는데 이 사실을 실제로 아는 사람이 거의 없다면? 마음이 이야기를 빚어내고 이야기에 의해 빚어지는 과정인 스토리텔링 심리가 단순히 문제가 아니라 문제들의 문제라면? 이야기가 세상의 수많은 혼돈, 폭력, 오해를 일으키는 주범이라면? 이야기의 특수한 구조와 이야기가 우리 뇌를 장악하는 방식에 어떤 비밀이 있고 우리가 그것을 여간해선 알아차리지 못한다면?

과학의 타지마할에서는 자연의 위대한 원동력인 우주의 기초적 물리·화학 법칙을 연구한다. 물리학과에서는 문명을 끝장내거나 부흥시킬 힘을 가진 원자의 비밀을 밝혀낸다. 신경과학 수업에서는 인간 두뇌의 기본적인 하드웨어와 소프트웨어를 탐구한다. 정보기술의 신전에서는 교수들이 언젠가 인류에게 천국이나 지옥을 선사할 힘을 가진 새로운 인공지능 천사와 악마의 진화를 서술한다.

그런가 하면 데이비스홀의 연구실에는 이야기가 어떻게 작동하는지 연구하는 학자들이 있고 이 지식을 실천에 옮기는 법을 젊은 이야기꾼들에게 가르치는 작가들이 있다. 이 건물은 인간 본성의 위대한 원동력인 이야기를 연구하는 일에 전념하는 곳이다. 이야기꾼이 정말로 세상을 다스린다면, 정말로 우리의 운명을 저작著作한다면 지구상에서 가장 강력하고 불안정한 힘이 실은 데이비스홀에서 연구되고 있는 것이다.*

질문은 이것이다. 우리는 그 힘을 다스리는 법을 배울 수 있을까?

이야기나라의 삶

Life in Storyland

나의 박사 전공은 문학 연구다. 이 말은 이야기의 마법을 그저

---

* 이 책의 두 번째 초고를 편집자에게 보낸 뒤 워싱턴·제퍼슨대학에서는 번쩍거리는 인문학의 새 타지마할에 영문학과를 입주시키지 않았다. 그 대신 데이비스홀을 안팎으로 싹 개축했다. 고건물은 근사해 보인다.

받아들이기보다는 그 마법이 어떻게 작동하는지 밝혀내고 그 지식을 학생들에게 전수하도록 훈련받았다는 뜻이다. 나는 최근 글쓰기에 집중하려고 강의를 면제받았다. 하지만 생계를 위해 가르치던 시절에는 새로운 학생들에게 소소한 퀴즈를 내는 게 낙이었는데, 요즘도 초청 연사로 대학을 방문하면 퀴즈를 낸다.

학생들에게 묻는다. 이야기가 여러분의 삶에서 얼마나 중요한지 1부터 10까지 점수를 매겨보겠어요?

학생들이 머리를 긁적인다. 질문이 너무 막연하다. 몇 마디 덧붙인다. 직업, 종교, 스포츠, 가족, 취미, 남자친구, 여자친구 등 여러분 삶의 모든 것과 비교할 때 이야기는 10점 척도에서 몇 점일까요?

몇 명이 손을 든다. 2점이요? 3점이려나?

하지만 자신이 없어 보인다. 수업에 참여하고 싶지만 질문이 아직도 너무 주관적으로 들리나 보다. 내가 말한다. 좋아요, 구체적으로 표현해보죠. 여러분의 시간은 귀하고 유한한 화폐예요. 그 화폐를 어떻게 쓰느냐는 여러분이 무엇에 얼마나 가치를 부여하는지 측정하는 (논란의 여지가 있지만) 가장 객관적인 방법이에요. 여러분이 남자친구와 많은 시간을 보내는 건 그를 귀하게 여기기 때문이에요. 짜증 나는 이웃 사람과 가급적 마주치지 않으려고 하는 것은 그를 귀하게 여기지 않기 때문이고요.

학생들이 고개를 주억거린다. 이제 내 말을 알아듣는다. 나는 질문을 이어가며 그들이 이야기나라에서 보내는 시간을 어림해

보라고 말한다. 수업 교재든 논픽션 뉴스 기사든 이야기를 읽는 데 하루에 몇 분을 쓰나요? 리얼리티쇼, 시트콤, 다큐멘터리 할 것 없이 텔레비전에서 이야기를 보는 데는 몇 분을 쓰죠? 대중가요라는 율동적인 짧은 이야기에 맞춰 춤추는 데는 몇 분을 쓰나요? 이야기 위주의 팟캐스트나 오디오북은요? 인스타그램이나 스냅챗에서 유명인과 친구의 사적인 이야기 게시물을 일별하는 데는 몇 분을 쓰나요? 비디오게임 기획자가 창조한 세계관에 몰입하는 데는 몇 분을 쓰나요?

무척이나 비과학적인 조사를 마무리하면서 학생들에게 그 시간들을 모두 합산하라고 말한다. 마지막으로 이 조사를 진행했을 때 학생 몇 명은 약간 얼떨떨한 표정으로 자신의 계산이 틀린 줄 알고 몇 번이나 검산했다. 그들은 하루 평균 다섯 시간 이상을 온갖 종류의 이야기 속에서 보냈다. 그 어떤 활동보다 오랜 시간을 소비한 것이다. 공부하거나 신앙생활을 하거나 운동을 하거나 밥을 먹거나 친구와 놀러 다니는 것보다 많은 시간을 썼다.

소비 시간을 화폐로 환산하면 이야기가 그들의 삶에서 차지하는 비중은 2점이나 3점이 아니었다. 10점이었다. 이야기는 그들의 삶에서 가장 중요한 것으로 평가되었다.

내가 이 소소한 퀴즈를 진행하면 몇몇 학생은 인생을 낭비한 것을 자책하듯 의자 위에서 축 늘어진다. 실제 이야기 소비량은 그보다 훨씬 많을 거라고 덧붙이면 더 시무룩해진다. 최근 닐슨 조사에 따르면 미국인은 미디어 소비에 평균적으로 하루 열두 시

간 가까이 쓴다. 텔레비전 시청 시간만 해도 4.5시간이다.[1]

이 말을 듣자 학생들의 자기방어 기제가 발동한다. 몇몇이 닐슨 조사의 방법론에 문제를 제기한다. 나는 여러 조사 기관이 저마다 다른 방법을 써서 같은 결과를 얻었다고 반박한다. 또 어떤 학생들은 나에게 '스토리텔링'을 너무 폭넓게 정의한 것 아니냐며 타당한 이의를 제기하거나("인스타그램이 정말로 포함된다고요?") 시간 소비량이 가치의 평가 기준으로 적절한지에 대해 싸잡아 의문을 표한다. 일전에는 한 학생이 자신은 일생의 상당 부분을 영문학 수업에 써야 했지만 영문학에 전혀 가치를 부여하지 않는다고 장난스럽게 말하기도 했다.

나는 학생들에게 훌륭한 논점들을 제기했다고 말한다. 하지만 우리가 스토리텔링을 어떻게 정의하고 시간 소비량을 어떻게 측정하든 삶의 적잖은 부분을 이야기 소비에 쓴다는 데는 이론의 여지가 없다. 이 사실은 내가 몰래 끌고 들어온 질문, 너무 거대하고 근본적이어서 대다수 학생은 한 번도 생각해본 적 없는 질문으로 이어진다. 대체 왜? 왜 사람들은 이야기를 그토록 좋아할까? 무엇보다 기묘한 사실은 이것이다. 왜 우리는 허구에 그토록 사족을 못 쓸까? 왜 우리는 흉내쟁이들이 거짓으로 다투는 광경에서 눈을 못 뗄까? 그 시간의 대부분을 공부하는 데 쓰는 게 낫지 않을까? 사랑하는 사람과 행복한 시간을 보내거나. 자원봉사 활동을 하거나. 이성을 유혹하거나. 새로운 언어를 배우거나 악기 연주를 배울 수도 있지 않나?

학생들은 책상을 내려다보며 질문을 머릿속에서 곱씹는다. 침묵이 이어지다 누군가 손을 든다.

"현실도피일까요?"

다들 고개를 끄덕인다.

왜 사람들은 이야기를 그토록 좋아할까? 이야기는 즐겁다. 이야기는 감미롭다.

현실도피는 우리 문화에서 이야기의 목적으로서 곧잘 거론된다. 이야기가 유쾌한 현실도피처럼 느껴질 수 있기 때문에 우리는 현실도피가 이야기의 목적임이 틀림없다고 생각한다. 하지만 쾌감에 현혹되면 안 된다. 이야기의 영향은 무색무취하지 않다. 우리는 일평생 이야기를 게걸스럽게 집어삼키는데, 우리가 먹는 것이 곧 우리가 된다. 내 이야기를 예로 들어보겠다.

숲속의 소녀

소녀는 벽장 안에 서서 숨을 거칠게 쉬었다. 너무 요란하게.

오 하느님 오 하느님 오 하느님. 숨을 참게 해주세요 숨을 참게 해주세요 숨을 참게—

거한이 방 안까지 들어와 부츠를 질질 끌며 벽장 앞을 지나쳤다. 한쪽 무릎을 털썩 꿇더니 침대 밑을 들여다보았다. 일어서서 후줄근한 청바지를 추어올리고는 돌아서서 벽장문을 쳐다보았다. 한 걸음 다가왔다. 또 한 걸음.

소녀는 숨을 참았다. 하지만 심장이 너무 세차게 고동쳤다. 너무 요란하게.

오 하느님 오 하느님 오 하느님. 심장을 멎게 해주세요 심장을 멎게 해주세요 심장을 멎게—

남자는 아주 가까이 서 있었다.

소녀는 아주 가만히 서 있었다.

남자는 칸살문 쪽으로 몸을 숙이고는 한 칸 한 칸 냄새를 맡으며 턱을 쳐들었다. 그러더니 미소 지으며 치아를 드러냈다. 그가 속삭이듯 말했다. "오, 아가야."

그녀가 어깨를 문에 댄 채 있는 힘껏 밀었다.

거한이 침대에 털썩 주저앉아 손을 코에 갖다 댔다. 눈이 동그래지고 검붉은 피가 손가락 사이로 흘러내렸다.

그녀는 잠시 얼어붙은 채 서서 숨을 헐떡거렸다.

그런 다음 날아올랐다.

남자가 욕설을 내뱉는 소리가 들렸다. 추격하려고 일어서는 그의 부츠에서 끽끽 질질 소리가 났다.

그녀는 계단을 디디지도 않은 채 땅에 사뿐히 내려앉았다. 몸을 숙이고는 새장 밖으로 날아가는 새처럼 열린 현관문을 통해 달아났다.

가을 낙엽 냄새. 축축한 흙냄새. 앙상한 가지 사이로 보이는 달. 그가 자신의 이름을 부르며 덤불을 헤집는 소리는 이제 들리지 않았다.

자신의 숨소리. 바람 소리.

발밑에서 바스러지는 마른 잎의 소리에 슬퍼졌다. 소리를 듣고서 자신이 더는 날고 있지 않다는 걸 알았다.

하지만 오래 슬퍼할 순 없었다. 이젠 비행 마법이 필요 없었다. 그저 힘껏 달려야 했다. 그것을 찾을 때까지 달려야 했다. 그것이 무엇이든. 차량으로 가득한 도로든. 작은 읍내로 이어지는 강이든. 착한 사람들이 사는 집이든.

그녀는 빨리 더 빨리 달리며 통나무를 뛰어넘고 흙탕물을 튀기고 긴 머리카락을 깃발처럼 흩날렸다.

기운이 빠지기 시작했다. 발을 헛디뎌 쓰러졌다. 추위로 울긋불긋해진 가느다란 다리가 피로에 부들부들 떨렸다. 맨발에서 통증이 느껴졌다. 피와 흙이 덕지덕지 묻어 있었다.

다시 두려움이 몰려왔다. 힘이 다 빠졌다. 차량으로 가득한 도로는 어디에 있지? 착한 사람들이 사는 집은?

나무가 그림자를 드리웠다.

그녀가 기도했다. 제가 만나게 될 사람이 착한 사람이게 해주세요.

하지만 그때 그의 기척이 났다. 핏자국으로 V자가 그려진 티셔츠 앞쪽이 보였다. 그는 작게 보이려는 듯 웅크린 채 천천히 앞으로 걸어왔다.

그가 말했다. "괜찮아. 이제 괜찮아."

그녀가 말했다. "안 돼, 안 돼, 안 돼, 안 돼, 안 돼." 아까처럼 날아오르려 했다. 하지만 심장이 너무 무거웠다. 흐느끼며 절뚝거리는 게 고작이었다. 그의 목소리가 점점 커지고 그의 발소리가 점점 가까워지는 것을 들을 수 있었다.

"안 돼, 안 돼, 안 돼." 돌아서자 그가 보였다. 그는 손을 벌린 채 야금야금 다가왔다. 그녀는 그의 눈에 시선을 고정한 채 발로 땅을 더듬으며 손에 딱 맞는 돌멩이를 찾았다…….

당신이 그 소녀다

You're the Girl

며칠 전 이 이야기 속 소녀가 아무 이유 없이 찾아왔다. 어두운 숲속을 내달리는 광경이 머릿속에서 번득였다. 왜 혼자 거기 있는지 궁금했다. 내 마음은 다음 장면으로 훌쩍 넘어갔다. 거구의 사내가 발을 질질 끌며 침실을 가로지르는 것이 보였다. 마치 내가 벽장에 숨어 있는 듯 그녀의 눈을 통해 보였다.

지하실 시재를 시성거리며 이미지들을 스마트폰에 녹음했다. 그러다 어제 저 장면의 초고를 썼다. 오늘은 한 시간 동안 살찐 초고 산문에 지방 흡입을 실시해서 긴 문장을 조각조각 잘라 숨 막히는 긴장감을 만들어냈다. 이제 거의 끝났다. 하지만 누구에게도 보여주기 전에 스무 번이나 서른 번 이상 퇴고하면서 낱말을 하나씩 덧붙이고 하나씩 깎아낼 것이다.

내 이야기 속 소녀가 진짜라면 그녀는 격렬한 공격·도피 반응을 겪고 있을 것이다. 벽장에 숨은 채 혈액에 산소를 공급하려고 숨을 몰아쉬고 있을 것이다. 심장은 혈액을 근육에 뿜어내려고 세차게 뛰고 있을 것이다. 뇌는 무엇보다 혈액을 더 빨리 응고시키고 통증 민감도를 낮추는 호르몬 칵테일을 펌프질하고 있을 것이다. 거한이 벽장에 다가올 땐 동공이 확대되고 눈 깜박임이 멈출 것이다. 거한이 문의 냄새를 맡으며 위험이 절정에 이르면 터널 시야 현상이 일어나 주변이 하나도 보이지 않을 것이다.[2]

공격·도피의 이 강력한 생리 현상은 작은 소녀가 어떻게 저런 거구를 밀칠 수 있는지 설명해준다. 어떻게 저렇게 빨리 달릴 수 있고 왜 처음에는 차가운 공기와 발을 저미는 돌 조각을 느끼지 못하는지 설명해준다. 왜 처음 달아날 때 자신이 하늘을 난다고 상상할 만큼 희열을 느끼는지 설명해준다.

이제 내 이야기 속 소녀가 실은 흥미진진한 소설의 페이지를 가로질러서 목숨을 구하려 달아나는 거라고 상상해보라. 당신이 소파에 앉아 손톱으로 잇새를 후비며 소설을 읽고 있다고 상상해보라. 한 무리의 과학자들이 몰래 방에 들어와 당신을 기계에 연결한다면 그들은 당신의 심박수와 혈압이 소설 속 소녀처럼 상승한 것을 발견할 것이다. 호흡도 가빠질 것이다. 검류계에서는 발한發汗의 증가가 측정될 것이다. 페이지 위의 소녀와 마찬가지로 당신의 뇌는 시냅스를 아드레날린과 코르티솔로 흠뻑 적실 것이다. 놀랍게도 당신의 엔도르핀 분비계는 페이스를 끌어올려 당신의 통증 내성을 부쩍 증가시키는 내인성 아편유사물질을 뿜어낼 것이다. 허구적 위험이 절정에 이르면 거실의 조명 밝기와 무관하게 동공이 확대되고 깜박임이 멈출 것이며 과학자들이 주변 시야에서 손을 흔들어도 알아차리지 못할 것이다. 그러는 내내 당신의 뇌는 격렬히 활동할 것이다. 당신이 위험에 빠진 소녀를 수동적으로 관찰하는 게 아니라 당신 자신이 위험에 빠진 소녀인 것처럼.[3]

이야기꾼

The Storyteller

1947년 냇 파브먼Nat Farbman은 몇 주에 걸쳐 칼라하리사막을 걸으며 수렵채집 부족 코이산족을 촬영했다. 그가 《라이프》에 발표한 사진 에세이에서는 인간 다양성뿐 아니라 공통성도 확인할 수 있다.[4] 사진들에는 코이산족이 일에 대해 느끼는 소박한 만족감, 가족 간의 다정한 유대감, 뛰노는 아이들의 쾌활함, 무엇보다

© Getty Images/Nat Farbman.

그들의 이야기 사랑이 담겨 있다.

파브먼은 코이산족 연장자가 이야기를 들려주는 사진을 석 장 촬영했는데, 가장 유명한 사진은 그저 〈이야기꾼The Storyteller〉이라고 불린다.

인간은 이야기의 폭풍우 속에서 살아간다. 온종일 이야기 속에서 지내고 밤새도록 이야기 속에서 꿈꾼다. 이야기로 소통하고 이야기로부터 배운다. 경험을 체계화할 개인사 이야기가 없으면 우리의 삶은 플롯과 요점이 결여된 삶일 것이다. 우리는 이야기하는 동물이다.

하지만 왜?[5]

진화는 이야기를 위해 마음을 빚었으므로 마음은 이야기에 의해 빚어질 수 있다. 이야기는 본디 종교적·도덕적 명령에서 사냥이나 결혼의 구체적인 조언에 이르기까지 모든 것에 대한 정보를 간수하고 전달하는 수단이었다. 문화는 거대하고 복잡한 메커니즘이다. 신경과학자 안토니오 다마지오Antonio Damasio가 말한다. "어떻게 이 모든 지혜를 이해 가능하고 전달 가능하고 설득 가능하고 실행 가능하게 만들 것인가, 한마디로 어떻게 착 달라붙게 만들 것인가의 문제가 제기되고 해법이 발견되었다. 스토리텔링이 해법이었다."[6]

우리의 코이산족 이야기꾼을 예로 들어보자. 그는 부족의 아이들을 모아 대ᴛ트릭스터(trickster: 문화 인류학에서, 도덕과 관습을 무시하고 사회 질서를 어지럽히는 신화 속의 인물이나 동물 따위를 이르는 말—옮긴이) 자칼의 이야기를 들려주었다. 아이들의 얼굴에서 이야기가 무척 재미있다는 것을 알 수 있지만 《라이프》 기사에서 보듯 이 이야기는 가르침의 원천이기도 하다. "밤이 찾아오면 아이들은 연장자와 함께 불 가에 앉아 노인의 이야기에 귀를 기울이면서 자신이 부족이라는 통일된 집단에 속해 있고 부족 없이는 살 수 없음을 깨닫기 시작한다." 코이산족 연장자는 아이들에게 교훈을 확실하게 전달했을 것이다. 글머리 기호(●)로 가득한 파워포인트의 수렵채집인 버전이랄까. 하지만 과학이 최근에야 발견한 것을 이야기꾼은 뼛속 깊이 알고 있었다. 우리는 이야기를 통해 가장 많은 것을 가장 훌륭히 배운다. 심층적 의미에서는 이것이야말로 이야기의 목적이다. 우리를 사로잡고 가르치고 세상과의 소통 방식에 영향을 미치는 것 말이다.

이야기의 유익은 두 방향으로 오간다. 이야기꾼은 우리에게 많은 것을 주고 우리는 그에 못지않게 많은 것을 답례로 돌려준다. 인류학자들에 따르면 전 세계 어느 부족에서든 이야기꾼은 높은 사회적 지위를 누린다. 이를테면 《네이처 커뮤니케이션스》에 최근 게재된 연구에서 밝혀졌듯 필리핀의 수렵채집 부족 아그타족은 뛰어난 이야기꾼에게 후한 특전을 베푼다.[7] 그들은 평균적으로 더 많은 자원을 차지하고 더 많은 자녀를 낳고 집단 내에서 더 높은 인기를 누린다. 아그타족은 숙련된 낚시꾼과 사냥꾼에게 생계를 의존하고 있으면서도 이야기 솜씨를 어느 솜씨보다 우러러본다. 한마디로 아그타족은 목숨을 부지하게 해주는 고기를 어김없이 가져다주는 사람보다 흥미진진한 이야기를 어김없이 들려주는 사람을 더 좋아한다.

우리도 마찬가지다. 우리는 훌륭한 이야기에 사족을 못 쓰며 그런 이야기를 들려주는 사람에게 후한 보상을 안겨준다. 우리 사회에서 가장 존경받고 높은 지위를 누리는 사람 중에는 스타 작가, 영화 제작자, 배우, 코미디언, 가수처럼 허구를 만들어내는 사람들이 포함된다. 《포브스》에서 발표한 세계 최고 부호 유명인 명단의 맨 위에는 이런 이야기 장인들이 올라 있으며 운동선수는 그 다음이다.[8]

이것은 매우 기이한 현상이다. 아그타족과 마찬가지로 우리는 병을 고치는 의사, 애초에 병에 걸리지 않게 해주는 환경미화원, 사회를 굴러가게 해주는 정부 공무원, 우리를 먹여 살리는 농민, 우리를 지켜주는 군인처럼 우리를 살아 있게 해주는 사람들에게 부와 명예를 안겨주지 않는다. 오히려 흉내의 달인들에게 부와 명예를 아낌없이 선사한다. 마치 남들 앞에서 인형 놀이를 하듯 평생 흉내만 내는 사람들에게 말이다.

미디어 등식

The Media Equation

우리 큰딸은 세 살쯤 되었을 때 텔레비전의 수수께끼를 푸는 단순명쾌한 학설을 수립했다. 작은 사람들이 텔레비전 안에 사는 것처럼 보이는 이유는 작은 사람들이 정말로 텔레비전 안에 살기 때문이라는 것이다. 많은 취학 전 아동이 같은 학설을 세운다. 아이들에게 팝콘이 그릇에 수북이 담긴 텔레비전 화면을 보여주고서 텔레비전을 뒤집으면 어떻게 되겠느냐고 물으면 대부분 팝콘이 쏟아질 거라고 말한다.[9]

　그러면 우리는 이런 생각이 든다. "오, 얼마나 귀여운지! 이 사랑스러운 꼬마 원숭이들은 텔레비전이 현실이 아니라 표상에 불과하다는 걸 아직 배우지 못했군." 하지만 표상을 현실로 혼동하는 것으로 말할 것 같으면 우리는 모두 깊은 착각에 빠진 원숭이다.

　성인은 텔레비전 안에 아무도 살지 않는다는 걸 안다. 그럼에도 공포 영화를 보면 연쇄 살인마가 진짜인 것처럼 겁에 질린다. 슬픈 영화를 보면 진짜 약혼녀가 존재하고 그녀가 정말로 죽은 것처럼 눈물이 맺힌다. 이 두뇌 과정은 어찌나 오래되고 깊이 새겨졌던지 교육으로도 중단시킬 수 없다. 우리 딸은 결국 텔레비전이 작은 사람으로 가득하지 않다는 것을 알게 되었다. 그렇다고 해도 십 대가 된 지금 공포 영화를 보고 나서 악몽을 안 꾸는 것은 아니다. 스탠퍼드대학교의 미디어 연구자 클리퍼드 내스Clifford Nass와 바이런 리브스Byron Reeves는 미디어를 현실로 혼동하는 현상을 '미디어 등식media equation'이라고 부른다. 당신이 수학에 질색하더라도 쉽게 이해할 수 있다. 등식은 아래와 같다.

　미디어 = 현실의 삶

내스와 리브스는 인간 두뇌가 사람과 사물의 실감 나는 시뮬레이션으로 가득한 환경에 대처하도록 진화하지 않았다고 말한다. 우리의 뇌는 석기시대에 진화의 대부분이 완성되었는데, 그때는 사진도 영화도 돌비 서라운드 음향도 없었다. 그래서 우리가 이야기에서 그럴싸한 인간 이미지나 그럴싸한 인간 삶의 시뮬레이션을 보면 우리의 뇌는 반사적으로 그것들을 진짜인 것처럼 처리한다. 그게 다가 아니다. 내스와 리브스의 데이터에 따르면 사람들은 순전히 문자나 소리로만 이루어진 스토리텔링에도 그에 못지않게 혹한다. 인간은 적어도 약 5만 년 전 '행동 측면에서 현대적인 인간'이 등장한 뒤로 줄곧 이야기하는 동물이었다. 따라서 이야기를 진짜로 착각하여 빠져드는 성향을 석기시대 마음과 현대 엔터테인먼트 기술의 괴리 탓으로만 돌릴 수는 없다.

내스와 리브스는 1996년 《미디어 등식》(한국어판 제목은 《미디어 방정식》—옮긴이)을 출간했는데, 그 뒤로 사반세기가 지나면서 이를 뒷받침하는 데이터가 훨씬 탄탄해졌다. 연구가 많이 이루어진 준♯사회적 상호작용parasocial interaction 현상을 예로 들어보자. 이것은 이야기 속 등장인물에게도 실제 인간에게와 똑같이 자연스럽게 반응하는 보편적 성향을 말한다.[10] 미국 드라마 〈왕좌의 게임〉에서 조프리 바라테온의 사이코패스적 만행은 혐오감을 치밀게 하며 우리는 마치 조프리가 잔인한 연기에 능한 잭 글리슨Jack Gleeson이라는 젊은이일 뿐이라는 사실을 모르는 사람처럼 온라인에 화풀이를 한다.

게다가 글리슨에게는 안됐지만 이걸로 끝이 아니다. 연구에 따르면 사람들은 배우의 실제 성격이 등장인물의 성격을 닮았다고 믿는다. 그렇지 않다고 심리학자들이 아무리 알려줘도 소용없다.[11] 물론 의식적 수준에서는 배우들이 교묘한 흉내 놀이를 하고 있을 뿐임을 누구나 안다. 하지만 우리 뇌의 깊고 어두운 구석에서는 이야기로부터 배운 것을 잊지 못한다. ('캐스팅하다cast'와 '주조하다'가 같은 낱말인 것은 이런 까닭이다.)

과장하고 싶은 생각은 없다. 당신이 무서운 이야기를 읽거나 볼 때 당신의 심장은 정말로 목숨을 잃을까 봐 두려워할 때처럼 쿵쾅거리진 않는다. 하지만 이야기의 정서적·생리적 위력을 과소평가하는 것도 바람직한 태도는 아니다. 허구는 가짜다. 괴물도 가짜고 상처도 가짜다. 하지만 진짜 흉터를 남긴다. 과학자들이 사람들에게 미디어로부터 트라우마를 입은 적이 있느냐고 물었더니 91퍼센트가 종기 난사나 9·11 테러 같은 실제 참사 영상이 아니라 허구의 무서운 이야기를 언급했다. 무서운 이야기는 침투사고(intrusive thought: 자신의 의지에 반하여 자꾸 떠오르는 생각—옮긴이), 불면증, 고독공포증처럼 PTSD(생명의 위협을 느낄 정도의 큰 사고로 인해서 정신적 충격을 받은 뒤에 나타나는 정신병—옮긴이)를 연상시키는 증상을 불러일으켰다. 많은 사람이 〈죠스〉나 〈나이트메어〉 같은 영화를 보고 나서 몇 년 동안 불안을 느꼈는데, 그중 25퍼센트는 6년 뒤에도 후유증이 남았다고 말한다.[12]

내스와 리브스의 미디어 등식은 (아마도 이야기 과학에서 가장 중요한 개념일) 서사이동narrative transportation과 관계가 있다.[13] 서사이동이란 책을 펼치거나 텔레비전을 켜고 일상에서 벗어나 대안적 이야기 세계로 정신적 순간이동을 하는 미묘한 감각을 말한다. 서사이동을 할 때 우리는 현실 세계로부터뿐 아니라 자신으로부터도 부분적으로 분리된다. 우리는 스스로를 좋은 이야기의 주인공과 어찌나 확고하게 동일시하는지 자신의 선입견, 어리석은 편견 같은 개인 수화물을 내려놓고 탑승할 정도다. 심지어 자신과 전혀 다른 사람의 관점에서 삶을 바라보기도 한다. 이야기가 변화를 일으키는 막강한 원동력인 것은 이 때문이다. 현실에서는 닫혀 있던 마음이 이야기나라에서는 활짝 열린다.

소녀는 아직도 숲에 서서 거한이 공터를 가로질러 다가오는 광경을 지켜보고 있다. 이제 생각해보니 나는 소녀가 어쩌다 벽장에 들어갔는지 확실히 알지 못한다. 장차 그녀에게 무슨 일어날지도, 그녀가 무적의 여주인공인지 위험에 빠진 처녀(Damsel in distress: 영화와 소설에 상투적으로 등장하는 인물 유형—옮긴이)인지이 이야기가 스릴러인지 비극인지도 전혀 모른다. 딱 하나 확실히 아는 것은 내가 소녀를 꿈속에서 현실로 불러냈고 지금 지켜보고 있다는 사실이다. 나는 그녀의 작은 세계를 다스리는 신이다. 나는 나의 영토에서 전능하고 대체로 자비로우므로 소녀는 물리치지 못할 괴물이 없고 이겨내지 못할 상처가 없을 것이다.

하지만 소녀의 이야기를 어떻게 빚어내기로 마음먹든, 내가 당신을 이 숲으로 데려올 수 있는 한 당신은 내 손아귀에 있다. 이동이 강력할수록 당신은 더 생생하게 두려움을 느끼고, 피를 보고 바스락거리는 낙엽 소리를 들을수록 나의 장악력은 커진다. 이 이야기가 탈출한 정신병자에게 위협받는 젊은 여인에 관한 내용이라면 나는 당신으로 하여금 정신병을 앓는 범죄자의 엄벌에 더욱 찬성하도록 할 수 있다. 내가 이 사실을 아는 것은 심리학자 멜러니 그린Melanie Green과 티머시 브록Timothy Brock이 선구적 서사이동 연구에서 이런 이야기를 이용하여 바로 저런 효과를 거뒀기 때문이다.[14]

다른 한편으로 내 이야기 속에서 위험에 빠진 소녀는 보기만큼 상투적이지 않다. 어쩌면 나는 반전을 꾀하고 있을지도 모른다. 정신병이 있는 것은 남자가 아니라 소녀인지도 모른다(어쨌거나 자기가 날 수 있다고 생각하니까). 위험한 정신 착란에 빠진 탓에 거한이 자신의 사랑하는 아빠고 자신을 구하려고 필사적으로 노력하고 있음을 보지 못하는 것일 수도 있다. 내가 저 이야기를 효과적으로 풀어냈다면 나는 당신으로 하여금 정신병을 앓는 환자와 고통받는 가족에게 우호적인 정부 정책을 지지하도록 할 수 있다.

하지만 정신건강 정책에 영향을 미치고 싶다면 이야기보다는 사실과 논증을 동원하는 게 훨씬 간단하고 빠르지 않을까? 두말하면 잔소리다. 하지만 그렇게 하면 효과가 떨어진다. 우리는 사실에 기반한 논증을 접하면 경계 태세를 바짝 조인다. 비판적이고 회의적인 태도를 취하며, 논증이 자신의 기존 신념과 어긋날 때는 더욱더 경계한다. 반면에 이야기에 빠져들면 지적 방어망이 느슨해진다. 서사학 교수 톰 판라르Tom van Laer와 동료들은 이야기 과학의 모든 관련 연구를 분석한 뒤 이렇게 말했다. "서사이동은 신중한 판단과 논증 없이도 지속적 설득 효과를 낳는 정신 상태다."[15] 말하자면 뛰어난 이야기꾼은 주장을 선별하고 평가하는 두뇌 과정을 빙 둘러서 엔드런(미식축구에서 공을 들고 수비진 측면을 우회하여 질주하는 것—옮긴이)한다. 그들은 독자의 합리적 사유 능력을 무력화한 채 (종종 매우 확고한) 정보와 믿음을 주입할 수 있다.

그나저나 이야기란 무엇일까? 큰 도서관에 가면 이야기로 간주되는 것과 간주되지 않는 것을 구분하려고 시도하는 난해한 책들의 무게에 책꽂이 선반이 축 처진 것을 볼 수 있다. 나는 이 책의 취지에 맞게 저 모든 논의를 건너뛰어 기본적인 상식적 정의와 더불어 이야기가 무엇과 닮았나를 보여주는 여러 비유(포스, 필수적 독, 그리고 앞으로 나올 다양한 비유)를 제시할 것이다. 폭넓은 의미에서 이야기, 즉 서사(나는 두 용어를 같은 뜻으로 쓴다)는 단지 (현실 세계에서든, 걸음마쟁이의 흉내 놀이에서든) 무슨 일이 일어났는지에 대한 서술이다.

이 책에서 다루지 않는 이야기는 다음과 같은 식이다. "오늘 아침 일어나 가게에 가서 빵을 산 다음 빵을 먹으며 신문을 읽었다." 정보를 한 사람의 머리에서 다른 사람의 머리로 효율적으로 전달하려는 이러한 시도는 **투명한 서사**transparent narrative라고 부를 수 있을 것이다. 투명한 서사는 구슬리는 힘이 전혀 없다.

이 책에서 다루는 서사는 **빚어낸 서사**shaped narrative라고 부를 수 있을 것이다. 빚어낸 서사는 (4장에서 자세히 설명할) 무척 정형화된 구조에 부합하며 이야기가 사실-허구 연속체에서 어디에 위치하는가와 무관하다. 간단히 말해서 빚어낸 서사는 대체로 주인공의 투쟁에 초점을 맞추고 암묵적이거나 명시적인 도덕적 갈등을 기반으로 삼으며 결국에 가서는 그저 무슨 일이 일어났는지 설명하는 것이 아니라 이 모든 일에 의미를 부여한다. 빚어낸 서사는 의미를 만들어내는 연장이며 개개인뿐 아니라 문명 전체를 기막히게 구슬릴 수도 있다.

허구의 동성애자, 흑인, 무슬림 친구들

Fake Gay, Black, and Muslim Friends

수십억 명이 수백만 가지 이야기로 관심 경쟁을 벌이느라 시끌벅적한 현대 사회에서는 "이야기꾼이 세상을 다스린다"라는 속담을 고쳐야 한다. 지금은 모두가 이야기꾼이므로, 세상을 다스리는 것은 사람들을 가장 효과적으로 이동시키는 최고의 이야기꾼이다. 한 세기 남짓한 기간 동안 세상에서 가장 뛰어난 이야기꾼들은 하나의 장소, 즉 캘리포니아주 할리우드에 모여들었다. 그들은 조금씩 세상을 새로 만들었다.

이렇게 주장한 사람은 2011년 《프라임타임 프로파간다Primetime Propaganda: The True Hollywood Story of How the Left Took Over Your TV》를 출간한 벤 셔피로Ben Shapiro다. 그의 책에는 흥미로운 가정이 실려 있으니,

텔레비전은 "좌파 과두제"고 절대다수의 작가, 제작자, 스튜디오 책임자, 감독, 배우는 진보주의자라는 것이다. 셔피로에 따르면 그들은 한패가 되어 우리를 미국예외주의와 유대교·기독교 도덕의 전통적 가치로부터 멀어지게 함으로써 미국 문화를 조금씩, 하지만 급진적 방향으로 변화시켰다.

나는 셔피로의 책을 펼치면서 통렬한 비판이 담겨 있으리라 예상했다. 셔피로는 골수 보수주의자며 "당신의 거실에 있는 상자는 당신의 마음에 침투하여 당신의 견해를 미묘하게 변화시켰으며 수년간 당신을 특정한 사회정치적 결론으로 이끌었다"[16]라는 그의 논지는 앨릭스 존스Alex Jones가 인포워즈(InfoWars: 미국의 우익 음모론자 앨릭스 존스가 창립한 극우 대안 매체—옮긴이)에서 부르짖는 편집증적 판타지와 무척 비슷하게 들린다. 말하자면 셔피로는 소수의 엘리트 예술가 일당과 그들의 리무진 리버럴(limousine liberal: 미국 민주당을 지지하는 부자들을 이르는 말로, 고급 리무진을 타면서 입으로는 서민을 위한다고 말하는 정치인을 비꼬는 말로도 쓰인다—옮긴이) 후원자들이 유례를 찾을 수 없는 "막강한" 사상 통제 "무기"로 우리를 공격하고 있다고 말하는 셈이다.[17] 하지만 셔피로는 좌파가 의식적으로 음모를 꾸민다고는 결코 말하지 않는다. 그의 요점은 현대 할리우드가 이념적으로 편향적이며 할리우드의 이야기에 이 사실이 반영될 수밖에 없다는 것이다.

우리는 미국의 좌우파 대립이 고정되어 있다고 생각한다. 하지만 (제45대 대통령의 최근 임기를 보건대 믿기 힘들지도 모르겠지만)

미국은 최근 수십 년간 무척 진보적으로 바뀌었다. 오늘날 보수파를 자처하는 사람들이 견지하는 관점은 불과 한 세대 전 진보파를 자처하던 사람들보다 더 진보적이다.[18]

이 꾸준한 좌회전(과 지금껏 어김없이 진압된 반동적 발작)에는 여러 요인이 있지만 나는 할리우드 이야기꾼들의 공이 크다는 데 동의하는 편이다. 혹자는 과가 크다고 말할지도 모르겠지만. 당신의 개인적 정치 성향에 따라 좌파의 할리우드 지배는 다양성과 평등의 건전한 이상을 중심으로 미국을 단결시켰다고 볼 수도 있고 유쾌한 문화적 이미지를 내세워 우리를 야금야금 세뇌했다고 볼 수도 있다.

좌파 지식인들도 할리우드의 위험한 위력을 알고 있다는 사실을 짧게 언급해두는 게 좋겠다. 다만 셔피로 같은 보수주의자들은 서구에서 벌어지는 문화 전쟁에서 패배할까 봐 우려하는 반면에 정치적 좌파는 전 세계 규모에서 승리할까 봐 걱정한다. 좌파의 관점에서 미국 제국의 무기는 총알과 포탄만이 아니다. 대중적 스토리텔링의 소프트파워도 그에 못지않게 강력한 무기다. 지구상의 가장 외딴 오지에서조차 대부분의 사람은 가상의 미국에서 하루의 대부분을 보낸다. 그들이 라디오, 텔레비전, 극장에 펌프질하는 이야기 속에서 우리가 살아가는 것이다. 좌파 사상가들은 이 현실을 무혈의 제국주의적 정복으로 여긴다. 토착 문화를 시나브로 예속시켜 전 세계가 우리처럼 생각하고 말하고 입고 구매하도록, 즉 우리의 비현실적인 미적 기준과 영혼 없는 물질만능주의를 받아들이

도록 한다는 것이다. 그들의 주장에 따르면 미국은 대중 예술을 통한 정복이라는 방식으로 제국의 목표를 달성한 최초의 나라다.

셔피로의 책은 연역적 타당성 논증에 바탕을 둔다. 그는 스토리텔링의 설득력에 대한 과학적 연구를 참고하지 않았다. 그랬다면 훨씬 탄탄한 근거를 제시할 수 있었을 것이다. 동성혼에 대한 미국인의 견해가 빠르게 진화한 것을 보라. 1996년 이후 동성혼에 대한 국민 지지율이 40퍼센트포인트 치솟았다.[19] 견고한 문화적 편견이 쉽게 무너질 리 없다고 생각하던 사회학자들은 이렇게 빠른 변화 속도에 어안이 벙벙했다. 그런데 2012년 〈미트 더 프레스Meet the Press〉(미국에서 방영되는 일요 시사 대담 프로그램―옮긴이)에 출연한 부통령 조 바이든은 동성혼을 지지했을 뿐 아니라 동성애를 바라보는 미국인의 시각이 달라진 것이 시트콤 〈윌 앤 그레이스Will & Grace〉 덕분이라고 말해 시청자들을 어리둥절하게 했다.

〈더 데일리 쇼The Daily Show〉와 〈콜베어 르포The Colbert Report〉는 바이든이 또 실수를 저질렀다고 여겨 그를 조롱할 기회를 놓치지 않았다. 존 스튜어트는 '허구적 게이fictitious gays'를 노래로 만들어 불렀으며 콜베어는 그 발언을 바이든의 과거 말실수('일자리jobs'가 세 음절 낱말이라는 발언과 인도 억양을 가진 사람들만 세븐일레븐에서 물건을 살 수 있다는 발언)와 짜깁기했다. 솔직히 한낱 시트콤이 거대하고 지속적인 사회 변혁을 이끌었다는 주장은 언뜻 보기에 가당찮다. 하지만 바이든은 정말로 선도적 사회학 이론의 핵심을 짚었다.

설명하자면 다음과 같다. 연구에 따르면 동성애 친화적 태도를 예측하고 싶다면 성별, 학력, 연령, 심지어 정치적·종교적 성향보다 동성애자인 친구나 가족과 규칙적으로 교류하는가를 보는 게 낫다. 우리가 허구의 등장인물과 맺는 가상의 관계는 실제 관계와 같은 영향을 미친다. 말하자면 우리는 시트콤 〈프렌즈Friends〉의 등장인물들을 우리의 현실 친구로 여긴다. 등장인물들과 맺는 관계가 얼마나 진짜 같으냐면 드라마가 끝났을 때 상실감을 느낄 정도다. 〈프렌즈〉가 종방했을 때 수많은 팬은 현실 친구와 결별했을 때와 같은 고통을 겪었으며 가장 고독한 시청자들이 가장 큰 타격을 받았다.[20] 미디어 속 인물과의 관계가 진짜처럼 느껴진다는 게 의아하다면 우리가 여가 시간을 어떻게 쓰는지 떠올려보라. 우리는 텔레비전 등장인물과의 가상적인 사회적 상호작용에는 매일 여러 시간을 보내지만 가족이나 친구와 어울리는 시간은 평균 40분 남짓밖에 안 된다.[21]

우리가 허구에 빠져 있을 때 등장인물들에 대해 내리는 판단은 실제 사람들에 대해 내리는 것과 정확히 같으며 우리는 이 판단을 토대로 집단을 일반화한다. 이성애자 시청자들이 〈윌 앤 그레이스〉〈모던 패밀리Modern Family〉〈시츠 크리크Schitt's Creek〉 같은 드라마의 유쾌한 동성애자 등장인물을 보면 그들을 응원하고 공감하게 되며 이것은 현실 세계의 동성애자를 대하는 태도에도 영향을 미친다. 연구에 따르면 동성애자에게 우호적인 텔레비전 드라마를 시청하면 편견이 줄어든다고 한다.[22]

이 연구들의 의미는 동성애와 편견의 문제 너머로 확장된다.

이를테면 백인이 흑인 친구를 사귀게 되면 흑인에 대한 편견이 줄어들 가능성이 크다는 연구 결과가 있다.[23] 시트콤 〈블래키시 Blackish〉나 영화 〈블랙 팬서Black Panther〉의 호감 가는 등장인물을 가상의 흑인 친구로 사귈 때도 마찬가지다. 무슬림 주인공이나 정신병을 앓는 인물이 등장하는 텔레비전 드라마에서도 비슷한 효과가 나타났다. 무엇보다 고무적인 사실은 이 효과들이 편견을 줄이기 위한 전통적 접근법보다 효과적이고 오래간다는 것이다(다양성 훈련 등의 전통적 방법은 그 정도로 효과적이지 않았다).[24]

이 모든 연구를 종합하면 놀라운 가능성이 도출된다. 어쩌면 윌과 잭을 필두로 시드니 포이티어Sidney Poitier와 비올라 데이비스 Viola Davis가 연기한 영화 속 등장인물,《뿌리》와《빌러비드》같은 소설의 주인공에 이르는 허구적 등장인물은 직접적인 정치적 행동 못지않게 많은 미국인 소수자의 입지를 개선했는지도 모른다.

이렇게 표현할 수도 있겠다. 새로운 연구에 따르면 가상의 동성애자들은 단지 2012년 버락 오바마의 역사적인 동성혼 승인으로 이어지는 길을 열었던 것만이 아니다. 쿤타 킨테에서 텔레비전 드라마 〈24〉의 천하무적 아프리카계 미국인 총사령관에 이르는 '허구적 흑인'이 아니었다면 애초에 오바마가 대통령이 되지 못했을지도 모른다.

나불나불 수다쟁이

잉글랜드의 시인이자 철학자 새뮤얼 테일러 콜리지Samuel Taylor Coleridge(1772~1834)는 허구를 음미하려면 "불신을 기꺼이 유예해"야 하며 이것은 의식적인 결정이라고 말한다.[25] 즉, 우리가 스스로에게 이렇게 말한다는 것이다. "그래, 나는 베오울프가 그렌델과 싸우는 이야기가 뻥인 걸 알지만 잠시 의심을 꺼두고 즐기겠어."

하지만 그런 식은 아니다. 불신의 유예는 자의적인 결정이 아니다. 이야기가 강력하면, 이야기꾼의 스타일과 솜씨가 근사하면 불신의 유예는 저절로 일어난다. 이야기의 느낌을 묘사할 때 흔히 쓰는 비유를 생각해보라. 서사이동은 우리에 의해서가 아니라 우리에게 일어나는 현상이다. 우리가 통제하는 힘이 아니라 복종하는 힘이다.

우리는 이야기꾼을 폭한暴漢에 빗대어 생각한다. 그들은 우리를 제압하고 억누르고 낚아채고 옥죄고 붙들고 꼼짝 못 하게 한다.

스벵갈리(Svengali: 조르주 뒤 모리에George du Maurier의 소설 《트릴비Trilby》의 주인공으로, 타인을 조종하거나 과도하게 통제하는 사람을 비유적으로 일컫는다—옮긴이)에 빗대어 생각할 수도 있겠다. 그들은 최면을 걸고 매혹하고 넋을 빼놓고 황홀경에 빠지게 한다.

이야기꾼은 연인이다. 호리고 바보로 만들고 도취시키고 유혹한다.

이야기꾼은 자연의 힘이다. 강이나 바람처럼 우리를 휩쓸고 멀리 데려간다.

이야기꾼은 용한 마녀다. 마법을 걸고 마음을 사로잡고 노예로 만들고 주문을 건다.

직접 묘사할 어휘가 없을 때 우리는 비유를 동원한다. 우리는 이야기가 X다라고 말하지 않고 X 같다라고 말한다. 하지만 위의 비유들에서는 이야기가 실제로 무엇인지 확실히 감을 잡을 수 있다. 이야기는 약물이다. 무슨 말인지 이해되지 않는다면 내가 좋아하는 연구를 예로 들어보겠다. 인간 동물의 희비극적 사랑스러움을 보여주는 연구다.[26] 하버드대학교와 버지니아대학교의 연구자들이 피험자를 실험실에 데려와 두 가지 고문 장치 중 하나를 고르도록 했다. 첫 번째 장치는 단추를 누르면 전기 충격이 피험자에게 가해지는데, 몸에는 해가 없지만 아주 불쾌하다. 남성의 3분의 2는 (1) 앞선 실험에서 전기 충격을 받아봤고 (2) 실험이 끝난 뒤 불쾌한 경험을 피할 수 있다면 돈을 지불할 의향이 있다고 말해놓고도 스스로에게 전기 충격을 가하는 쪽을 선택했다.

전기 충격이 싫다고 해놓고 다시 한번 스스로에게 전기 충격을 가하기로 한 것은 어찌 된 영문일까? 그것은 단순한 의자에 지나지 않는 두 번째 고문 장치가 훨씬 끔찍했기 때문이다. 피험자들은 의자에 앉아 꼬박 10분간 그저 생각만 해야 했다. 그 밖에는 아무것도 할 수 없었다. 방은 텅 비어 있었다. 이메일을 확인할 수도 없었고 스마트폰을 볼 수도 없었고 누구와도 얘기할 수 없었고 심지어 시리얼 상자 뒷면을 읽을 수도 없었다. 그저 멍하니 앉은 채 생각하고 싶은 것을 아무거나 생각해야 했다.

남성들은 뇌의 모든 생각을 감전시킬 단추에 손을 뻗으면서 이렇게 생각했을 것이다. 그건 **끔찍해, 너무 끔찍해.** 여성들도 실험에 참가했다. 하지만 단지(단지?) 25퍼센트만이 (멍하니 앉아서 생각하는 것이 아니라) 고통스러운 전기 충격을 선택했다.*

몇 페이지 앞에서 나는 스토리텔링의 현실도피론을 다소 야박하게 타박했다. 하지만 지금은 현실도피론이 스토리텔링의 매력을 설명하는 적절한 이론은 아닐지라도 이야기의 커다란 부분임을 인정할 것이다.[27] 심리학 연구에 따르면 우리의 머릿속에서는 무지막지한 보이스오버(voiceover: 연기자나 해설자 등이 화면에 보이지 않는 상태에서 대사나 해설 등의 목소리가 들리는 것—옮긴이) 내레이션이 끊임없이 울려 퍼진다. 나는 이 내면의 목소리를 '나불나불 수다쟁이Great Loquacity'라고 부른다. 우리는 나불나불 수다쟁이를 스스로와 자신의 에고와 동일시한다. 그가 하는 말에 대해 통제력이 거의 없는 주제에 말이다.

게다가 DIY 전기 충격 요법 실험에서 보듯 대부분의 사람은 끝없이 지껄이는 일행을 썩 좋아하지 않는다. 나불나불 수다쟁이는 충직한 동반자인지는 모르겠지만 우리를 괴롭히는 자이기도 하다. 연구에 따르면 그 목소리가 우리 머릿속에서 지겹게 울려 퍼

---

* 연구자들은 남성이 (통념과 반대로) 위험뿐 아니라 통증에 대해서도 평균 문턱값이 높다는 사실이 남녀의 선택에 반영되었을지도 모른다고 추측한다.

지면 우리는 그 목소리를 마침내 닥치게 할 수 있는 축복받은 순간에 행복감을 느낀다. 약간의 전기 충격으로 그 목소리에 합선을 일으켜서라도 말이다.[28]

물론 머릿속 지껄임이 무조건 나쁜 것은 아니다.[29] 하지만 행복을 좇는다는 것은 대개 나불나불 수다쟁이를 닥치게 할 경험을 좇는다는 것이다. 우리에게 쾌락의 상태는 지겹도록 지껄이는 내면의 독백에 잠시나마 재갈을 물리는 것과 사실상 동의어다. 섹스, 영화, 흥미진진한 대화, 스포츠, 기분전환 약물, 비디오게임, 마음챙김 명상, 틱톡 삼매경, 온갖 종류의 몰입 상태를 비롯하여 우리가 정신적 고통을 줄이고 쾌감을 돋우려고 추구하는 것들은 대부분 우리를 두개골이라는 감방(평생 감방에 갇힌 채 도무지, 닥치려, 하지, 않는 감방 동료와 함께 있어야 하는 느낌)에서 잠시나마 벗어나게 해주는 것들이다.

그러니 이야기는 정말로 일종의 도피처다. 하지만 이야기가 선사하는 도피는 개인적 문제나 세계의 문제로부터의 도피만이 아니다. 더 심오한 측면이 있다. 이야기는 우리를 스스로에게서 도피하게 해준다. 서사이동이 값진 이유는 우리를 어디로 데려가기 때문만이 아니라 어디로부터, 자신의 지긋지긋한 일행으로부터 벗어나게 해주기 때문이기도 하다. 뛰어난 이야기꾼은 버지니아 울프 말마따나 "자아의 완전한 소멸"을 선사한다.[30]

좋아하는 텔레비전 드라마를 보거나 눈을 뗄 수 없는 스릴러를 읽을 때처럼 좋은 이야기에 빠져 있는 동안 우리는 들뜬 마음을 가라앉히고 가만히 주의를 기울인다. 몇 시간 내리 그러고 있을 때도 많다. 〈라디오랩Radiolab〉(미국의 라디오 교양 프로그램—옮긴이)을 듣는 것만으로도 수년간의 집중적 명상 훈련이 필요한 경지에 자연스럽게 도달할 수 있는 것이다.

물론 약물을 화학 성분으로 한정한다면 이야기는 약물에 해당하지 않는다. 하지만 이야기는 우리가 말 그대로 뇌의 화학 조성을 변화시키려고 "투약"하는 무언가다.[31] 여느 약물과 마찬가지로 우리는 통증, 외로움, 지겨움을 가라앉히려고 이야기를 복용한다. 여느 약물과 마찬가지로 이야기는 우리를 최면과 심지어 실로시빈(psilocybin: 멕시코의 종교의식에서 환각을 일으키기 위해 쓰이는 버섯에서 추출한 성분—옮긴이) 환각과 비슷한 의식 변성 상태로 이끈다. 이야기가 만든 환각 세계에 들어서면 마음이 텅 비고 끝없이 지껄이던 의식의 흐름이 잠잠해지고 시간이 휙휙 지나간다. 플롯, 테마, 인물, 문제 같은 이야기의 "유효 성분"[32]이 솜씨 좋게 배합되면 우리는 매우 수용적인 뇌 상태가 되어 이야기꾼에게 놀아난다.

이것은 근사한 일이다. 이야기가 행하는 모든 좋은 것은 약물의 향정신성 성질로부터, 이야기가 만들어내는 구슬림으로부터 흘러나오니 말이다.

이것은 두려운 일이다. 이야기가 행하는 모든 나쁜 것 또한 이야기가 만들어내는 구슬림으로부터 흘러나오니 말이다.

2. 스토리텔링의 흑마술

THE DARK ARTS OF STORYTELLING

플라톤은 동틀 녘 판테온을 등진 채 아크로폴리스에 서 있었다. 까마득히 아래쪽에 허물어져 널브러진 성벽의 잔해가 보였다. 그는 전투가 벌어진 들판과 항구를, 스파르타인에게 유린된 도시를 바라보았다. 그가 어릴 적 역병 사망자의 송장 수천 구를 불태운 땅에서는 아직도 숯검정을 알아볼 수 있었다.

그가 태어난 때는 살육의 시대였다. 질병이 군대처럼 아테네를 휩쓸며 세 명 중 한 명의 목숨을 앗았다. 스파르타와의 잔인무도한 전쟁이 30년간, 무려 30년간 계속되고 있었다.

플라톤은 턱수염에서 목까지 이어진 흉터를 무심히 어루만졌다. 그는 무시무시한 스파르타 방진(phalanx: 중무장한 보병이 어깨와 어깨를 맞대고 보통 8열 종대로 늘어서는 전술 대형—옮긴이)을 목격했으며 살아남았다. 하지만 이번에도 살아남을 수 있을까? 자국민의 광적인 폭력으로부터도?

아테네는 완패하여 제국을 잃었으며 스파르타인들은 붉은 망토를 휘날리며 입성했다. 아테네 남성은 하나같이 죽임당할까 봐 두려워했으며 아테네 여성은 하나같이 노예가 되고 겁탈당할까 봐 두려워했다. 하지만 스파르타인들은 아테네의 부자 매국노들을 내세워 정권을 수립하는 방법을 썼다. 꼭두각시들은 사사건건 스파르타 편을 들었다.

그러다 형제가 형제를 죽이고 아들이 아버지를 도륙하는 시기가 찾아왔다. 스파르타의 꼭두각시들은 30인 참주로 불리게 되었다. 그들은 공포 정치를 일삼았다. 수천 명이 살해당하거나 추방당하자 결국 시민들이 봉기하여 스파르타인들을 몰아냈다. 하지만 시민들은 복수라며 수많은 사람을 죽였다. 참주뿐 아니라 입방정을 떨거나 스파르타식 헤어스타일을 한 멍청이들도 목숨을 잃었다.

시민들은 플라톤의 스승 소크라테스에게조차 등을 돌렸다. 재판정에서 그가 사회에 위협이 된다고, 젊은이들을 타락시킨다고 성토했다. 고발에 근거가 없다고 항변한 사람들도 있었지만 플라톤은 한 수 앞을 내다보았다. 발은 맨발이고 외모는 보잘것없고, 튜닉은 때가 묻었고, 머리는 한 번도 빗지 않았고, 팔은 가느다랗고, 배는 공짜 포도주로 불룩한 노철학자는 현재 아테네를 통틀어 가장 위험한 존재였다.

플라톤은 바다 위로 한 손가락만큼 올라온 해를 쳐다보아 시각을 가늠했다. 노인은 지금쯤 감방에 앉아 나도독미나리 차를 달이고 있을 것이다. 나도독미나리는 십자가보다야 나았지만 결코 자비로운 죽음은 아니었다. 빠른 죽음도 아니었다. 노인은 최후를 맞아 신음하고 구토할 것이며 숨길이 부어 막힌 채 버둥거리고 헐떡거릴 것이다.

플라톤은 바다를 응시하며 극작가 아리스토파네스를 원망했다. 소크라테스를 주인공으로 삼은 그의 희곡 〈구름〉은 노인이 참된 철학자가 아니라 삿된 궤변술의 달인이라고 만방에 고하여 시민들의 마음을 돌려세웠다. 플라톤은 미소를 짓고 고개를 저으며 노인이 연극을 얼마나 좋아했는지 회상했다. 축제에서 연극이 무대에 오르면 소크라테스는 "실례하오, 실례하오"라는 말과 함께 군중을 밀치며 맨 앞으로 나갔다. 더러운 넝마와 추레한 가발 차림의 배우가 팔을 흔들고 헛소리를 하며 무대를 누비는 광경을 흐뭇하게 지켜보았다. 허리가 끊어져라 웃음을 터뜨렸다.

플라톤은 떡 벌어진 어깨를 편 채 도시에서 뻗어나간 가파른 길을 내려다보았다. 길을 막는 사람은 누구든 때려누일 심산이었다. 지금 그의 집 앞에 폭도가 몰려들고 있을지도 몰랐다. 물리적 충돌 없이 그를 침대에서 끌어내려고 말이다. 그는 서둘러 메가라로 향했다. 소크라테스의 제자 여럿이 위험을 피해 먼저 그곳으로 피신해 있었다.

그는 시골길을 걸으며 옹기장이가 물레를 돌리듯 물음 하나를 머릿속에서 곱씹었다. 그는 미래를 볼 수 있었다. 그리스인들은 계속해서 내분을 겪을 것이다. 헛소리를 지껄이며 스스로의 코를 후려치고 배에 칼을 꽂을 것이다. 기운이 소진하고 운이 다할 때까지 멈추지 않을 것이다. 그들의 힘이 약해지면 타국의 군대가 아티케반도로 남하하여 모든 아테네 시민을 시체나 노예로 만들 것이다.

살육과 광기에 휩쓸리지 않고 평화롭고 이성적으로 살 방법은 없을까? 나쁜 옛 방식이 적힌 석판을 깨끗이 지운 뒤 논리의 바탕 위에 칼리폴리스(아름다운 도시)를 건설하는 계획을 수립할 방법은 없는 것일까?

어쩌면 그 첫걸음은 아리스토파네스를 찾아내 그자에게 나도 독미나리 차를 건네는 것인지도 모른다. 플라톤은 씁쓸히 고개를 저으며 이 생각을 떨쳤다. 노인은 이야기꾼을 무척이나 사랑했고 또한 두려워했다. 한번은 플라톤에게 모든 사람은 자신이 들은 모든 이야기, 할머니와 사제와 시인과 참주에 의해 전해져 내려온 모든 거짓말의 안쓰러운 범벅이라고 말했나. 노인은 이렇게 말했다. "도시의 권좌에 누가 앉아 있더라도 세상을 진정으로 다스리는 것은 이야기꾼이라네."

플라톤은 걸음을 재촉했다. 완벽한 도시를 만들려면 아리스토파네스 같은 자들에게 전쟁을 선포하는 것으로는 충분하지 않았다. 모든 이야기꾼과 이야기 현상 전체와 전쟁을 벌여야 했다.

아테네로 돌아와 자신의 학당에서 근대 대학의 최초 원형을 설립한 플라톤은 쉰 줄에 들어섰을 때 자신의 최고 걸작이자 가장 큰 영향을 미친 저작 《국가》를 완성했다.[1] 그 책은 이야기꾼에 의해 전해 내려온 미신이 아니라 철인왕哲人王의 정제된 논리를 토대로 유토피아를 건설하기 위한 설명서였으며 위대한 사상가들이 이제껏 구상한 것 중에서 스토리텔링을 가장 무자비하게 모욕하는 글로 널리 평가되었다.

유토피아로 한 걸음 내디디는 방법은 이것이다. 시인을 추방하라. 최후의 1인까지.*

"이야기의 잘못이 가장 크다"

"Nothing Is Less Innocent Than a Story"

플라톤이 시인을 너무 두려워한 나머지 그들을 사회에서 추방하고 싶어 했다는 말을 처음 들은 현대인의 첫 반응은 대개 이렇다. "설마?" 대부분의 사람은 시보다 나약하고 하찮은 것이 없다고 여기기 때문이다. 그래서 오해가 없도록 우선 밝혀두겠다. 플라톤이 말하는 '시인'은 종류를 막론하고 허구를 짓는 사람이다. 플라톤 시절에 대부분의 이야기는 무대에서 상연되든 회중에게 낭독되든 운문이었다. 그때도 지금처럼 이야기꾼들은 예리한 사회적·

---

* 플라톤의 삶과 성격에 대해서는 알려진 것이 거의 없지만 그리스 전승에 따르면 그는 전직 레슬러이자 참전 용사였다. 《국가》의 정확한 출간 시기도 알려지지 않았지만, 대개 기원전 380년이나 기원전 381년으로 추정된다. "도시의 권좌에 누가 앉아 있더라도 세상을 진정으로 다스리는 것은 이야기꾼이라네"라는 구절은 내가 지어낸 것이지만 《국가》에서 표현하는 견해와 일맥상통한다. "이야기꾼이 세상을 다스린다"라는 속담의 출처가 종종 플라톤이나 소크라테스로 잘못 지목되는 것은 이 때문인지도 모른다. 빈 서판 비유는 《국가》 제4편에서 플라톤이 제시했다.

정치적 메시지를 이야기에 엮어넣었다.

　철인왕이 다스리는 유토피아를 갈망한 초합리주의자 플라톤은 이야기꾼을 일컬어 정치체政治體를 감정에 도취시키는 직업적 거짓말쟁이라고 비난했다. 군중은 흥미진진한 이야기를, 온갖 섹스와 폭력, 온갖 폭소와 눈물을 벌컥벌컥 들이켜면서 부도덕하고 위험한 사상도 덩달아 벌컥벌컥 들이켰다. 플라톤의 주장에 어떤 미덕이 있는지 몰라도 그는 때로 아스퍼거증후군을 연상시키는 태도로 인류에 대한 스토리텔링의 매력을 폄하했다. 스토리텔링 본능은 우리 뇌에 깊이 새겨져 있다. 이 본능을 '추방'하려면 수술 톱과 수술칼로 두개골을 절개하는 수밖에 없다.

　하지만 플라톤의 해법이 명백히 틀렸다고 해서 그가 비판하는 진짜 문제를 간과해서는 안 된다. 이야기를 바라보는 우리 눈에는 커다란 맹점이 있다. 우리는 이야기가 강한데도 약하다고 생각한다. 더없이 진지한데도 시답잖다고 생각한다. 서사학 교수 톰 판라르와 동료들 말마따나 "이야기의 잘못이 가장 큰"데도 무고하다고 생각한다.[2]

　플라톤은 샌님이 아니다. 이야기의 즐거움을 모르지 않으며 이야기에 여러 유익이 있음을 부정하지 않는다. 다만 2400년 전 못지않게 오늘날에도 급진적인 한 가지 물음을 던질 뿐이다. 호메로스 서사시에서 위대한 희곡과 창조 신화에 이르는 가장 장엄한 종류의 스토리텔링조차 유익보다 해악이 많은 것 아닐까?

　역사는 플라톤의 《국가》를 사랑하고 증오했지만 단 한 번도 그의 논제를 진지하게 들여다보지 못했다. 그 논제는 인류가 겪은 끔찍한 문제들의 근원에 이야기꾼이 우리에게 씌운 환각이 도사리고 있다는 사실이다. 플라톤에게 그나마 호의적인 사람은 현대 학자들인데, 그들은 플라톤처럼 똑똑한 친구가 저렇게 멍청한 것을 믿었을 리 없다고 단언한다.

내 견해는 이렇다. 스토리텔링의 문제에 대한 플라톤의 해법(추방은 그가 고려한 방안 중 하나에 불과했다)은 나쁜 것부터 더 나쁜 것까지 다양하다. 하지만 문제에 대한 그의 진단은 자신이 생각한 것보다 훨씬 정확했다. 무엇보다 플라톤의 글은 단순히 허구에 대한 것이 아니었다. 시, 극, 신화의 위험천만한 힘에 대한 것이었다. 하지만 이젠 분명해졌듯 이야기의 지배력은 창조된 인물들이 가상의 모험을 벌이는 차원을 훌쩍 뛰어넘는다. 이야기는 본질적으로 정보를 구조화하는 무척 매혹적인 방법이다. 그 정보는 다큐멘터리나 역사 서술에서처럼 사실일 수도 있고 비디오게임 플롯에서처럼 순전히 허구일 수도 있고 마르크스주의 같은 '거대서사'에서처럼 그 중간일 수도 있다.

그리고 이제 인간 삶에 대한 이야기의 지배력은 날마다 커져만 간다. 우리는 이야기를 무한히 욕망하는 종이며, 기술이 모든 장벽을 무너뜨린 덕에 이야기를 무한정 만들고 소비할 수 있게 되었다. 기술이 불러온 스토리텔링 빅뱅과 더불어 이야기가 우리 마음에 어떻게 작용하는지에 대한 과학적 이해도 폭발적으로 확장되었다. 전 세계 주요 권력 집단들은 이미 이 과학을 흡수하여 활용하고 있다.

이를테면 대기업은 스토리텔링을 이용한 설득에 총력을 기울이고 있으며 전 세계의 거대한 신흥 강국들은 이야기를 더욱 기만적이고 효과적으로 구사하고 있다.[3] 기술 발전으로 인해 재래식 전쟁의 인적·물적 비용이 지나치게 증가하자 현실 세계에서 상상의 세계로 전장戰場이 옮아가고 있다.[4] 중국군 정책 당국은 이야기나라의 전장을 지배하는 것이 (수단만 다를 뿐) 전쟁 목표의 필수적 연장延長임을 이해하고 있다.[5] 현재 진행 중인 러시아의 선전전influence campaign은 이야기 전쟁의 핵무기를 사용한 첫 사례로 역사에 기록될 것이다. 미국 국방부는 이야기의 기초 연구에 자금을 지원하고 있는데, 그들이 목표로 삼는 서사적 데스스타(Death Star: 〈스타워즈〉에 등장하는 거대 전투 인공위성—옮긴이)에 비하면 기존 선전 방식은 화승총만큼이나 원시적으로 보일 것이다.

이야기는 언제나 막강했다. 이야기는 언제나 위험했다. 이야기가 온갖 선한 역할을 하고 온갖 위안을 주긴 하지만, 기술 발전으로 인해 이야기는 플라톤이 상상도 못 한 정도로 범위가 확대되고 강력해지고 무기로서의 가능성이 커졌다.

은밀한 설득

Hidden Persuasion

사회비평가 밴스 패커드Vance Packard는 1957년 작 《숨은 설득자

The Hidden Persuaders》에서 광고 기술자와 정치 공작원 엘리트 집단이 (그에 못지않은) 사회학자와 정신요법사 엘리트 집단과 손잡았다고 주장했다. 그들은 힘을 합쳐 무의식적 동기의 숨은 열쇠를 찾아다녔다. 열쇠를 손에 넣기만 하면 고된 설득 과정을 건너뛴 채 식역하(subliminal: 감각기관이 감지할 수 있는 최소한의 크기에 못 미치는 자극—옮긴이) 갈망을 무의식 깊숙이 심을 수 있다고 생각했다.

대규모 심리 조종 음모가 벌어지고 있다는 패커드의 적나라한 고발은 수백만 부가 팔려나갔다. 여기에 일조한 사람은 제임스 비커리James Vicary라는 안경잡이 샌님 시장 연구자였다.[6] 《숨은 설득자》가 출간된 직후 42세의 비커리는 고전 중이던 자신의 마케팅 컨설팅 사업을 구원할 방법을 발견했다. 그는 순간노출기(tachistoscope: 순간적으로 물건을 보이게 하는 기계 장치로, 인지 작용이나 광고 효과의 연구 따위에서 순간시 실험에 사용한다—옮긴이)라는 특수 프로젝터를 뉴저지의 한 영화관에 설치한 일로 유명하다. 관객들이 윌리엄 홀든 주연의 영화 〈피크닉Picnic〉을 관람하는 동안 비커리는 너무 찰나여서 의식으로 탐지할 수 없는 비밀 메시지를 은막에 비췄다.

하나는 "팝콘을 먹어라"였고 다른 하나는 "콜라를 마셔라"였다. 비커리의 발표에 따르면 식역하 메시지에 노출된 4만 5699명의 관객은 콜라를 18.1퍼센트, 팝콘을 57.5퍼센트 더 많이 구입했다. 비커리는 선전의 성배를 발견했다. 욕망을 뇌에 깊숙이 심어 마치 저절로 생긴 것처럼 보이게 한 것이다.

1957년 밴스 패커드와 제임스 비커리는 위대한 인간 정신에 뜻밖에도 초보적인 설계 결함이 있음을 (각자 독자적으로) 천명했다. 올바른 지식(첨단 행동과학)과 현대적 기술(대중매체, 순간노출기, 에어브러시)이 있으면 인간 정신을 대규모로 조종할 수 있다는 것이었다.[7]

제임스 비커리가 '투명 광고'의 실험 결과를 발표한 뒤 대중의 비판은 빠르고 거셌다. 비커리의 기법은 자유로운 생각의 가능성 자체를 위험에 빠뜨리는 조지 오웰식 세계를 예고하는 듯했다. 《워싱턴포스트》에서는 이렇게 성토했다. "이것은 문명인이 지금껏 고안한 것 중에서 인간의 뇌와 신경계에 대한 가장 무시무시하고 소름 끼치는 공격일 것이다."[8] 또 다른 보도에서는 이 기법을 "마음 강간a rape of the mind"이라고 불렀다.[9]

하지만 《숨은 설득자》에서 내세운 과학은 전혀 과학이 아니었다. 무의식적 메시지 전달 분야 전체를 떠받친 토대는 1950년대식 프로이트주의의 애매모호하고 알쏭달쏭한 가설이었다. 학계, 업계, 중앙정보국의 연구자들이 식역하 메시지 전달을 구현하려고 수십 년간 노력했으나 수십 건의 연구는 모두 수포로 돌아갔다.[10]

그렇다면 제임스 비커리의 유명한 개념 증명은 어떻게 된 것일까? 덜 알려진 사실은 그가 데이터를 홍보용으로 조작했음을 훗날 실토했다는 것이다. 말하자면 비커리가 망해가는 회사를 살리려고 쓴 방법은 한낱 사기에 불과했다. 매디슨가(Madison Avenue: 광고회사가 많아서 광고업계의 대명사로 쓰인다—옮긴이)의 세설에 따르면 그는 이 사기를 통해 무려 수백만 달러의 계약을 따 냈다고 한다.

《숨은 설득자》에서 예언한 멋진 신세계에서 광고 기술자와 공작원은 조각가처럼 우리를 빚어내지만 그 손길이 너무도 섬세해서 우리는 그 끌질을 알아차리지도 못한다. 하지만 의식적 정신의 감시망을 교란하고 사상과 갈망을 무의식에 곧장 침투시키고 싶다면 과학적으로 입증된 방법이 버젓이 존재한다. 얄궂게도 제임스 비커리는 우연히 그 방법을 발견할 수도 있었다.

나중에 밝혀진바 비커리는 결코 뉴저지 영화관에 가지 않았고 (극장 관리인에 따르면) 윌리엄 홀든의 우람한 맨가슴에 어떤 문구도 비추지 않았을 가능성이 있다. 아니, 농후하다. 그럼에도 홀든이 은막 위를 여봐란듯이 누비는 광경을 관객들이 보는 동안 사상과 가치는 그들의 마음속에 시나브로 스며들었다. 이 전달 방법은 인류만큼 오래되었으나 그 위력은 이제야 최신 과학에 의해 입증되었다. 이 무의식적 메시지 전달법의 이름은 소박하게도 '스토리텔링'이다.

1990년대에 미국인의 3분의 2는 식역하 광고가 속속들이 퍼져 있으며 사악한 효과를 발휘한다고 믿었다.[11] 둘 다 사실이 아니었다. 하지만 광고업자들은 한 번도 식역하 메시지 전달로 재미를 보지 못했으면서 숨은 설득이라는 꿈을 절대 포기하지 않았다.

지난 10년간 '스토리텔링'은 '혁신'과 '파괴'조차 뛰어넘는 비즈니스 업계 최고의 유행어였을 것이다. 실용적이고 흡사 영구적인 비즈니스 스토리텔링 문화가 등장했다. 《뉴욕타임스》에서는 이야기의 "거부하기 힘든 위력"을 치켜세웠고[12] MBA 프로그램들은 스토리텔링을 교과에 도입했으며 기업들은 최고 스토리텔링 책임자를 채용했고 마케팅의 대가 세스 고딘은 굵은 글씨로 이렇게 강조했다. "널리 전파될 이야기를 하지 않으면 도태될 것이다."[13] 비즈니스 스토리텔링 전문가들이 이야기를 찬미하는 이유는 즐거움, 가치, 연결을 선사하는 능력 때문이지만, 트로이 목마처럼 인간 정신의 철옹성에 메시지를 침투시키는 능력 때문이라는 것 또한 분명하다.[14]

　이야기를 마인드 컨트롤 도구로 여기는 것이 엽기적이거나 선정적으로 보일지도 모르겠다. 하지만 그렇게 생각해서는 안 된다. 1장의 코이산족 이야기꾼 사진을 다시 들여다보라. 그는 지휘자처럼 손을 들어 올려 청중의 뇌에 담긴 모든 이미지와 가슴에 담긴 모든 감정을 지휘하고 있다. 부족 사람들로 하여금 서로 감정적 조율, 호르몬 동조, 신경적 장단을 맞추도록 했다. 이 모든 현상은 오늘날 실험실에서 검증할 수 있다.[15] 코이산족 연장자든 어느 이야기꾼이든 그의 유일한 관심사는 마인드 컨트롤이다. 유능한 이야기꾼은 우리의 두개골을 뚫고 들어와 감정적·정신적 조종간을 일시적으로 장악하며, 우리의 마음속에 들어오는 이미지와 우리를 흠뻑 적시는 감정을 조종한다. 그들에게는 종종 확고한 의도가 있는데, 그것은 우리를 장기적으로나 단기적으로 구슬리는 것이다.

그렇다고 해서 이야기꾼이 반드시, 또는 자주 못된 짓을 꾸민다는 말은 아니다. 그들에게 잘못이 있다는 말도 아니다. 인간 소통에서 순진무구함은 설 자리가 없다. 인간은 본성상 몹시 사회적인 영장류로, 위계질서 내에서 높은 자리를 차지하려고 늘 경쟁한다. 모두가 구슬림 경쟁에서 우위를 차지하려 한다. 이야기꾼이 사람들을 조종하는 것은 사실이다. 하지만 누구나 그렇게 한다. 이를테면 이치를 따지는 논증은 온갖 수사 기법을 동원한 거대한 기만으로 이루어지는 일이 다반사다. '수사rhetoric'란 진실에 도달하기보다 구슬림에 도달하기 위해 개발된 언어적·논리적 주짓수(jujitsu: 일본의 전통 무예인 유술을 바탕으로 만들어진 격투기로, 메치기, 누르기, 조르기, 관절 꺾기 등의 기술로 상대를 제압한다—옮긴이) 체계를 뭉뚱그려 일컫는 말이다.

우리가 여느 구슬림 연장보다 스토리텔링에 대해 더 우려해야 하는 이유는 이야기꾼들이 부도덕해서가 아니라 대체로 더 유능하기 때문이다. 이야기꾼들은 다른 전달자에 비해 과학적으로 검증된 여러 이점을 누린다. 첫째, 가장 기본적인 이점은 여느 메시지 전달 형식과 달리 우리가 이야기와 그 이야기를 들려주는 사람들을 사랑한다는 것이다. 둘째, 이야기는 접착력이 강하다(우리는 서사를 다른 소통 형식보다 훨씬 빨리 처리하며 그 속에 담긴 정보를 훨씬 잘 기억한다).[16] 셋째, 이야기는 그 무엇보다 눈길을 사로잡는다(좋아하는 텔레비전 드라마를 보거나 눈을 뗄 수 없는 소설을 읽을 때 딴생각을 하게 되던지 생각해보라). 넷째, 좋은 이야기는 되풀이하고 싶어진다(은밀한 험담을 딴 사람들에게 퍼뜨리거나 스포일러를 하지 않기가 얼마나 힘든지 생각해보라). 이야기 형식의 메시지가 소셜미디어 네트워크에서 입소문을 타고 퍼지는 것은 이 때문이다.[17] 이 모든 이점의 원동력이자 가장 중요한 다섯 번째 이점은 이야기가 격렬한 감정을 불러일으킨다는 것이다.

플라톤은 인간 정신이 세 가지 중추로 이루어졌다고 믿었다. 건전한 정신에서는 (플라톤이 로기스티콘logistikon이라고 부른) 순수 논리의 영역이 감정과 욕망의 저급한 중추를 다스린다. 반면에 불건전한 정신에서는 감정과 욕망이 로기스티콘을 짓누르고 이성을 마비시킨다.

플라톤이 스토리텔링에 적대적이었던 이유는 격렬한 감정 반응을 부추기는 것이야말로 이야기의 전부이기 때문이다. 이야기는 우리로 하여금 느끼게 하려고 존재한다. 우리는 동네 영화관에서 메뉴를 정할 때 주연 배우가 맘에 든다거나 평이 좋다는 이유만으로 고르지 않는다. 감정의 메뉴판도 참고한다. 폭소를 터뜨리고 싶으면 코미디를 고른다. 간담이 서늘해지고 싶으면 공포 영화를 고른다. 정의로운 분노를 맛보고 싶으면 복수 스릴러를 고른다. 때로는 슬픔을 느끼고 싶을 때도 있는데, 그럴 땐 눈물샘을 자극하는 영화를 고른다.

많은 저술가가 이야기꾼의 임무는 현실의 환각을 만들어내는 것이라고 지적했다. 하지만 그 환각이 매우 인공적이라는 사실도 지적했다. 전형적인 이야기는 현실을 닮지 않았다. 앨프리드 히치

콕 말마따나 "지루한 대목을 잘라낸" 현실을 닮았다.[18] 달리 말하자면 이야기는 감정과 무관한 조각들을 잘라낸 현실을 닮았다.

이야기의 목적은 우리로 하여금 느끼도록 하는 것이다. 하지만 무엇에 대한 느낌을 말하는 걸까? 정서적 경험에 '감동받았다moved'는 말은 비유가 아니다. '감정'을 뜻하는 영어 낱말 '이모션emotion'의 어원은 '움직이다'를 뜻하는 라틴어 '에모베레emovere'다. '원동기 장치 자전거motorcycle' '동기를 부여하다motivate' '기동차locomotive' '승진promotion' '강등demotion', 그리고 물론 '운동motion'에 이르기까지 움직임과 관계된 수많은 영어 낱말에 라틴어 어근 '모트mot'가 들어 있는 것은 이 때문이다. 감동感動한다는 것은 감정感을 느껴 움직인動다는 것이다. 두려움은 달아나거나 숨도록 우리를 움직인다. 분노는 싸우도록 우리를 움직인다. 후회는 사과하거나 행실을 바로잡도록 우리를 움직인다. 사랑은 상대방을 지키고 보살피도록 우리를 움직인다.

감정은 이야기의 전부며 알고 보면 의사결정의 핵심 요소다.[19] 합리적 논증은 개종자나 냉담자에게 설교할 때 쓸모가 있지만 가장 필요할 땐 무용지물이다. 감정에 사로잡힌 사람을 논리로 끄집어내려 드는 것은 안 하느니만 못할 수 있다. 어떤 견해에 깊이 물든 사람을 이성으로 설득하려다가는 역풍을 일으켜 반감만 키울지도 모른다.[20]

설득은 합리적 수단과 극적 수단이라는 두 가지 수단 중 하나를 활용할 수 있다. 근거를 갖춘 논증을 전개하여 합리적으로 설득할 수도 있고 이야기를 들려주어 극적으로 설득할 수도 있다. 이야기가 모든 상황에 적합한 것은 아니다. 가공하지 않은 정보를 효율적으로 전달받고 싶을 때도 있는 법이다. 그럴 때 이야기를 들려주면 상대방은 매혹되는 게 아니라 짜증스러워할 것이다. 하지만 여러 분야의 연구자들이 다양한 연구에서 밝혔듯 설득을 하고자 한다면 극화가 합리화보다 대체로 유리하다.[21] 말하자면 청중에게 요점을 이해시키는 것으로는 충분치 않다. 좋게든 나쁘게든, 이야기를 이용하여 그들이 요점을 느끼도록 해야 한다.

함정

The Catch

하지만 거기엔 함정이 있다. 토미 와이소Tommy Wiseau의 악명 높은 영화 〈더 룸The Room〉의 플롯을 묘사함으로써 직접 극적으로 표현해보겠다.

조니는 벤츠를 모는 부자다. 하지만 거만하거나 잘난 체하진 않는다. 모두가 조니를 좋아한다. 그는 타고난 매력을 발산하여 다정한 친구들을 자신의 자장磁場에 끌어들인다. 업무에 치이고 백수 애인 리사를 먹여 살리면서도 짬짬이 자신의 호화로운 빌라 옥상에서 캐치볼 놀이를 한다. 남자들이 모이면 대화는 어김없이 거대한 수수께끼 중에서도 가장 거대한 수수께끼로 귀결된다. 남자들이 알고 싶은 것은 이것이다. 여자들은 대체 어떻게 생겨먹은 거지? 조니가 보기에 여자들은 어떤 때는 "너무 똑똑하"고 또 어떤 때는 "말할 수 없이 멍청하"다. "못됐"을 때도 많다.

그리하여 와이소는 자신의 거창한 명제를 선포한다. 여성은 외계의 여성적 논리에 따라 살고 게임을 좋아하는 작고 기묘한 반反인간이다. 캐치볼 같은 남성의 건전한 심심풀이 놀이에 비하면 여성의 게임은 어찌나 악랄하게 기만적인지 남성은 이해할 엄두조차 내지 못한다.

와이소의 영화가 우리에게 선사하는 것은 사무실 정수기 앞 맨스플레인이나 지하철 쩍벌남 같은 여성 혐오 순한 맛misogyny-lite이 아니다. 〈더 룸〉이 선사하는 것은 순수하고 중세적이다. (아마도) 이 영화에서 가장 악명 높은 장면에서 조니의 친구 마크는 헤픈 여자가 질투심 많은 남자친구에게 죽도록 맞은 이야기를 들려준다. 조니가 유쾌한 웃음과 함께 말을 끊고서 외친다. "마크, 끝내주게 재밌는 이야기였어!"

조니의 애인 리사는 거짓말과 속임수를 일삼는 인물로, 여성이 가진 탐욕스럽고 악마적인 본성의 화신이다. 리사는 조니의 가장 친한 친구를 유혹하여 그들의 우정을 날려버린다. 조니는 자신이 오쟁이 진 것을 알게 되자 낙담하여 친구들을 멀리한다. 그는 이렇게 신음한다. "모두가 나를 배신해. 세상에 신물이 나." 조니는 리사가 입었던 드레스와 격정적이고 낭만적인 섹스를 벌인 뒤 제 머리에 총을 쏜다.

〈더 룸〉이 유명해진 것은 여성 혐오 때문이라기보다는 대본,

연출, 연기가 우스꽝스러울 정도로 엉성하기 때문이다. 와이소는 인류 역사를 통틀어 최악의 작가 중 한 명이다(대표적인 대사를 소개하자면, "승진! 승진! 만날 그 소리야. 커피와 잉글리시 머핀에 입 좀 데어야겠어"). 하지만 와이소는 일관성을 찾아보기 힘든 대본을 쓰는 것으로 모자랐던지 〈더 룸〉의 감독, 제작, 주연, 편집, 투자를 도맡아 자신의 이야기를 상상 가능한 모든 차원에서 허물어뜨렸다.

〈더 룸〉은 나쁨 스펙트럼의 극단에 위치한 탓에 오히려 매혹적이고 유쾌하다. 독보적 실패작이지만 나름의 방식으로 걸작 못지않게 진귀하고 교훈적이다. 이는 숭배 현상으로 이어졌는데, 관객은 이 영화에 호의적인 조롱을 퍼붓는다. 전반적인 희극적 효과의 비결은 와이소가 추구한 웅장한 바그너적 비극과 그가 실제로 만들어낸 부조리 희극 사이의 어마어마한 간극이다.

와이소가 수백만 달러의 사비를 털어 제작한 〈더 룸〉은 비극적 인간 역설에 대한 영화다. 사랑은 우리의 모든 문제에 대한 해답이지만 여성은 도무지 사랑할 수 없는 악독한 잡년이다. 메시지는 확고하다. 남성이 택할 수 있는 가장 안전한 방책은 여성을 무작정 멀리하는 것이다. 하지만 여성이 얼마나 섹시하고 교활한가를 감안하면 이것은 분명히 불가능한 일이기에 남성에게 최선은 조심 또 조심하는 것이다.

하지만 〈더 룸〉은, 하느님께 감사하게도 메시지 전달에 실패했다. 이것은 이야기꾼이 자신의 메시지를 실제로 스며들게 하고 싶을 때 무엇을 하지 말아야 하는지 알려주는 반면교사다. 이 영화가 남성들을 설득하여 귀엽고 사랑스러운 서큐버스(succubus: 잠자는 남성과 성교하기 위해 돌아다니는 여자 악마—옮긴이)에게 경계심을 품도록 했을 것 같지는 않다. 단 한 명의 서큐버스라도 설득하여 행실을 바로잡도록 했을 리조차 만무하다.

이것은 〈더 룸〉이 지금껏 제작된 영화 중에서 만장일치 최악의 영화이기 때문이다. 스토리텔링에 어떤 메시지 전달상의 이점이 있더라도 이야기 자체가 좋지 않으면 무엇 하나 효과를 거두지 못한다. 비평가들이 말하는 '좋다'의 의미는 애매모호하고 주관적이고 정의하기 힘들다. 하지만 일반인이 어떤 이야기를 '좋다'라고 말할 때의 의미는 대개 서사이동의 주문을 거는 데 성공했다는 뜻이다. 사회학 용어로 말하자면 이야기의 심리적·감정적·신경적·행동적 효과는 모두 이동에 의해 '매개'된다. 그렇기에 이야기의 이동 효과가 클수록 우리는 그 이야기를 더 좋아하고 전반적인 심리적 효과도 커진다.[22]

그렇다면 구슬림을 추구하는 이야기꾼에게 무엇보다 중요한 질문은 이것이다. "서사이동을 일으키려면 어떻게 해야 할까?" 이 자리에서 이야기꾼이 청중을 이동시키려고 쓰는 수법을 깊이 파고들지는 않을 것이다(궁금하면 아무 문예 창작 안내서나 읽어보시길). 내가 정말로 하고 싶은 것은 이 장의 '흑마술' 테마와 연결되는 핵심 수법 하나를 들여다보는 것이다.

"들려주지 말고 보여주라"의 과학

옛날 옛적에 어니스트 헤밍웨이가 친구들과 식당에 갔다. 그는 자신의 뛰어난 글솜씨로 소설의 모든 효과를 단 여섯 어절로 압축할 수 있다고 장담했다. 친구들은 비웃으며 그가 실패하는 쪽에 10달러씩 걸었다. 그러자 헤밍웨이는 냅킨에 여섯 어절을 휘갈겨 탁자 주위로 돌렸다. 친구들은 잠시 냅킨을 바라보며 눈을 끔벅거리다가 얼굴을 찌푸리며 옆 사람에게 넘겼다. 그러고 나서 다들 지갑을 뒤져 헤밍웨이에게 10달러를 건넸다. 그가 냅킨에 쓴 문장은 아래와 같다.

팝니다: 한 번도 안 신은 꼬까신

대부분의 사람들은 이 짧은 이야기를 처음 읽으면 잠시 어리둥절한다. '어라, 무슨 소리지?' 그러다 머릿속에서 아귀가 맞춰진다. '아하!' 이제 우리의 마음속에서 비극이 펼쳐진다. 부자는 아니지만 희망에 부푼 부부가 태어날 아기를 위해 신발 한 켤레를 산다. 하지만 아기는 태어나자마자 죽는다. 희망이 무너지고 비통이 엄습한다.

헤밍웨이에 대한 몇몇 최고의 일화처럼 이것도 애석하지만 진짜가 아닐지 모른다.[23] 학자들에 따르면 헤밍웨이가 이 짧은 이야기를 썼을 가능성은 희박하다. 하지만 그가 이 글을 썼으리라는 속설은 믿지 않을 도리가 없는 문학적 도시 기담으로서 여전히 퍼져나가고 있다. 이것은 아마도 이 여섯 어절 이야기의 대단한 효과로 보건대 엄청난 천재가 썼을 것만 같아 보이기 때문일 것이다. 이 짧은 이야기는 이야기가 얼마나 간단한가를 한눈에 보여준다. 근사한 어휘, 복잡한 생각, 독창적 플롯 같은 것은 없어도 된다. 이야기꾼은 청중에게 대부분의 일을 떠넘겨도 무방하다.

"들려주지 말고 보여주라"라는 격언은 직접적이고 명시적인 메시지보다 간접적이고 은근한 메시지로 더 많은 효과를 거둘 수 있음을 깨달은 이야기꾼들의 집단적 지혜. 이것은 스토리텔링에 대한 진부한 클리셰 중 하나지만 여느 진부한 클리셰가 그렇듯 중요한 진실이 담겨 있다. 최근 연구자들은 메시지를 명시적으로 전달하는 이야기보다는 암묵적이고 간접적으로 전달하는 이야기가 더 설득력이 있음을 밝혀냈다. 의사소통 연구자 마이클 달스트럼Michael Dahlstrom은 《국립과학원회보Proceedings of the National Academy of Sciences》에서 이렇게 말했다. "서사적 설득을 저해하는 것으로 알려진 몇 안 되는 실수 중 하나는 설득하려는 의도를 들켜 청중이 휘둘리지 않으려고 저항하게 만드는 것이다."[24]

이를테면 〈더 룸〉의 결함을 일일이 언급하자면 단행본 분량의 논문으로도 모자라겠지만(그런 책을 읽고 싶다면 그레그 세스테로 Greg Sestero와 톰 비셀Tom Bissell이 쓴 《재앙의 장인The Disaster Artist》을 권한다), 이 작품을 나쁜 예술의 러시모어산(미국 사우스다코타주 남서부

블랙힐스에 있는 국립기념비로, 조지 워싱턴, 토머스 제퍼슨, 에이브러햄 링컨, 시어도어 루스벨트 대통령의 거대한 두상 조각이 새겨져 있다. 여기서는 '대표적 사례'의 의미로 쓰였다—옮긴이)에 새겨줄 특징을 하나만 꼽자면 그것은 보여주지 않고 들려주려는 고집이다. 영화의 대사는 와이소의 메시지를 시시콜콜 설명하고 밑줄 치고 강조한 다음 반복한다.

이것을 우리의 문학적 도시 기담과 비교해보라. 파파(헤밍웨이의 애칭—옮긴이)는 애매모호한 어절 여섯 개를 끄적인 것이 전부였다. 나머지는 우리 몫이다. 이를테면 내 머릿속에서는 여성 한 명이 아니라 부부가 전단을 붙이는 광경이 보였다. 나는 부부가 나이는 지긋하지만 부자는 아니라고 상상했다. 젊었다면 나중을 위해 신발을 간직했을 것이다. 부자였다면 뭐 하러 번거롭게 팔려고 나섰겠는가? 당신의 마음은 내 마음이 만든 것과 정확히 똑같은 이야기를 만들진 않았을 것이다. 하지만 내 마음과 마찬가지로 페이지에 적힌 글자를 뛰어넘어 약간의 예술가 기질을 발휘했을 것이다.

다시 말하지만 여섯 어절 이야기는 부모에 대해서나 아기에 대해서나 비극의 감정적 여파에 대해서나 아무것도 들려주지 않는다. 무언가를, 아기 신발 광고를 보여줄 뿐이다. 의미를 구성하는 나머지 모든 작업은 우리가 한다. 여섯 어절 이야기에 힘을 더하는 요인은 사태를 파악하는 데 시간이 약간 걸린다는 것이다. 이 이야기를 처음 맞닥뜨렸을 때 대부분 그런 경험을 했을 것이다. 이야기는 우리가 의미를 완전히 이해할 때까지 우리 곁에 머문다(우리가 이야기 곁에 머문다고 말할 수도 있겠다).

이것은 '회고적 성찰retrospective reflection'에 대한 최근 연구로 연결된다. 회고적 성찰이란 스토리텔링 과정의 마지막 단계를 일컫는 심리학 용어로, 이야기 소비자가 책을 덮거나 극장 문을 나서면서 이야기에 담긴 생각과 정보를 자신의 기존 세계관에 합치는 순간이다. 연구자에 따르면 이야기가 가장 큰 설득력을 발휘하는 것은 이야기가 끝난 뒤에도 우리를 이야기나라에 붙잡아둘 만큼 압도적이고 여운을 남길 때다.[25]

요약하자면, 들려주기가 우리에게 의미를 단순히 주는 반면에 보여주기는 우리 스스로 의미를 파악하도록 유도하며 그때 우리는 그 의미의 소유권을 가진다. 위대한 이야기꾼들은 이런 식으로 뻐꾸기의 수법과 같은 심리적 수법을 구사한다. 우리 마음속에 어떤 관념을 알처럼 낳아두고서 우리로 하여금 그 관념들을 제 것처럼 느끼게 하는 것이다.

"비밀 선전원"

"Secret Propagandists"

"들려주지 말고 보여주라"의 지혜가 발전한 것은 이론적이고 심미적인 차원에서 '좋은' 예술의 요건이라서가 아니다. 여러 세대의 이야기꾼들이 시행착오를 거쳐 이것이야말로 (1) 청중이 좋아하는 것이고 (2) 이야기 약물을 조제하여 구슬림 효과를 내는 강력한 방법임을 알아냈기 때문이다.

사실, 설득은 경쟁이며 약간 꼴사나울 때도 많다. 우리는 더 낫고 참된 정보를 제시하기만 하면 상대방을 얼마든지 설득할 수 있으리라 생각하기 쉽다. 하지만 설득은 지시와 같지 않다. 무작정 빈 서판을 채우는 것이 아니다. 설득은 언제나 **옮기기**dislodgment로 시작된다. 즉, 마음을 한 장소에서 다른 장소로 옮겨야 하는데, 이 말은 일정한 힘을 가하여 관성을 극복해야 한다는 뜻이다.

이것을 가장 잘 이해하고 있는 사람은 최상의 이야기꾼들이다. 위대한 소설가이자 에세이스트 조앤 디디온이 말한다. "여러 면에서 쓰기는 나라고 말하는 행위, 자신의 의도를 타인에게 관철하는 행위, 타인에게 내 말을 듣고 내가 보는 것처럼 보고 당신 생각을 바꾸라고 말하는 행위다. 공격적이고 심지어 적대적인 행위다. 수식어와 잠정적 가정법을 생략과 얼버무림으로, 주장하기보다는 시사하고 진술하기보다는 암시하는 온갖 방법으로 위장할 수는 있지만, 종이에 낱말을 적는 행위가 비밀리에 으르고 침입하여 작가의 감수성을 독자의 가장 사적인 공간에 욱여넣는 전술임은 엄연한 사실이다."[26]

소설가 존 가드너John Gardner는 같은 맥락에서 이야기꾼을 "비밀 선전원"[27]으로 정의하며 이야기가 "세상에서 가장 큰 위력을 발휘하여 사람을 노예로 만든"다고 말한다.[28] 나는 디디온과 가드너의 말을 인용하면서 핵심어를 굵은 글자로 강조했다. 그것은 비밀이다. 이 모든 으르기와 선전이 가장 큰 효과를 발휘하려면 은밀하고 간접적이어야 한다.

앞에서 말했듯 비즈니스 업계에서는 이야기의 가치를 설명할 때 트로이 목마 비유를 즐겨 든다. 이것이 좋은 비유인 것은 훌륭한 이야기의 본질인 은밀함을 절묘하게 표현하기 때문이요 누구나 트로이 목마에 대해 알기 때문이다. 하지만 트로이 목마는 호메로스의 트로이 전쟁 이야기(《일리아스》)에 등장하지 않으며 오디세우스가 전쟁 이후 벌인 모험 이야기(《오디세이아》)에 짧게 언급될 뿐이다. 따라서 호메로스의 권위 있는 판본이 없는 탓에 다양한 트로이 목마 이야기가 그리스와 로마 문학에 퍼져나갔다.

베르길리우스의 《아이네이스》 등에서 전하는 유명 판본은 트로이인들이 커다란 목마에 감쪽같이 속았다는 믿기 힘든 설에 이의를 제기한다. 아무리 멍청하더라도 그렇게 속을 수 있을까? 그들은 그리스인을 증오했고 그리스인은 그들을 증오했다. 도시가 함락되어 속담이 생기기 전에 이미 그들은 선물을 가져오는 그리스인들을 조심해야 한다는 것을 알고 있었다("선물을 가져오는 그리스인들을 조심하라Beware of Greeks bearing gifts"는 본디 《아이네이스》에 나오는 구절인데, 적의 호의를 경계하라는 뜻의 영어 속담이 되었다—옮긴이). 그리하여 베르길리우스의 판본에서는 그리스인들이 이야기꾼 하나를 남겨두어 목마의 의미를 지어내도록 했다. 시논이라는 이 이야기꾼이야말로 진짜 트로이 목마였다. 그의 머릿속에는 트로이 성벽을 무너뜨릴 이야기가 들어 있었다.

베르길리우스가 말하길 전쟁 10년 차에 그리스인들은 난데없이 막사를 철거하고는 야밤에 배를 타고 귀향했다(실은 트로이 해안에서 멀지 않은 섬 뒤편에 배를 숨겼다). 어리둥절한 트로이인들은 버려진 적 진영에서 거대한 말을 발견했으며 뒤이어 늪에 숨어 있던 그리스 병사 시논을 찾아냈다. 처음에 트로이인들은 격분한 채 그를 에워쌌으나 금세 이야기의 힘에 누그러져 경계심을 풀었다.

시논은 이렇게 설명했다. 그리스인들은 떠나기 전에 아군 병사 중 한 명을 제물로 삼아 신들에게 바치기로 결정했다. 이에 오디세우스가 묵은 원한을 풀고자 음모를 꾸며 시논을 희생시키자고 주장했다. 나머지 그리스인들은 오디세우스의 속셈을 알면서도 모르는 체했다. 하지만 시논은 제단에 끌려가기 전에 포승을 풀고 달아났다.

시논은 동포의 배신에 격분하고 상심한 척하며 트로이인들에게 거창한 거짓말을 들려준다. 그리스인들이 목마를 지은 것은 아테나 여신에게 제물로 바치기 위해서다. 목마를 훼손하면 트로이에 재앙이 닥칠 것이지만 이 성스러운 제물을 성벽 안으로 가져가면 도시가 신의 은총을 받을 것이다. 이 같은 시논의 이야기와 청산유수 같은 말솜씨는 목마 이상으로 트로이의 파멸에 일조했다. 그의 이야기가 아니었다면 저 어여쁜 목마는 잿더미가 되었을 것이고 안에 갇힌 그리스 영웅들도 같은 신세가 되었을 것이다.

트로이 목마는 선을 행하는 이야기의 힘에 대한 비유가 아니다. 본질적으로 트로이 목마는 전쟁 기계였다. 살육, 집단 강간, 노예화, 문화 말살, 높은 성탑에서 내던져지는 아기 같은 잔혹한 홀로코스트가 목마의 배 속에 담겨 있었다. 트로이 목마는 이야기가 언제든지 무기로 쓰일 수 있음을 보여주는 비유다. 사기꾼, 선전원, 가짜뉴스 제작자, 사이비 종교 교주, 강매하는 도붓장수, 음모론자, 선동가는 이런 사실을 뼛속까지 이해하고 있다. 그리스인들은 한때 남부럽잖던 도시를 그을린 폐허로 만들었다. 전쟁에서는 승리했지만 스스로를 괴물로 만들었다.

스토리텔링의 영원한 숙제

Storytelling's Forever Problem

스테판이라는 소년이 벌인 사악한 실험 얘기를 들려드리겠다. 그는 심리적으로나 정서적으로나 피폐했지만 프로그래밍 신동이어서 불과 열여섯 살에 비디오게임 기획사의 관심을 끈다. 회사는 그가 좋아하는 게임북(독자의 선택에 따라 줄거리와 결말이 달라지는 책—옮긴이) 소설을 바탕으로 컴퓨터게임을 제작하는 임무를 맡긴다.

정신적으로 불안한 이 젊은이는 곧장 작업에 착수하여 서사적 가능성의 공간을 욱여넣는 게임을 제작한다. 이 게임에서는 가지들이 뒤틀려 뻗어나가고 잔가지들이 휘어져 돌아온다. 스테판은 잠을 자지 않고 좀처럼 먹지도 않는다. 눈앞이 흐릿해지고 영양실조가 심해질수록 편집증도 악화한다. 자신의 실제 삶이 게임북 속 이야기와 똑같이 닮았다는 기분이 들기 시작한다. 미래가 수많은 대안 현실 속으로 가지를 뻗는다. 우리가 내리는 선택 선택마다, 말하는 한 마디 한 마디마다 크게든 작게든 미래가 새로 쓰인다. 하지만 선택을 우리가 내리고 있는 게 아니라면? 스테판은 어떤 음흉한 지적 존재가 자신을 대신하여 모든 선택을 내리며 마치 자신이 게임 속 등장인물인 것처럼 자신을 '플레이'한다고 확신하게 된다.

이따금 이 잔인한 지적 존재는 그에게 살인을 저지르도록, 때로는 자살하도록 강요한다고 스테판은 믿는다. 이따금 스테판은 지금부터 영원히 행복하게 살아가게 되는 선택을 강요받기도 하고 이따금 감옥에서 평생 썩게 되기도 한다. 그리고 언제나, 그의 삶의 플롯은 클라이맥스에 도달하자마자 처음으로 돌아가 새롭고 심란한 방향으로 가지를 치고 구부러진다. 어느 서사 경로에선가 스테판은 끔찍한 진실을 알게 된다. 자신이 실은 미리 정해진 대본에 따라 연기하는 영화배우 핀 화이트헤드에 불과하다는 것이다. 결국 스테판은 자신이 고통스러운 척하고 있었을 뿐이고 죽이거나 죽는 시늉을 하고 있었을 뿐임을 깨닫는다. 하지만 다른 경로를 강요받으면 자신이 결코 배우가 아님을 알게 될 것이다. 조현병 환자도 아니요 환각제를 남용하지도 않았음을. 실은 미치광이 과학자들이 진행하는 심리 조종 실험의 쥐임을.

방금 묘사한 내용은 넷플릭스 드라마 〈블랙 미러Black Mirror〉의 속편 〈밴더스내치Bandersnatch〉의 얽히고설킨 플롯이다. 〈밴더스내치〉는 네 번째 벽을 무너뜨리는 상황을 흥미진진하게 보여준다. 네 번째 벽이란 배우의 허구적 세계를 시청자의 현실 세계와 분리하는 가상의 장벽을 뜻하는데 네 번째 벽을 무너뜨리는 전형적 상황은 배우가 무대(또는 등장인물)를 벗어나 관객과 소통함으로써 허구적 세계와 현실 세계 사이의 선을 지우는 것이다. 하지만 〈밴더스내치〉에서는 시청자가 허구의 세계에 쳐들어가 주인공에게 말을 걸고 그의 운명을 조종한다. 결정적 장면에서 우리는 스테판에게 추악한 진실을 알릴지 말지 선택해야 한다. 우리는 그의 컴퓨터를 통해 그에게 연락하여 악의에서든 선의에서든 이렇게 알려줄 수 있다. "난 넷플릭스에서 당신을 지켜보고 있어. 내가 당신 대신 결정을 내리고 있다고."

하지만 〈밴더스내치〉 속 미치광이 과학 실험의 진짜 표적이 스테판이 아니라 소파에 앉아 리모컨 단추를 눌러 자신이 감추고 싶은 성격 특질을 드러내고 마는 넷플릭스 고객이라면? 이를테면 시청자는 가학적 충동에 굴복하여 스테판으로 하여금 자식을 사랑하지만 결함 있는 아버지를 이유 없이 살해하도록 강요할까? 그런 다음 증거를 감추려고 아버지 시신을 욕조에서 토막 내도록 할까? 여성 심리치료사와 꼴사나운 주먹다짐을 벌이도록 몰아붙일까? 나약한 소년을 고층 발코니에 세워 단추 클릭 한 번에 아래로 떠밀까?

그렇다. 지금 이 드라마를 보고 있는 시청자는 이 모든 짓을 할 것이다. 〈밴더스내치〉는 스탠퍼드 교도소 실험이나 밀그램 모의 전기 충격 실험처럼 우리가 어디까지 잔인해질 수 있는지 탐구한 유명한 실험들과 비슷하다. 만일 자신의 행위가 '허용'되고 아무도 판단하지 않는다고 생각하면 우리는 얼마나 잔인하게 행동하고 얼마나 큰 (진짜처럼 보이는) 고통을 가할까?

쥐가 미로를 달리는 광경을 보며 체크 표시를 하는 과학자와 마찬가지로 넷플릭스의 데이터 과학자들은 우리가 〈밴더스내치〉의 미로 같은 플롯을 어떻게 헤쳐나가는지 꼼꼼히 관찰한다. 우리의 클릭을 바탕으로 넷플릭스는 우리가 정신없이 날뛰는 액션 시나리오를 좋아하는지, 느리고 지적인 플롯을 좋아하는지, 유머보다 로맨스를 좋아하는지, 사실적 결말보다 뜻밖의 반전을 좋아하는지 등등 우리에 대해 많은 것을 추론할 수 있다. 우리가 스테판을 대신해 어떤 아침 식사를 선택하는지를 바탕으로 슈가퍼프와 프로스티 중에서 어느 시리얼을 좋아하는지까지 알아낼 수 있다.

넷플릭스는 〈밴더스내치〉 시청자에 대한 데이터를 수집하는 목적이 "향후 접속 시 맞춤형 추천에 활용하"고 "〈밴더스내치〉식 스토리텔링 모델의 개선 방향을 모색하"기 위해서임을 인정한다.[29] 달리 말하자면 〈밴더스내치〉를 시청할 때 우리는 실험 대상이 되며 이 실험에서 넷플릭스는 우리의 마음과 행동을 통제하려고 심리적으로 중요한 정보를 수집한다. 넷플릭스는 이 데이터를 이용해 우선적으로는 우리의 선호도를 예측하여 자기네 플랫폼에서 우리가 최대한 많은 시간을 보내도록 하고 궁극적으로는 자신들에게 가장 중요한 행동, 즉 유료 구독의 지속을 유도할 것이다.

넷플릭스는 스토리텔링의 '영원한' 숙제와 씨름해야 한다. 전 세계를 통틀어, 또한 역사를 통틀어 성공적 이야기에는 적어도 플라톤과 아리스토텔레스의 시대 이후로 주목받고 있는 확고한 규칙성이 있다(이 주제는 4장에서 다룬다). 하지만 모든 이야기가 모든 독자를 똑같이 즐겁게 하지 않는다는 것 또한 분명하다. 스토리텔링에서 무엇이 효과를 발휘하는가에 대한 일반화는 언제나 평균적 이야기 소비자를 암묵적으로 전제한다. 하지만 이 평균적 이야기 소비자는 통계적 추상물로서, 이야기에 대한 전반적인 고찰에는 요긴하지만 현실에서는 결코 존재하지 않는다.

이야기는 피와 살로 이루어진 실제 이야기꾼이 피와 살로 이루어진 실제 사람들에게 들려주는 것이며 그들은 온갖 방식으로 다양하다. 이를테면 연구자들은 인종, 계급, 성별, 학력, 연령 같은 기본적인 인구통계적 특성, 그리고 경험에 대한 개방성, 공감 능력, 사회적 지능 같은 기본적인 성격 특질이 이야기에 대한 반응에 어떤 영향을 미치는지 연구했다.[30] 어떤 면에서 이 연구는 자명한 사실을 입증한다. 어떤 사람들(나)은 신파적 광고를 보고도 눈물을 글썽이는 반면에 어떤 사람들은 〈쉰들러 리스트〉를 보고도 무덤덤하다는 사실 말이다. 당신은 실제 범죄 이야기를 좋아할 수도 있고 나는 위대한 예술가의 다사다난한 삶을 묘사한 관음증적 전기에 악취미가 있을지도 모른다.

하지만 다른 면에서 연구는 보기만큼 자명하지 않다. 이를테면 성별에서 흥미로운 차이가 나타난다.[31] 연구에 따르면 여성은 평균적으로 공감 능력, 사회적 지능, 언어 능력, 공상 능력(그렇다. 이걸 측정할 수 있다)이 커서 평균적으로 남성보다 더 쉽게 서사이동될 수 있다.[32] 이 말은 이야기를 만들 때 여성을 염두에 두지 않으면 이상적 청중을 놓치게 된다는 뜻이다. 그러니 여성 제작자, 작가, 배우, 감독에게 더 많은 기회를 부여하는 것은 윤리적으로 이로울 뿐 아니라 사업적으로도 유리하다.

넷플릭스를 비롯하여 온라인 신문, 잡지, 소셜미디어 사이트를 망라하는 디지털 스토리텔링 플랫폼은 많은 데이터를 수집한다. 그들은 우리가 어떤 종류의 이야기를 좋아하는지 안다. 언제 약간 따분해져 화장실에 가거나 매우 따분해져 종료 버튼을 누르는지 안다. 그들은 이 정보를 근거 삼아 두 가지 중요한 판단을 내린다. 첫째, 어느 이야기가 소비자들에게 통틀어서 가장 큰 효과를 발휘하는가? 둘째, (넷플릭스가 꼭 맞는 사람에게 꼭 맞는 영상을 추천할 수 있도록) 어느 이야기가 각각의 소비자에게 가장 큰 효과를 발휘하는가?

이게 딱히 우려할 일이라고 느껴지지 않을지도 모르겠다. 어쨌거나 우리가 좋아할 만한 이야기를 넷플릭스가 들이미는 것이 뭐 그리 나쁘겠는가? 하지만 이야기 타기팅 기술은 더 음험한 목적에 이용될 수도 있다.

스토리넷

10년쯤 전에 다르파DARPA로 잘 알려진 방위고등연구계획국 Defense Advanced Research Projects Agency에서 스토리텔링에 대한 학술대회를 개최했다. 다르파는 미국 국방부 내 준*비밀 기구로 새로운 군사 기술 개발 임무를 맡고 있는데, 이따금 "군산복합체의 심장"으로 불리기도 한다.[33] 신경과학자, 전산학자, 심리학자, 그리고 인문학 분야에서는 스토리텔링 전문가들이 '이야기, 신경과학, 실험적 기술'에 대한 새로운 지원 사업을 따내려고 학술대회에 모였다.

그들은 자신의 사업 계획이 얼마나 디스토피아적인지 알고 있다는 듯 영화 〈터미네이터〉의 '스카이넷SKYNET'에 빗대 '스토리넷 STORyNET'이라는 이름을 붙였다.[34] 다르파 관료들이 관심을 두고 있던 새로운 과학에 따르면 이야기 기반 정보전에는 특별한 잠재력이 있었다. 당시 국방부는 이라크 전쟁과 아프가니스탄 전쟁에 깊이 휘말려 있었는데, 알카에다를 비롯한 적들은 전장에서 전세가 꺾이지 않았을 뿐 아니라 인터넷에서 벌어지는 라이벌 서사들과의 전쟁에서도 승리하고 있었다. 다르파는 이야기를 따로 떼어 가장 강력한 효과를 연구한 다음 설득력을 배가하는 기술을 통해 그 지식을 현실에 적용하고 싶어 했다.

라디오 방송이나 폭격기에서 떨어뜨리는 전단 같은 전통적 전시 선전물은 멍텅구리 폭탄(dumb bomb: 목표물을 추적하는 유도 기능

이 없어 오폭 위험이 큰 재래식 폭탄—옮긴이)과 비슷한 방식으로 메시지를 전달한다. 즉, 무차별적이다. '누구에게나 적용되지는 않는' 하나의 메시지를 모든 사람에게 떨어뜨리는 셈이다. 다르파가 구상한 새로운 유형의 이야기는 판타지 소설에서 둔갑술을 쓰는 짐승처럼 이야기 소비자 개개인의 독특한 심리에 끊임없이 적응한다. 한마디로 맞춤형 양복처럼 여느 양복의 보편적 특질(이를테면 팔다리를 넣는 부분이 네 곳 달린 것)을 공유하되 개개인의 고유한 신경해부학적 특질에도 (완벽하고도 정확하게) 들어맞도록 제작된다.

텔레비전이 당신의 마음을 읽어 보편적인 성격 특질과 변덕스러운 기분 특질에 맞게 이야기를 개작한다는 건 말도 안 되는 소리처럼 들릴 것이다. 하지만 1장에서 보았듯 이야기에 대한 우리의 주관적 반응은 측정 가능한 심리적 반응과 확고한 상관관계가 있다. 이를테면 이야기에 겁을 먹으면 우리는 땀을 많이 흘리고 숨을 몰아쉬고 머리털이 곤두서고 동공이 확대된다. 이야기에 대한 뇌의 반응을 관찰하겠다고 두개골을 쪼갤 필요는 없다. 알려진 뇌 상태와 확률적 상관관계를 이루는 심리적 데이터를 수집하기만 하면 된다.

신경과학자 호르헤 바라사Jorge Barraza와 폴 잭Paul Zak이 이끄는 연구진은 다르파에서 자금을 지원받아 불치병에 걸린 어린 소년과 비통해하는 아버지에 대한 진짜 이야기를 보여주면서 아픈 아이들을 돕는 자선 단체에 기부를 요청하는 내용을 끼워 넣었다. 연구진이 알고 싶었던 것은 심장 관련 정보와 땀 분비량만을 측정하는 기본적인 거짓말 탐지기식 장치를 이용하여 영상 시청자가 메시지에 '설득'될 것인지 여부를 예측할 수 있는가였다. 반응에서 감정 동요가 낮게 나타난 사람들을 배제했더니 기부자를 80퍼센트의 정확도로 예측할 수 있었다. 말하자면 그들은 단순히 시청자의 마음을 읽은 것이 아니었다. 그들은 더 인상적인 일을 해냈다. 미래를 읽은 것이다.[35]

하지만 스토리넷의 목표는 훨씬 야심만만했다. 〈밴더스내치〉 같은 게임북식 이야기에서 당신은 수시로 결정을 내리며 그때마다 서사가 다른 방향으로 흘러간다. 하지만 컴퓨터가 당신의 마음을 마이크로초 단위로 읽어들여 정신·정서 상태와 확고한 상관관계가 있는 심리적 지표를 바탕으로 당신을 다른 서사 경로로 이끈다면? 이 데이터는 인터넷에 연결된 카메라, 마이크, 텔레비전 등의 장치로 수집할 수 있다(중국에서는 이미 수집되고 있다).[36] 마지막으로, 컴퓨터가 이런 일을 하는 것이 시청자의 쾌감을 극대화하기 위해서가 아니라 파벌적 단합을 부추기는 선동이나 구매 권유, 소수 집단에 대한 악의적 서사 같은 메시지에 순응하도록 하기 위해서라면?

시청자 개개인에 대한 메시지의 영향력을 극대화하기 위해 맞춤형으로 제작된 은밀한 게임북식 이야기는 기술적으로 실현 가능하다. 이런 이야기가 실현되지 못한다면 그것은 기술 장벽 때문이 아닐 것이다. 더 값싸고 너저분한 형식의 이야기 기반 조작법이 이미 시장을 장악했기 때문일 것이다.

조작 능력이 극대화된 맞춤형 이야기를 만드는 데는 두 가지 방법이 있다. 첫 번째는 복잡한 기술을 동원하여 이야기 소비자에게서 데이터를 속속들이 수집하는 다르파식 방법이다. 그러면 수집한 데이터를 바탕으로 메시지에 순응시킬 수 있는 서사적 가능성의 가지를 따라가도록 소비자를 유도할 수 있다.

하지만 정부와 기업은 이미 두 번째 방법을 가다듬고 있다. 사람들이 이야기에 어떻게 반응하는지 즉석에서 파악하는 것보다는 인구통계적 데이터, 독특한 성격과 정치 성향, 심지어 머릿속에 꽉 차 있지만 누구에게조차 단 한 번도 털어놓지 않은 성 충동에 이르는 모든 것을 사전에 파악해두는 것이 더 수월한 방법이다. 이렇게 개개인의 정체성에 들어 있는 모든 성분을 막대그래프와 산포도로 나타내면 비슷한 정신계측적 특성을 가진 사람들에게 가장 큰 효과를 발휘하는 서사를 각 사람에게 제시할 수 있다.

이렇게 하려면 막강한 감시 기술이 필요하다. 18세기 사회개혁가 제러미 벤담은 판옵티콘이라는 완벽한 감시 체계를 구상했다. 판옵티콘이란 수레바퀴 모양으로 배치된 교도소를 일컫는다.[37] 교도관은 바퀴통 격인 감시탑에서 수감자들의 일거수일투족을 볼 수 있다. 하지만 정말로 기발한 대목은 이것인데, 조명과 블라인드 때문에 수감자들은 바퀴통을 쳐다보지 못한다. 그래서 교도관이 보고 있지 않을 때조차 늘 감시당하는 줄 알고 고분고분 행동할 수밖에 없다.

판옵티콘panopticon의 어원은 '모든 것을 본다'라는 뜻의 그리스어로, 우리가 모두 겪고 있는 디지털 감시 체제를 묘사하기에 안성맞춤이다. 벤담의 판옵티콘과 현대의 디지털 판옵티콘을 나누는 중요한 차이점은 벤담의 경우 사람들이 감시당하고 있지 않을 때조차 감시당한다고 느끼도록 하고 싶어 했다는 것이다(소설 《1984》에서 사방에 설치된 양방향 스크린도 같은 역할을 한다). 하지만 새로운 디지털 판옵티콘의 설계 목표는 우리가 늘 감시당하고 있으면서도 감시당하지 않는다고 느끼도록 하는 것이다.

게다가 벤담의 판옵티콘이 시각적인 정보만 제공할 수 있었던 것에 반해 새로운 디지털 판옵티콘은 마음을 읽는다. 우리는 하루하루 살아가면서 자신에 대한 정보를 비듬처럼 흘리고 다닌다. 많은 기술 전문가가 말하듯 '자유로운' 디지털 경제는 이용자의 정보, 생각, 소망, 소중한 주의력이 실제 상품으로서 거래되는 곳이다.

최신 기술을 별로 이용하지 않고 소셜미디어에도 글을 거의 남기지 않는 나 같은 사람에 대해 디지털 판옵티콘은 무엇을 알고 있을까? 정답은 '모든 것'이다. 내 스마트폰은 내가 시시각각 어디에 있는지 알고 있으며 심지어 내가 어디로 갈지를 출발 전에 예측할 수 있다. 내가 이용하는 식단 관리 앱을 통해 내가 무엇을 먹는지 시시콜콜 알고 있으며 내가 언제 폭식하는지로 내 기분을 정확하게 알아맞힐 수 있을 것이다. 그 밖의 앱들을 통해 내가 언제

잠자리에 드는지, 언제 일어나는지, 운동 스케줄을 얼마나 지키는지 안다. 구글 검색을 비롯한 인터넷 이용 실태를 바탕으로 내 머릿속에 정확히 무슨 생각이 들어 있는지 안다. 시리를 통해 내가 기분이 좋을 때와 나쁠 때 어떤 감탄사를 내뱉는지까지도 안다. 이것들을 모두 합치면 (비록 이 정보가 조각조각 나뉘어 흩어져 있더라도) 아마존과 구글 같은 기업은 나에 대해서 내가 아는 어떤 사람보다도 훨씬 많은 것을 알고 있다. 그들은 책, 음악, 영화, 언론에 대한 나의 취향을 알고 있으며 꽤 정확히 예측할 수 있다. 나의 정치 성향을 알며 내가 어느 취미에 열심이고 어느 취미에 소홀한지 안다. 나의 은밀한 욕망과 부끄러운 허영심을 안다. 일기장에도 적지 못했을 만큼 내밀한 것까지 알고 있다.

디지털 판옵티콘은 내가 시시각각 실제로 어떻게 행동하고 생각하는지를 바탕으로 나의 진면목을 볼 수 있다. 내가 세상에 드러내는 가면이 아니라 진짜 얼굴을 본다. 나 자신조차 스스로를 이렇게 친밀하고 정확하게 알지 못하는데 말이다. 판옵티콘은 인간의 자기 이해를 왜곡하는 자기중심적 편견 없이 나를 본다. 그리고 내가 거의 모든 것을 잊는 데 반해 나에 대해 알아낸 모든 것을 기억한다.

감시자본주의의 냉랭한 과학적 어휘는 이야기라는 따스한 옛 솜씨와 전혀 동떨어진 것처럼 보인다. 하지만 전산학자 재런 러니어Jaron Lanier 말마따나 이 "행동 변경 제국behavior modification empires"이 데이터를 수집하는 목적은 더 솔깃하고 더 격한 감정을 불러일으키고 궁극적으로 더 큰 설득력을 발휘하는 맞춤형 서사를 우리에게 공급하는 것이다.[38] 결국 그들의 의도는 우리로 하여금 무해한 새 기기에서 사회적으로 유독한 생각 바이러스에 이르기까지 모든 것을 사게 만드는 것이다.

2016년 전격전
Blitzkrieg 2016

2016년 5월 21일 두 무리의 시위대가 텍사스주 휴스턴의 이슬람포교원에 들이닥쳤다. 한 무리는 '텍사스의 심장The Heart of Texas'이라는 페이스북 그룹으로, 주요 관심사는 텍사스의 전통을 보전하는 것, 총기 소유권과 이민 억제 같은 정치적 사안에 목소리를 내는 것이었다. 또 한 무리는 미국무슬림연합United Muslims of America이라는 또 다른 페이스북 그룹으로, 이민자 권리 보장과 총기 규제 등에 찬성했다. 그날 텍사스의 심장 회원들이 모인 것은 "증오의 사원"(즉, 이슬람포교원)에서 벌어지는 "텍사스의 이슬람화를 중단시켜" 달라는 요청에 따른 것이었다. 그들은 "총기를 (공개적으로든 은밀하게든) 휴대해도 좋습니다"라는 안내를 받았으며 상당수가 실제로 총을 가져왔다. 시위 소식이 퍼지자 미국무슬림연합 회원들이 시위대에 맞서 항의 시위를 벌이고 이슬람 혐오 반대 성명을 발표했다. 두 시위대는 한참 동안 팻말을 흔들었으며 경찰의 저지선을 사이에 두고 서로 고함을 지르다 다들 지쳐 해산했다.[39]

여느 때와 같은 미국의 하루였다.

한 가지만 빼면. 시위대 중 누구도 알지 못했던 사실은 자신들이 투명한 줄에 매달려 춤추는 꼭두각시에 지나지 않으며 수천 킬로미터 떨어진 곳에서 인형술사가 자신들을 조종하고 있다는 것이었다. 두 무리를 소집하여 전쟁의 춤을 추게 한 인형술사는 줄을 이용하지 않았다. 서로 다른 이야기를 들려주었을 뿐이다.

텍사스의 심장과 미국무슬림연합은 러시아 상트페테르부르크에 소재한 인터넷 연구소(Internet Research Agency, 이하 IRA)에서 만든 500곳 남짓한 페이스북 그룹 중 두 곳이었다. IRA는 이제는 널리 알려진 '악플농장troll farm'으로, 2016년 미국 대통령 선거에 개입한 러시아 여론 조작 시도에서 핵심적 수법이었다. 두 페이스북 그룹 모두 선전 활동에서 대성공을 거뒀다. 텍사스의 심장은 회원 수가 25만 명, 미국무슬림연합은 30만 명에 이르렀다. 이 양말인형(sock puppet: 여론 조작에 이용되는 온라인상의 가짜 계정—옮긴이) 그룹들에 올라온 게시물들은 도합 800만 개 이상의 '좋아요'를 받았으며 1000만 회 이상 공유되었다.[40]

IRA를 악플농장이라고 부르는 것은 오해의 소지가 있다.[41] 여드름투성이 청소년 똥글 투척꾼shitposter으로 가득한 건물을 연상시키기 때문이다. 잔인하고 상스러운 게시물로 유튜브 댓글난을 더럽히는 것이 고작인 루저들 말이다. IRA의 실제 정체는 이야기 공장이다. 2013년 이후 IRA는 언론이나 홍보 경력이 있는 러시아인 수천 명을 이야기 전쟁의 돌격대로 훈련했다. 이 선전원들이 훈련받는 기술은 사회의 단층선을 간파하여 어마어마한 위력을 가진 쐐기를 박는 것이다.

텍사스의 심장 회원들이 들은 이야기는 선한 텍사스 토박이의 생활 방식이 외국 침입자들 때문에 송두리째 위협에 빠졌다는 것이었다. 그런가 하면 미국무슬림연합 회원들에게 제시된 이야기는 무슬림 미국인의 정체성을 찬미하고 가장 뚜렷한 현존 위협을 경고하는 것이었다. 텍사스의 심장으로 대표되는 골수 공화당 지지자들 말이다. 이 이야기들은 새빨간 가짜뉴스일 때도 있었고 완벽한 사실이되 한쪽 집단의 증오를 부채질하려고 교묘하게 선별된 것일 때도 있었다. 양편 다 스스로를 이야기의 선역善役으로, 궁지에 몰려 출구를 찾아내야 하는 주인공으로 여기도록 유도되었다.

러시아인들은 페이스북이 역사상 최고의 심리 조종 기계임을 알아차렸다. 적절한 데이터가 있으면 이 기계를 (페이스북이 자처하는) 공감과 연결의 기계가 아니라 적개심과 분열을 일으키는 선전 기계로 탈바꿈시킬 수 있었다.

이 공작은 대개 '러시아 선전전'이라는 무미건조하고 모호한 이름으로 불렸지만, 정작 어울리는 이름은 따로 있었다. 그것은 이야기 전격전(blitzkrieg: 적의 저항을 급속히 분쇄함으로써 전쟁을 빨리 끝내기 위하여 기동과 기습을 최대한 활용하는 싸움. 흔히 기계화 부대와 공군력에 의한 급격한 진공 작전을 가리키는 것으로, 제2차 세계대전 초기 독일군의 작전에서 유래했다—옮긴이)이었다. 이야기를, 또한 이야기에 대한 사람들의 타고난 취약함을 무기로 활용했으니 말이다. 그들의 단기적 목표는 공화당 유권자의 사기를 북돋우고 민주당 유권자의 사기를 떨어뜨리는 서사를 유포함으로써 선거 판세를 공화당 후보에게 유리하도록 몰아가는 것이었으며 장기적 목표는 온갖 집단적 분노에 불을 붙여 미국에 영구적인 피해를 주는 것이었다.

러시아의 이야기 전격전은 역사를 통틀어 가장 기발하고 효과적이고 광범위한 선전 공격으로 손꼽는다. 자주색 주(purple state: 공화당과 민주당 둘 다 압도적인 지지를 받지 못하는 주—옮긴이) 여남은 곳에서 수만 표 차이로 당락이 정해지는 선거전에서 이 시도가 결정적으로 작용했는지는 여전히 불분명하다. 하지만 미국이라는 거석상을 약화하고 균열을 낸다는 더 큰 목표를 달성한 것은 분명하다. 미국은 내부 다툼에 골몰하느라 세계 무대에서 안정된 세력으로서의 위치를 유지할 수 없었으며 향후 적국의 공격을 저지할 수 있도록 본때를 보이는 것은 언감생심이었다. 러시아 정보기관들은 밈(meme: 생물학적 유전자gene처럼 개체의 기억에 저장되거나 다른 개체의 기억으로 복제될 수 있는 '문화적 유전자'로, 모방 등 비유전적 방법으로 후세에 전달되는 문화 요소—옮긴이), 인포그래픽, 가짜뉴스 같은 온갖 종류의 무기를 사용했다. 하지만 이 모든 수법에는 서로 부딪쳐 불꽃을 튀기는 라이벌 서사를 만들어내려는 속셈이 숨겨져 있었으며 그 궁극적 목표는 제 궁둥이를 물려고 뱅글뱅글 돌다 점점 어지러워지고 쇠약해지는 개처럼 미국을 내분에 빠뜨리는 것이었다.

대부분의 사람들이 《국가》에 대해 알고 있는 것을 하나만 꼽으라면 그것은 '동굴 비유'다. 이것은 여전히 대학 수업 시간에 가장 널리 언급되는 개념 중 하나다.[42] 일반인이 《국가》에 대해 알고 있는 두 번째 사실은 내가 이 장 첫머리에서 언급한 것이다. 플라톤이 이야기를 편집광적으로 증오하여 모든 이야기꾼을 도시 성벽 너머로 던지고 싶어 했다는 이야기 말이다.

하지만 잠깐! 두 가지 사실은 도저히 양립할 수 없다. '동굴 비유'는 이야기다. 풍유는 문학 장르니 말이다('동굴 비유'의 영어 명칭은 '동굴 풍유The Allegory of the Cave'다—옮긴이). 플라톤이 묘사한 주인공 소크라테스는 실존 인물을 토대로 삼긴 했지만 단순히 고대 문학을 통틀어 가장 거침없고 괴팍한 인물이 아니다. 그 자신이 유능하고 끈기 있는 이야기꾼이다. 《국가》 전체는 사실 소크라테스가 들려주는 일인칭 이야기다. 그는 부유한 지인들이 자신을 불러 세워서 짐짓 을러대며 집에 데려가서는 자신으로 하여금 철학을 논하도록 강요했다는 설명으로 말문을 연다. 이 대화에는 여러 작은 이야기와 소소한 우스갯소리와 플라톤이 지어낸 긴 신화적 걸작이 들어 있다. 필립 시드니 경이 《시를 위한 변론The Defence of Poesy》(1595)에서 플라톤을 일컬어 "철학자를 통틀어 가장 시적이다"라고 주장할 만도 하다.[43]

이렇듯 《국가》에서 플라톤은 이야기 기교를 공격하려고 자신의 이야기 기교를 총동원한다. 그가 들려주는 이야기는 (만일 이야기의 교훈을 반농담조로 받아들인다면) 스스로를 자신의 유토피아에서 내던지고 말 것이다.

여기서 무슨 일이 벌어지고 있는 걸까?

한 가지 가능성은 플라톤이 반反시적 시의 역설을 보지 못했다는 것이다. 그는 자신이 허구를 통해 허구를 비난하고 있음을 알아차리지 못했는지도 모른다. 그렇다면 《국가》는 스스로를 집어삼키는 우로보로스(문장紋章에 새겨진 고대 이집트와 그리스의 뱀으로, 꼬리를 계속 먹어 들어가다가 결국 다시 태어나는 모습을 하고 있다—옮긴이) 같은 책일 것이다. 하지만 그럴 가능성은 희박해 보인다. 더 그럴듯한 가능성은 플라톤이 시인들을 추방하고 싶어 했다고 말하는 수많은 작가가 그의 논점을 파악하지 못했다는 것이다(아니면 그의 책을 끝까지 읽지 않았거나!). 이야기의 위험성을 플라톤보다 잘 이해한 사람은 아무도 없었다. 그가 최초로 느낀 충동이 모든 이야기꾼을 추방하는 것이었음은 이런 까닭에서다. 하지만 이야기의 사회 건설 잠재력을 플라톤보다 온전히 간파한 사람 또한 아무도 없었다. 그가 결국 이야기꾼을 추방하지 않기로 마음먹은 것은 이런 까닭에서다.

2400년 전 플라톤은 지금 내가 도달한 것과 같은 결론에 도달했다. 그것은 이야기가 인간 행동을 대규모로 통제하고 형성하는 주된 연장이라는 것이다. 플라톤은 현실적 의미에서 결코 이야기

에 반대하지 않았다. 위대한 사상가 중에서 플라톤만큼 이야기의

힘을 직시하고 그 힘을 속속들이 써먹은 사람은 아무도 없다.

3. 이야기나라를 장악하려는 대전쟁

THE GREAT WAR FOR STORYLAND

플라톤의 《국가》에서 제기하는 중대한 질문은 이것이다. 어떻게 하면 인간이 비이성에 의해 죽지 않고 이성에 의해 살 수 있을까? 플라톤은 질문에 대한 자신의 답이 상상할 수 없을 만큼 급진적이라는 사실을 결코 숨기려 들지 않는다. 첫째, 플라톤이 도시에서 쫓아내려 하는 것은 자유 시인, 즉 국가의 필요에 부응하여 재능을 발휘하길 거부하는 자들뿐이다. 둘째, 그는 정서적으로 가장 자극적인 이야기 방식을 금지하되 나머지는 철인왕의 관할에 맡길 작정이었다. 책꽂이에 이미 꽂혀 있는 책 중 다수가 버려질 테지만 나머지 작품들은 검열되고 수정되고 쓰임새가 달라질 것이다. 주된 표적은 그리스인들에게 성경과 맞먹던 호메로스의 《일리아스》와 《오디세이아》일 것이다. 《국가》에서는 한심한 책 훼손 잔치에 많은 분량을 할애한다. 플라톤은 두 서사시에서 자신이 반대하는 모든 것, 그러니까 거의 모든 것을 다듬거나 뜯어고치거나 삭제하여 《일리아스》와 《오디세이아》를 위생적이고 온당하게 탈바꿈시킨다.

또한 플라톤은 공산주의를 논리적 극단까지 밀어붙인 체제를 촉구한다. 그는 사적 소유를 철폐하고 막노동꾼에서 의사에 이르기까지 모든 사람의 경제적 수준을 똑같이 만들 작정이었다. 아테네에서는 아내를 사실상 남편의 재산으로 분류하므로 그들도 공동 소유가 될 것이며 자녀는 집단으로 양육될 것이다(당국에서는 우생학적 목적에 맞게 남녀의 만남을 주선할 것이다).[1] 그렇다면 플라톤 체제의 목표는 전통적인 낭만적 사랑뿐 아니라 부모 자식 간의 사랑까지도 철폐하여 애정공산주의를 확립하는 것이다.

한마디로 플라톤은 인류 최대의 문제를 해결하려면 아름다운 시, 자녀와 형제자매, 아내와 남편에 대한 사랑을 말살하는 것이 유일한 해법이라고 주장한다. 세상에는 이런 꿈을 실현하기에 충분한 힘이 없다고 그는 보았다. 따라서 자신의 완벽한 이상을 구현하려면 순수한 논리로 감화시키기에는 너무 우둔한 사람들에게서 순응을 끌어낼 수 있어야 했다. 완벽에 이르는 단계들이 인간 본성의 결에 그토록 어긋나는데 어떻게 이 목표를 달성한단 말인가?

방법은 이야기, 많은 이야기였다.

플라톤의 칼리폴리스는 이야기가 박탈된 왕국이기는커녕 이야기를 벽돌로 구워 건설한 왕국이다. 유일한 차이점은 이야기가 자발적으로 생겨나는 것이 아니라 일군의 철학적 초인들에 의해 빚어진다는 것이다. 이 초인들은 우생학적 교배와 전문화된 훈련을 통해 임무에 딱 들어맞도록 연마되었다.

결국 플라톤의 이상적 공화국에서 통치자는 철인왕인 것 못지않게 이야기꾼 왕이 될 것이다. 처음에 이성 독재를 서술하던 플라톤은 마지막에 가서는 엄마가 아이 침대맡에서 불러주는 가장 소소한 자장가에서 인류의 기원과 종말에 대한 가장 원대한 신화까지 모든 이야기가 국가의 완전한 통제를 받는 허구적 독재 체제를 서술한다. 이야기꾼 왕의 통치를 떠받치는 토대는 선전용 이야기와 신화의 독점이다.

칼 포퍼는 20세기의 가장 위대한 철학자로 손꼽힌다. 그는 곤봉을 들고 플라톤을 쫓아다니며 명성을 쌓았다. 그의 근사한 우상 파괴적 걸작《열린사회와 그 적들》(1945)은 철학자가 철학자를 대상으로 저지른 범죄의 피투성이 현장처럼 전개된다. 이 책에서 그는 플라톤의《국가》를 전체주의 디스토피아 건설을 위한 사악한 지침서라며 맹비난한다.

내가 보기에 그는 플라톤에게 지나치게 가혹한 것 같다. 하지만 플라톤 시대부터 사람들이 꿈꾼 모든 전체주의 유토피아의 으뜸가는 통치 법칙이 이야기를 통제하고 독점하는 것이라는 포퍼의 말은 옳다. 이 법칙은 나치 독일, 소련, 북한, 크메르 루주 치하 캄보디아, 마오쩌둥 치하와 현재의 중국을 비롯한 20세기의 모든 무시무시한 전체주의 실험에 예외 없이 들어맞는다.[2] 이 정권들은 모두 언론에서 예술에 이르는 모든 형태의 스토리텔링을 독점하려 들었다. 국가의 메시지 전달 요구를 따르지 않는 이야기꾼은 살해당하거나 굴라크(옛 소련의 강제 노동 수용소—옮긴이)로 추방되었다. 현실을 허구화한 버전을 (적어도) 믿는 척하길 거부한 사람들도 같은 신세가 되었다. 이 정권들은 이야기나라를 우선 지배하지 않고서는 현실 세계를 지배할 수 없음을 알고 있었다.

가톨릭교회를 예로 들어보자. 그곳을 지배하는 사람은 고전적인 이야기꾼 왕이다. 다만 왕이 아니라 교황이라고 불릴 뿐. 하지만 그는 궁전에 살고 옥좌에 앉으며 장엄한 옷과 보석으로 치장하고 특별한 경우엔 왕관을 쓴다. 자신과 비슷하게 옷과 보석을 두르고 '교회의 제후'라고 불리는 추기경들에게 둘러싸여 있으며 나머지 사람들은 모두 그에게 절하고 그의 반지에 입 맞춰야 한다. 그가 이 모든 권력과 특권을 누리는 명분은 기독교 이야기의 가장 심오하고 진실한 판본을 알고 그것을 하느님 당신만큼 정확하게 전달한다는 것이다.

16세기 종교개혁에 이르기까지 1000여 년 동안 많은 교황은 온 세상에 교황 신정국가를 건설하여 세속 군주와 통치자들을 신하로 거느리고자 애썼다. 권력의 정점에 올랐을 때의 교황령(敎皇領: 로마 교황이 통치하는 세속적 영역으로, 1929년 라테란조약 체결 이후 바티칸 시국을 이르는 말—옮긴이)은 "이야기꾼이 세상을 다스린다"라는 말을 입증하는 데 누구보다 가까이 다가갔다. 기독교 이야기를 통제함으로써 교회는 이전에 단절되고 격리되어 지내던 유럽 사람들에게 어마어마한 영향력을 휘둘러 그들을 기독교국

(Christendom: 기독교가 정치, 경제, 사회, 문화 등 여러 분야에서 기본 원칙으로 적용, 확립된 정치 형태를 가진 국가—옮긴이)이라는 초국적 문명으로 엮어냈다. 교회는 모든 영적 문제에 최종적 권위를 행사했을 뿐 아니라 국가를 통제하고 군대를 지휘하고 국왕을 위압하고 반대파와 배교자를 살해하는 등 막강한 세속 권력도 휘둘렀다.

가톨릭교회는 궁극적 현실에 관한 이야기를 들려주었으며 자신의 어마어마한 권력을 이야기로 써서 교황청 제의실(이곳에는 진귀한 보물이 보관되어 있다—옮긴이)을 거쳐 천국에 이르는 유료 도로를 깔았다. 교회는 이야기를 독차지하기 위해 라틴어로 미사를 진행했으며 성경을 유럽 보통어로 번역하는 것을 중죄로 규정했다. 성직자와 교육받은 귀족만 알아들을 수 있는 사어死語로 모든 예배와 교회 업무가 진행되었기에 평민은 사제들에 의해 제정된 규칙들이 실제로 성경과 부합하는지 의문을 제기할 수 없었다.

이따금 이단이 등장하여 이야기에, 그와 더불어 교회의 권력에 도전했지만 그런 자들은 산 채로 불태우거나 산 채로 내장을 꺼내거나 산 채로 팔다리를 자르거나 세 형벌을 한꺼번에 가하는 창의적 초超폭력을 동원하여 쉽게 진압할 수 있었다. 이 고문 살해는 공공연히 실시되었는데, 여기에는 물론 오락적 요소도 있었으나 저항의 대가를 널리 알리기 위한 것이기도 했다. 급기야 신교도와 맞서 이야기 전쟁을 벌이는 과정에서 교회는 비非가톨릭 세계에 가톨릭을 전파하기 위해 세계 최초의 선전부 **인류복음화성성** Sacra Congregatio de Propaganda Fide을 창설했다.

이 모든 조치를 통해 교황은 서사에 대해 가차 없는 통제권을 행사했다. 그것은 플라톤이 꿈꾸었으되 실현하지 못한 것, 레닌, 히틀러, 마오쩌둥, 김일성 같은 이야기꾼 왕들이 신화, 선전부, (이단에 대한) 잔혹한 폭력을 나름대로 조합하여 확립하고자 했던 것이었다.

어떤 기관도 그렇게 오랫동안 그토록 강력한 스토리텔링 독점을 누리진 못했다. 물론 종교개혁 이후 수 세기에 걸쳐 교회의 하드파워(무력)가 꾸준히 깎여나가긴 했지만. (오늘날 교황이 절대군주로 남아 있는 곳은 화려하게 치장된 로마의 바티칸 교황청뿐이다.) 그럼에도 기독교 이야기에 대한 절대적 권위를 주장함으로써 교황은 여전히 전 세계 13억 가톨릭 신도에게 어마어마한 소프트파워를, 어마어마한 구슬림을 휘두른다.

예술은 전염이다

Art Is an Infection

이 책은 어떤 전쟁에 대한 것이다. 그 전쟁은 세계 역사상 가장 중요한 전쟁이다. 그 시작은 인류의 기원으로 거슬러 올라가며 결코 끝나지 않을 것이다. 하지만 이야기나라를 장악하려는 대전쟁은 언제나 맹렬하게 치러지는데, 이것은 옛말처럼 이야기꾼이 세상을 다스리기 때문이다. 서사가 웅장할수록 구슬림의 규모도 더욱 경이로워진다.

이야기라는 낱말은 가벼움, 유쾌함, 무해함 등을 암시한다. 그래서 '이야기 전쟁'이라고 말하면 무지개 두 개가 서로를 집어삼키려 드는 장면을 상상하는 듯한 논리 모순으로 들린다. 하지만 이야기 전쟁은 인간의 경쟁 중에서 (논란의 여지가 있지만) 가장 포괄적이고 결정적이다. 지정학적 투쟁에서든 부부간 권력 투쟁에서든 자신의 서사를 상대방에게 강요하려는 투쟁이기 때문이다.

인간은 싸울 때 주먹질하거나 욕설을 퍼붓거나 활이나 총을 쏘거나 폭탄을 터뜨리거나 화학물질로 중독시키는 등의 방법을 동원한다. 하지만 가장 중요한 분쟁이자 아마도 가장 간과된 분쟁은 인간이 가진 상상력의 영토를 장악하려는 영구적 이야기 전쟁이다.

세계는 미디어 버블(media bubble: 하나의 이념이나 문화적 관점만을 대표하고 다른 관점을 배제하는 미디어 환경—옮긴이), 가짜뉴스, 치명적 확증편향의 탈진실(post-truth: 공중의 의견을 형성하는 데 있어서 개인적 신념과 감정에 호소하는 것이 객관적 사실보다 더 큰 영향력을 끼치는 현상—옮긴이) 소용돌이에 휘말려 나락으로 떨어지고 있다. 현실에 대한 합의가 무너질수록 우리는 더욱더 사실상 이야기 나라에서 살아가게 되며 미래는 더욱더 사실보다는 라이벌 이야기꾼들의 전쟁에 의해 빚어질 것이다.

이 모든 사태로부터 중대한 물음이 제기된다. 이야기 전쟁에서 승리하려면 어떻게 해야 하나?

이야기 전쟁에서 효과를 발휘하는 전략은 다윈이 말하는 '자연의 전쟁'에서 효과를 발휘하는 전략과 비슷하다. 승리하는 쪽은 도덕적 측면에서나 심미적 측면에서 우월한 쪽이 아니라 무조건 더 많이 번식하는 쪽이다. 그렇다면 왜 어떤 이야기는 널리 퍼지고 어떤 이야기는 그러지 못하는지 들여다보아야 하는데, 이를 위한 좋은 출발점은 소박한 민담이다. 민담은 사회의 평범한 민중 사이에서 생겨나 떠돌아다니는 이야기로, 원작자를 찾기 힘들다. 이런 이유로 이야기의 자유시장에서 무엇이 효과를 발휘하고 무엇이 그러지 못하는지 알아내는 자연 실험실로 안성맞춤이다.

민담을 현재가 아니라 과거의 장르로 여기는 것은 잘못이다. 오늘날에도 이야기는 늘 그랬듯 민중에게서 생겨난다. 게다가 이젠 인터넷에서 엄청나게 빠르고 수월하게 퍼져나간다. 이를테면 우리가 늘상 주고받는 유머 시리즈는 해학적 민담으로, 이것이 사회에 퍼진 것은 단지 효과적인 이야기이기 때문이다. 커다란 파괴력을 작은 꾸러미에 욱여넣은 서사 수류탄이라고나 할까.

아니면 남자들이 라스베이거스에서 파티를 즐긴 뒤 깨어보니 콩팥이 없어졌다거나 라이프 시리얼의 마스코트 '리틀 마이키'(텔레비전 광고에 출연한 어린이—옮긴이)가 톡톡사탕과 탄산음료를 같이 마셨다가 귀여움이 끔찍하게 폭발하여 죽었다는 고전적 도시 괴담을 생각해보라. 이 이야기들이 우리의 귀에 들어온 것은 (전파되지 못한) 무수한 잠재적 경쟁자를 물리쳤기 때문이다. 심지어 인터넷 시대 이전에도 이런 도시 괴담은 입소문으로 퍼져나갔다. 이 이야기들은 대중매체에서 권위자들에 의해 증폭되기 때문이 아니라 위로부터의 압살 시도에도 **불구하고** 퍼진다.

레프 톨스토이는 《전쟁과 평화》와 《안나 카레니나》 같은 위대한 소설의 작가로 널리 기억되지만, 대담한 철학 사상가이기도 했으며 1897년에는 《예술이란 무엇인가》라는 책을 출간하기도 했다. 그는 모든 예술의, 무엇보다 자신의 예술 형식인 스토리텔링의 본질을 찾고 싶었다. 그리고 내가 알기로 예술에 대한 가장 간명한 정의를 제시했다.

톨스토이는 (이야기 예술을 비롯한) 예술을 감정의 전염으로 정의했다.[3] 좋은 예술은 예술가의 감정과 사상을 수용자에게 전염시킨다. 좋은 예술일수록 전염력이 강하다. 물론 우리가 가진 면역력을 돌파하여 바이러스를 심는 일에도 능할 것이다. 톨스토이가 이 결론에 도달한 것은 과학이 아니라 예술적 직관을 통해서였지만, 그의 사후 한 세기도 더 지난 지금 심리학자들이 실험실에서 같은 현상을 발견하고 있다.

앞에서 보았듯 감정은 이야기가 설득력을 발휘하는 원동력이다. 강력한 이야기는 대체로 강렬한 감정을 불러일으키는데, 감정은 의심을 녹이는 용매다. 하지만 감정은 이야기가 얼마나 공유될지 예측하는 잣대이기도 하다.[4] 사실 입소문 효과를 예측하는 가장 확실한 근거는 톨스토이가 예견했듯 메시지에 담겨 있는 정서적 펀치력이다. 심리학자 로빈 내비Robin Nabi와 멜러니 그린이 설명하듯 감정을 환기하는 이야기를 공유하려는 충동은 "문화, 성별, 연령 집단을 가로질러 널리 관찰된"다. 실제로 정서적 경험이 강렬하거나 정서적 파열이 심할수록 이야기가 사람들 사이에 공유될 가능성이 크며 오랜 기간에 걸쳐 거듭거듭 공유될 가능성도 크다.[5]

이를테면 더 큰 혐오감을 불러일으키는 도시 괴담일수록 더 많이 기억되고 전파된다. 심리학자 조지프 스터버스필드Joseph Stubbersfield의 연구에 따르면 "통째로 튀긴 쥐, 치킨버거 속 고름집, 우연한 근친상간 같은 이야기는 점잖고 덜 혐오스러운 이야기보다 문화적으로 성공할 가능성이 크"다.[6] 정치 성향 트윗을 연구했더니 연구자들이 감정적 어휘로 분류한 낱말이 한 개 들어갈 때마다 메시지의 리트윗 확률이 20퍼센트 늘었다.[7]

하지만 입소문 효과의 예측과 관련하여 모든 감정이 동등하지 않은 것은 분명하다. 감정은 두 종류로 구분할 수 있는데, 분노, 불안, 득의 같은 **활성화 감정**activating emotion이 있는가 하면 만족과 좌절 같은 **비활성화 감정**deactivating emotion도 있다. 활성화 감정은 신체적 각성 효과가 있어서, 우리가 행동을 준비하도록 심박수, 호흡, 혈압을 증가시킨다. 이에 반해 비활성화 감정은 신체적 이완 효과가 있어서, 우리로 하여금 행동을 하지 않도록 억제한다. 분노를 느끼면 침대에서 뛰쳐나와 싸우고 싶어지는 반면에 좌절을 느끼면 이불 속으로 기어들어 가서 숨고 싶어지는 법이다.[8] 이야기가 활성화 감정을 불러일으키면 우리는 그 이야기를 되풀이하고 싶어지며 비활성화 감정을 불러일으키면 입을 다물고 싶어진다.

이제껏 전파된 이야기 모음 중에서 가장 탄탄한 전염력을 가

진 예수의 복음을 살펴보면서 이 연구 결과가 어떻게 적용되는지
알아보자.

이야기꾼 왕중왕

The Storyteller-King of Kings

30년경, 말세가 됐다고 설교하던 여러 카리스마적 랍비 중 한 명
인 나사렛 사람 예수가 십자가에서 처형되어 매장되었다. 사흘 뒤
그의 추종자들은 기적이 일어났다고 떠들기 시작했다. 예수가 가장
참혹하고 치욕스러운 죽음을 맞이한 것은 사실이지만 그 뒤에 다시
살아났다는 것이었다. 예수가 유대인의 메시아일 뿐 아니라 하느님
자신이라고도 말했다. 처음에는 믿는 사람이 거의 없었다.

당시 전 세계 기독교인은 예수의 남성 제자들과 소수의 여성
까지 해서 스무 명 남짓이었다. 모두 힘없고 이름 없는 자들이었
다. 예수 자신도 외진 시골 출신 노동자였으며 그를 따르는 사람
들은 전부 가난하고 무식했다. 게다가 예수와 마찬가지로 다들 막
강한 로마제국 내에서 약하고 억압받는 민족에 속했다. 그럼에도
어떻게 된 영문인지 무력한 자들의 이 운동은 단 몇 세기 만에, 때
로는 잔혹한 탄압에도 불구하고 전 세계가 이제껏 본 것 중에서
가장 폭발적인 종교 혁명으로 이어졌다.[9]

처음에 한 줌의 기독교인들은 얼토당토않은 종파라며 조롱당
했으나 330년 뒤 기독교는 수천만 명의 추종자를 거느렸으며 로

마제국 공식 종교로 지정되었다. 그로부터 수백 년이 지나자 그리스도 이야기는 예술, 철학, 법률, 성적 규범 등 서구 문화의 모든 분야를 지배하게 되며 결국 지구상에서 가장 성공한 종교이자 역사상 가장 강력한 스토리텔링 왕국이라는 현재의 모습이 된다.[10]

신은 죽지 않았으며 심지어 쇠약해지지도 않았다. 지금 같은 과학 시대에도 절대다수의 사람들은 어떤 형태로든 신성을 믿는다. 하지만 낱낱의 신들은 죽을 수 있으며 심지어 막강한 신도 예외가 아니다. 신자들이 신의 이름을 부르지 않고 신에게 신주神酒를 따르지 않고 신의 이야기를 하지 않으면 신은 죽는다. 유피테르, 베누스, 넵투누스, 유노 같은 그리스·로마의 신들은 한때 천하무적이었으나 지금은 모두 죽어 돌덩이로만 남아 있다. 그들을 죽인 것은 평화주의자 신 예수 그리스도였다. 그는 피와 연기의 제물을 금지하여 그들을 굶김으로써 오늘날의 모습으로 말라비틀어지게 했다. 낡은 문학 작품 속 등장인물로 전락시킨 것이다.

초기 기독교 전도자들은 엄청난 '요구'를 했다. 이교도들에게 조상의 신을, 수천 년간 숭배받았으며 그 힘과 복수심을 의심하는 자가 거의 없던 신을 저버리라고 요구했다. 자신의 신앙 공동체를 버리고 친구들을 멀리하라고 요구했다. 옛 신들을 허깨비나 악마로 치부하고 오로지 이스라엘 벽지에서 벼락출세한 신만 믿으라고 요구했다. 똑바로 믿지 못하면 말 그대로 지옥이 기다리고 있었다.

평화를 사랑하며 한 줌의 광신도에게 숭배받던 이 유일신은 올림포스산에 사는 고대의 신, 고귀하고 위대한 로마 황제들의 신 군단을 어떻게 궤멸시켰을까? 기독교 신자가 보기에 답은 간단하다. 그리스도는 이교도의 마음을 열어젖혔다. 그렇다면 (개종자가 비교적 적었던) 유대인의 마음이나 (스스로를 기독교인으로 규정하지 않는) 오늘날 전 세계 인구 68퍼센트의 마음은 왜 열어젖히지 못했을까?[11]

큰 영향을 미친 책 《기독교의 발흥》(1996)에서 종교사가 로드니 스타크는 기독교인의 높은 출생률과 역병의 광범위하고 무시무시한 창궐이 어우러져 영향을 미쳤다며 포괄적인 설명을 제시한다. 기독교가 무대에 등장한 것은 역병이 수백만 명의 목숨을 앗고 수많은 혈통을 무지막지하게 끊어 로마제국을 만신창이로 만들었을 때라는 것이 스타크의 주장이다. 그런 재난이 일어나면 민족은 자신들에게 친숙한 신의 능력과 선함에 대한 믿음이 흔들리며 이로 인해 사랑, 구원, 내세에서의 기쁜 재회를 약속하는 야심 찬 경쟁자 신이 파고들 여지가 생긴다.

그러니 스타크에 따르면 기독교의 신은 운이 좋았다. 그는 옛 신들에 대한 이교도들의 확신이 저물던 바로 그 절호의 순간 절호의 장소에 있었다. 하지만 성서역사학자 바트 어먼Bart Ehrman은 기독교가 (서로 연관된) 이야기들의 모음이라는 점도 뚜렷한 이점이었다고 주장한다. 기독교는 결코 위에서 아래로 전파되지 않았다. 후대의 힘센 교회와 달리 초대 교회(33년에서 150년 무렵의 원시 기독교 시대에 성립된 교회를 통틀어 이르는 말. 예수가 죽은 뒤 예루살렘에

세워진 교회가 로마제국의 여러 지방에 퍼진 것으로, 기독교를 세계적인 종교로 만든 바탕이 되었다—옮긴이)는 너무 허약했기 때문에 사람들에게 믿음을 강요하거나 불신자를 채찍질하고 불태우거나 "칼을 앞세워" 신앙을 전파할 수 없었다.

기독교는 조직적인 입소문 스토리텔링을 통해 전파되었다. 어먼은 '복음'이 소박한 방식으로 서구를 장악하기 시작한 과정을 묘사한다.

한 기독교도 여성이 새로이 받아들인 신앙에 대해서 친한 친구에게 이야기한다. 자신이 들은 이야기를 전한다. 예수와 그의 제자들에 관한 이야기다. 그리고 자신의 삶에 대해, 그러니까 기독교의 하나님에게 기도를 올린 후 어떤 도움을 받았는지에 대해서도 이야기한다. 얼마 후 상대방은 진심으로 관심을 보인다. 시간이 흐르면서 이 친구는 자신도 교회에 다녀볼까 고민한다. 그러다 교회에 합류하면 그에게도 친구들이 있으니 '좋은 소식'을 나눌 더 많은 가능성이 열린다.[12]

한마디로 어먼은 기독교의 승리가 입소문 스토리텔링의 승리라고 말한다.[13] 기독교 이야기는 유일하게 중요한 한 가지 측면에서 우월했으니, 이야기를 들은 사람들은 단지 믿는 게 아니라 되풀이할 가능성이 더 컸다.

왜 그랬을까?

기독교는 효과적인 이야기들로 이루어졌다. 그리스도는 그 자신이 숙련된 이야기꾼으로서, 방방곡곡 떠돌아다니며 우화라고 불리는 교훈적 이야기를 전파했다. 최초의 전도자와 복음서 저자들도 그의 본보기를 따라 사람들을 개종시키고 영혼을 구원하기 위해 그리스도의 삶 이야기를 퍼뜨렸다. 하지만 예수는 결코 우화를 통해 가르친 (최고로 손꼽힐지언정) 최초의 성인이 아니었다. 모든 종교는 이야기로 이루어졌으며 종교가 얼마나 효과적으로 전파되는가는 그 이야기들이 얼마나 자주 얼마나 열심히 되풀이되는가에 달렸다.

"원수를 사랑하라"라는 고매한 윤리를 설파하는 기독교 이야기는 섹스와 폭력과 막장 드라마적 반전이 난무하여 훨씬 솔깃해 보이는 탄탄한 이교도 신화를 어떻게 능가했을까?

어먼이 《기독교는 어떻게 역사의 승자가 되었나》(2018)에서 설명하듯 기독교 이야기에는 두 가지 명백한 이점이 직접적으로 엮여 있었다. 첫째, 유대교나 그리스·로마 이교와 달리 기독교는 전도의 종교다. 일단 복음을 받아들이면 이야기를 전파하는 것은 신자의 거룩한 의무가 된다. 복음을 혼자만 알고 있는 것은 탐욕스럽고 죄악된 행위이자 처벌받아 마땅한 행위로 간주된다. 이러한 복음 전파의 의무는 행운의 편지에 담긴 메시지("이 편지를 여섯 명에게 보내지 않으면 끔찍한 일이 일어날 것입니다")를 닮았다.

둘째, 기독교는 유대교가 그렇듯 광적으로 불관용적인 종교였다. 로마 종교는 다신교였으며 경쟁자 신들에게 무척 관용적이었다. 유피테르는 자신에게 피와 포도주 제물을 넉넉히 바치는 한 당신이 마르스를 섬기든 심지어 예수를 섬기든 개의치 않았다. 이에 반해 유대교·기독교의 신은 질투하며 라이벌을 절대 용납하지 않는다. (십계명의 첫 번째 계명은 다음과 같다. "나는 …… 네 하나님 여호와니라. 너는 나 외에는 다른 신들을 네게 두지 말라.")

이렇듯 기독교 이야기에 담긴 두 가지 명령인 전도와 일신교적 불관용은 신자들로 하여금 이야기를 전파하는 동시에 미래의 신흥 신들에게 혹하지 않도록 마음의 빗장을 걸도록 했다.

하지만 기독교가 이야기 전쟁에서 불가능해 보이는 성공을 거둔 이유는 앞에서 언급했듯 이야기에 내재하는 감정 유발 효과와 입소문 효과로도 (적어도 부분적으로는) 설명할 수 있다. 기독교는 천국과 지옥이라는 대조적인 개념을 통해 이교도 신들이 휘두를 수 있는 것보다 훨씬 달콤한 당근과 훨씬 굵은 채찍을 내밀었다. 그리스·로마 신화는 내세 개념이 모호하고 일관성이 없었으며, 신화마다 제각각 다른 결말을 제시했지만 전체적으로 보면 단조롭고 무미건조했다. 이를테면 호메로스가 묘사하는 하데스는 영혼들이 거대한 대기실에 영원토록 무료하게 둘러앉아 육체를 그리워하고 햇볕을 그리워하고 포도주와 고기의 맛을 그리워하는 곳이다. 엘리시온 들판의 낙원에 보내진 소수의 용사를 제외하면 선인이든 악인이든 똑같이 지루한 대기실에 머물러야 했다. 종교는 선행과 악행에 응보를 내리긴 했지만 그것은 주로 지상에서의 일이었다. 당신이 죄를 지으면 신들은 당신이 죽기 전에 벌을 내릴 것이요, 덕을 베풀며 살고 온당한 제물을 바치면 당신은 이 땅에서 번영할 것이다.

평론가들이 오래전부터 지적했듯 기독교의 천국은 따분해 보인다. 구름 속에 앉아 천사들의 감미로운 하프 연주를 영원토록 듣는 게 전부니 말이다. 자연적 욕구를 부끄럽고 민망한 것으로 여긴 초기 기독교인들이 천국에서의 쾌락을 적나라하게 묘사하기란 힘들었을 것이다. 모름지기 참된 낙원이란 (최소한 음욕, 폭식, 나태 같은) 대죄에 탐닉할 수 있는 곳 아니겠는가. 그럼에도 완벽한 건강과 안전을 누리며 사랑하는 사람과 영생을 누리는 것은 하데스에 비해서는 무척 좋게 들린다.

하지만 천국에서 누리는 만족이 무미건조한 데 반해 기독교의 지옥 이야기는 예나 지금이나 몸서리를 치게 할 만큼 실감 난다. 어먼은 대수롭지 않은 죄인이 지옥에서 당하는 고통을 이렇게 요약한다. "신을 모독한 자들이 영원히 타오르는 불길 위에 혀로 매달려 있다. 간음한 자들은, 모양새는 비슷하지만, 혀 대신 성기로 매달려 있다. 제 몸에 낙태를 행한 여자들은 영원히 배설물 속에 목까지 잠겨 있는 벌을 받는다. 그리스도를 비방하고 그리스도의 의로움을 의심한 이들은 시뻘겋게 달군 쇠로 눈이 끊임없이 지져지는 벌을 받는다. 우상을 섬긴 자들은 높은 협곡에서 사탄들에게 거듭 쫓겨 도망 다닌다. 주인에게 순종하지 않은 종들은 불에 타는 와중에 제 혀를 계속 잘근잘근 씹어야 하는 형벌에 처한다."[14]

물론 이교도 신화에도 저주받은 자들이 당하는 고통이 묘사되어 있지만, 그것은 가장 극악한 죄인에 국한된다(이를테면 프로메테우스와 시시포스는 신들을 거역한 죄로 고통을 겪는다). 하지만 기독교는 이런 예외적 처벌을 대수롭지 않은 거짓말쟁이, 상간자, 도둑, 하느님을 모독하는 자, 수음하는 자, 나귀를 탐내는 자 같은 평범한 죄인에게까지 확장했다.

또한 기독교의 모든 판촉에는 엄청난 긴박감이 서려 있었다. 기독교에는 나중이 없었다. 이교도 이야기들은 엄청나게 끈질겨서 무수한 세대가 지나도록 비공식 경전으로 살아남고 그 뒤로도 수천 년간 위대한 문학 작품으로서 읽힐 만큼 힘이 있었다. 하지만 이교도 이야기들이 과거 시제 종교였던 반면에 기독교는 현재 시제 종교였다. 기적은 바로 지금 일어나고 있었다. 초기 기독교인들은 자신들이 살아서 역사의 대단원을 볼 것이라고 주장했다. 예수와 초기 추종자들은 말세가 어느 때라도, 아마도 자신들의 생전에 찾아오리라 예상했다. 세상이 조만간 멸망하리라는 생각, 선인은 상을 받고 악인은 지옥에 떨어지리라는 생각은 대단한 긴박감을 자아냈다.

이것이 기독교 판촉의 '강매'적 요소였다. 예수는 오늘이라도 돌아올 수 있다. 당신이 다음 숨을 내쉴 때 돌아올 수도 있다. 지금 당장 개종하지 않으면 당신 자신과 당신이 사랑하는 이들을 억겁의 불지옥에서 구해내긴 너무 늦을지도 모른다.

이렇듯 기독교가 초기에 성공을 거둔 비결의 일부는 내세 이야기가 놀라움, 경외감, 경악, 두려움, 희망 같은 강력한 활성화 감정을 불러일으켰기 때문이다. 연구에 따르면 이 감정들은 의심을 무너뜨리고 믿음을 증진하고 피설득자를 설득자가 되도록 부추기는 바로 그 강력한 유형의 감정이다. 기독교 이야기가 지독한 악조건에서 벌어진 역사상 가장 치열한 (그리고 아직도 계속되는) 이야기 전쟁에서 승리한 것은 이 때문일 것이다.

엄청나게 불리한 상황에서 승승장구하는 서사 얘기가 나온 김에 이번에는 음모론을 살펴보자.

불구가 된 마음

Crippled Minds

우리는 음모론적 사고가 횡행하는 세상을 살아간다.[15] 미국인의 절반 가까이가 51구역 음모론(미국 네바다주 남부 넬리스 공군기지에 외계인 사체가 보관되어 있다는 음모론—옮긴이)을 믿거나 판단을 유보한다. 미국인의 절반이 (어떤 형태로든) 9·11 음모론과 케네디 암살 음모론을 믿는다. 3분의 1 가까이가 신세계 질서(New World Order: 음모론에서 곧잘 등장하는 개념으로, 전체주의 단일 정부가 지배하는 세계를 일컫는다—옮긴이)와 오바마 버서리즘(Obama birtherism: 오바마가 미국 태생이 아니라는 음모론—옮긴이)을 믿는다. 공화당 지지자의 3분의 1은 딥스테이트(deep state: '나라의 심부' 또는 '나라 안의 나라'라는 뜻으로, 정부 안에 깊숙이 뿌리박혀 실체를 드러내지 않는 가상의 세력—옮긴이) 엘리트에 대한 큐어논 이론을 믿는다. 유행병으로 말할 것 같으면 내가 이 책을 마무리하는 지금 코로나19 음모론에 찬성하는 미국인이 급증하고 있다. 40퍼센트는 사망률이 "고의로 터무니없이 과장되었"다고 생각하며 27퍼센트는 코로나19 백신을 맞았다가 체내에 추적 칩이 주입될까 봐 우려한다.

음모론에서 가장 먼저 가장 중요하게 이해해야 할 것은 명칭 자체가 오류라는 사실이다. 이론이라는 낱말을 들으면, 거짓임을 입증할 수 있는 서사를 사람들이 믿는 것은 이성적 능력이 제대로 발휘되지 않았기 때문이라고 생각하기 쉽다. 하지만 끝없이 다채로운 음모론들이 힘을 발휘하는 것은 이성이 아무 이유 없이 천방지축 날뛰기 때문이 아니라 효과적인 이야기 때문에 천방지축 날뛰기 때문이다. 그러니 이 편집증적 판타지에 걸맞은 이름을 붙이도록 하자. 그것은 '음모담陰謀譚'이다.

심리학자를 비롯하여 음모담을 연구하는 사회학자들의 작업은 어마어마하게 중요하다. 하지만 그들은 음모주의conspiracism 심리를 기본 요소로 분해하려는 열망에 사로잡힌 나머지 음모담이 일반적으로 기승을 부리는 가장 단순한 이유를 간과한다. 그것은 음모담이 무척 신나는 픽션 스릴러라는 것이다. 확고하게 뿌리내린 음모담은 거의 모두가 할리우드 블록버스터 영화의 소재로 손색이 없다. 이에 반해 음모담을 반박하는 이야기는 그럭저럭 괜찮은 PBS(미국의 공영 방송 서비스로, 문화·교육·과학 방송물, 아동물, 뉴스, 시사 정보 등 우수한 프로그램을 회원 방송국들에게 제공한다—옮긴이)

다큐멘터리가 되는 것이 고작이다. 디벙커(debunker: 사이비 과학이나 음모론을 과학적으로 타파하는 사람—옮긴이)가 내놓는 것은 음모담 못지않게 흥미진진한 이야기가 아니라 이야기의 공백이다. 디벙커의 임무는 이야기 따위는 존재하지 않는다는 것을 밝혀 산통을 깨는 것이다. 시온 장로들이 전 세계 유대인 음모를 조목조목 기록한 전 세계 유대인 정상회의 따위는 없었다. 51구역은 우주선과 해부된 외계인 사체와 외계 레이저 대포를 역공학(逆工學: 기존 제품을 하나씩 뜯어내면서 제품에 나타나는 기술을 발견하는 작업—옮긴이)하는 과학자로 가득하지 않다. 죄다 이런 식이다.

음모담이 퍼지고 번성하는 이유는 소셜미디어에서 온갖 종류의 거짓 정보가 진실보다 약 여섯 배 빨리 퍼지는 이유와 같다.[16] 음모적 허구는 우리의 상상력을 호리도록 완벽하게 꾸며낼 수 있는 반면에 진짜 이야기는 언제나 사실의 족쇄를 차고 있는 신세다. 소셜미디어는 엄밀하지는 않을지언정 효과적인 실험으로서, 어떤 종류의 서사가 이야기 전쟁에서 실제로 승리하는가를 (정량적 수치인) 조회 수, 좋아요, 공유로 측정할 수 있다. 거짓 정보가 지루한 진실을 능가하는 이 역학 관계는 사상과 서사의 시장에서 더 나은 정보가 결국 승리하리라는 신념을 조롱한다. 현실에서는 나쁜 정보를 담은 좋은 이야기가 수준 높은 정보로 가득한 지루한 이야기를 능가하는 경향이 있다.

음모담은 흥겹고 좋은 이야기가 우리의 마음을 "불구로 만들" 수 있다는 플라톤의 경고를 잘 보여주는 예다.[17] 앞에서 보았듯 사람들을 효과적으로 이동시키는 이야기는 설득력도 매우 크다. 심리학자 레이먼드 마Raymond Mar가 말한다. "연구자들이 거듭거듭 발견했듯 독자의 태도는 서사에서 표현되는 생각을 닮아간다."[18] 이 모든 경향은 소설과 영화에 적용될 뿐 아니라 진실보다 더 창의적이고 솔깃하고 흥미진진한 음모담에도 적용된다.

하지만 늘 그런 것은 아니다. 실제 달 착륙은 그 모든 과정이 할리우드 세트장에서 조잡하게 날조됐다는 주장보다 훨씬 경이롭고 영웅적이고 감동적이다. 하지만 달 착륙은 진짜 이야기이기는 해도 소비자가 세상에서 행동을 취하도록 활성화하지는 않는다. 이것은 달 착륙이 말 그대로 역사이기 때문이다. 이미 끝난 일이다. 초창기 우주비행사 훈련 계획을 서술한 톰 울프Tom Wolfe의 역작 《옳은 일The Right Stuff》을 읽고 나면 우리는 "와, 대단해"라고 말하고 나서 일상으로 돌아간다. 달 착륙의 진짜 이야기는 소비자에게 경탄 말고는 아무것도 요구하지 않는다.

하지만 미국항공우주국이 온갖 비열한 목적으로 착륙을 날조했다는 달 착륙 음모론은 소비자에게 훨씬 큰 것을 요구한다. 달 착륙 음모론을 비롯한 모든 거대 음모론의 심장부에서는 악이 발동한다. 음모담은 도덕주의적 공포 이야기다. 게다가 대부분 현재 시제로 쓰였다. 달 착륙 음모나 케네디 암살 음모가 오래전에 일어난 일인지는 몰라도 그 음모를 꾸민 어둠의 세력들은 (음모론자들이 보기에) 여전히 신화적 규모의 악행을 벌이고 있다. 모든 음모담은 개종자에게 지고한 도덕적 의무를 부여하여 무언가를 하도록 촉구한다.

민속학자 조지프 캠벨Joseph Campbell은 영웅 신화의 범문화적 구조를 서술하려는 시도로 유명한데, 그가 제시한 영웅의 여정에서 첫 단계는 "모험에의 소명"이다.[19] 세상에 혼란이 벌어지면 미래의 영웅은 꼭 필요한 윤리적 목표를 달성하기 위해 악당과 싸운다든지 용에게 주술을 건다든지 하는 긴급한 임무를 부여받는다. 음모담도 같은 식으로 작동한다. 음모담은 양처럼 어수룩한 사람들을 향해 숨은 인형술사가 우리 모두를 조종한다며 미래의 영웅이여 모험을 나서라고 촉구한다. 인형술사의 정체를 폭로할 단서를 찾아내라고 촉구한다. 회의론자의 중상모략에 맞서 불편한 진실을 전파하라고 촉구한다.

음모담의 전염력과 회복력이 왜 그토록 강한지 이해하기 위해 고금을 통틀어 가장 오래되고 얼토당토않고 끈질긴 음모론을 들여다보자. 지구가 실제로는 평평하다는 주장 말이다.

팬케이크 지구설

Pancake Earth

지평설은 순회 강연자이자 작가이자 돌팔이 의사로 '패럴랙스Parallax'라는 필명으로 활동한 새뮤얼 벌리 로보섬Samuel Birley Rowbotham(1816~1884)의 창작이다.[20] 패럴랙스는 지구가 시속 1600킬로미터의 어마어마한 사이드스핀(당구공에 회전을 넣어 치는 일—옮긴이)을 받아 시속 10만 킬로미터로 태양 주위를 회전하는 엄청나게 오래된 당구공이 아니라고 선언했다. 그는 이렇게 주장했다. 지구는 사실 젊고 정지해 있고 팬케이크처럼 납작하다. 달과 태양은 두 개의 작은 스포트라이트처럼 팬케이크 지구를 일정한 속도로 공전한다. 대륙은 팬케이크 한가운데에 베리처럼 다닥다닥 모여 있다. 커다란 얼음벽이 휘핑크림 장식처럼 테두리를 둘러싸서 바닷물이 허공 속으로 쏟아져 내리지 않도록 한다. 패럴랙스는 건널 수 없는 얼음벽을 건너면 무엇이 기다리고 있을지는 아무도 모른다고 설명했다. 하지만 팬케이크 지구 밑에 뒤집개를 쑤셔 넣어 확 뒤집으면 거기에 지옥이 있을 거라고 말했다.

패럴랙스는 자신의 지평설을 유사과학 용어로 치장했지만, 과학자가 되기 위해 근사한 학벌이 필요하지는 않다고 강조했다. 수학은 몰라도 된다. 기계 장치도 전혀 필요하지 않다. 필요한 것은 오로지 상식뿐이다. 우리 지구가 시속 1600킬로미터로 우주 공간을 빙글빙글 돈다고 느껴지는가? 그렇게 느껴지지 않는 것은 그렇지 않기 때문이다.

미국인 성인 중에서 지구가 평평하다고 믿는 사람은 2퍼센트인 약 600만 명에 불과하다.[21] 이 수치만 놓고 보자면 지평설은 이야기 전쟁에서 완패하고 있는 듯하다. 하지만 다른 관점에서 보면 지평설은 예상보다 훨씬 선전하고 있다. 지평설은 과학적으로 완전히 파산했는데도 150년이 넘도록 명맥을 유지했다. 더더욱 심란한 사실은 이것이다. 젊은이들이 근사하고 교묘한 유튜브 동영상, 인터넷 밈, 팟캐스트의 홍수에 휩쓸리고 유명 인플루언서의 영향을 받은 탓에 밀레니얼 세대의 3분의 1은 지구의 모양을 확신하지 못하겠다고 말한다. 이토록 멍청한 발상이 조금이나마 시장 점유율을 얻고 수백만 청년의 머릿속에 지구 모양에 대한 의심을 심었다는 것은 지평설의 어마어마한 승리다.

사전에서 어리석음의 동의어로 풀이되는 학설인 지평설을 적잖은 사람들이 받아들이는 것은 어찌 된 영문일까? 가장 안이한 설명은 지평설이 미끼처럼 멍청이들을 꾀는 현란한 사이비 지식 노리개라는 것이다. 하지만 내가 보기에 지평설 지도자들은 창의성, 유창한 말솜씨, 불굴의 의지를 비롯하여 여러 경탄할 만한 지적 능력을 소유한 지성인이다. 실제로 연구에 따르면 더 지적인 사람이 반드시 더 합리적인 것은 아니며 오히려 음모론적 판타지를 지어내는 데 남달리 능숙할 수 있다.[22] 그들이 뛰어난 지적 능력을 발휘하여 짓고 다듬는 서사는 제작과 유지에 엄청난 상상력이 필요한 루브 골드버그 장치(Rube Goldberg machine: 단순한 일을 복잡한 방법으로 처리하는 괴상한 기계—옮긴이) 못지않게 정교하다. 앞의 모든 특징이 패럴랙스 본인에게 해당했음은 분명하다. 그는 똑똑했을 뿐 아니라 학계 권위자들을 논쟁에서 압도할 만한 말솜씨와 싸움꾼 기질이 있었다.

지평설 신봉자들을 이해하는 핵심은 그들이 지평설에 끌린 계기가 결코 과학적 호기심이 아니라는 것이다. 지평설 학회는 반항적 과학광들로 이루어지지 않았다. 그들이 자신의 견해를 관철하려고 싸우는 것은 실은 지구의 모양을 놓고 싸우는 게 아니다. 왜냐면…… 누가 신경이나 쓰겠는가? 어쨌거나 지평설 신봉자들은 부분적으로는 옳다. 엄밀한 의미에서 지구는 구가 아니기 때문이다. 적어도 완벽한 구는 아니다. 지질학자들은 지구를 위아래가 살짝 눌리고 허리가 통통한 편평타원체(위아래나 좌우의 어느 한쪽이 좀 더 길쭉한 타원형의 입체—옮긴이)로 규정한다.

지평설 신봉자들은 애초부터 과학 전사가 아니라 이야기 전사였다. 패럴랙스의 관심사는 실은 지구 모양이 아니었다. 그의 관심사는 자신이 아끼는 이야기를 널리 알리고 옹호하는 것이었다. 그리고 그것은 한낱 예사로운 이야기가 아니었다. 성경에 담긴 '이야기 중의 이야기'였다. 패럴랙스는 완고한 성경적 창조론자(성경을 문자 그대로 믿는 창조론자—옮긴이)였다. 우리는 창조론자 하면 생명의 기원과 발달을 놓고 진화생물학자와 싸우는 현대 창조론자를 떠올린다. 하지만 창세기는 모든 생명이 한꺼번에 탄생했을 뿐 아니라 하늘과 지구까지도 창조되었다고 말한다. 패럴랙스는 지질학적 창조론자였다. 그는 하느님이 지구를 하루 만에 창조했다고 생각했으며 여러 성경 구절을 지평설에 대한 묘사로 해석했다.

패럴랙스는 지구설(지구가 둥글다는 학설—옮긴이)을 사기가 아니라 과학적 오류 탓으로 돌렸다. 하지만 얼마 안 가서 그의 추종자들은 지구설을 고의적 사기로 치부했다. 성경에 대한 믿음을 흔들고 세속주의적 세계관을 고취하기 위해 세상의 진짜 모양을 숨기려는 (말 그대로) 사탄의 음모라는 것이었다.[23] 현대의 성경적 창조론자들이 그랬듯 지평설 창조론자들이 거부한 것은 지구과학이라기보다는 그 과학으로부터 흘러나오는 서사였다. 그들은 성경이 케케묵은 신화의 무더기에 불과하다는 관념, 생명이 우연히 탄생하여 원시 슬라임(slime: 배수관이나 저수탱크 안쪽에 쌓인 미생물로 인해 생기는 끈적끈적한 물질—옮긴이)에서 배어나와 수십억 년에 걸친 무의미한 압박과 살해를 통해 진화했다는 관념과 맞서 싸웠다.

  지난 10년간 지평설의 화려한 부활을 뒷받침한 것은 디지털 미디어였다(유튜브의 추천 알고리즘을 통해서만 수천만 건의 지평설 동영상이 추천되었다).[24] 일부 근본주의적 지평설 신봉자들이 여전히 사탄적 음모와 맞서 싸우고 있긴 하지만 오늘날 대부분의 이름난 지평설 신봉자들은 평범한 세속주의적 음모론자다. 그럼에도 그들 또한 똑같은 동기 문제에 답해야 한다. 유대인이나 빌데르베르흐 그룹(Bilderberg group: 유럽 여러 나라의 왕실 관계자와 귀족, 정계, 재계 관계자들이 참석하는 연례 회의로, 네덜란드 빌데르베르흐 호텔에서 제1차 회의가 개최되었다—옮긴이)이나 일루미나티(Illuminati: 18세기 바이에른 선제후국에서 설립된 비밀결사. 현대에는 각종 음모론과 관련하여 언급되고 있다—옮긴이)나 4차원 파충류 지배자들이 왜 지구가 둥글다고 애써 우리를 설득하려 든단 말인가? 전 세계 우주비행사, 과학자, 선원, 항공기 조종사, 지도 제작자, 대통령을 비롯하여 비밀을 지켜야 하는 수백만 명의 사람으로 하여금 우리 눈을 속이는 데 동참하도록 하려면 입단속을 어마어마하게 시켜야 한다. 그래 봐야 그들에게 무슨 득이 있나?

하지만 자세히 들여다보면 세속주의적 지평설 신봉자들에게는 거창하고 그럴듯한 이야기가 있다. 그 이야기의 총체적 효과는 영화 〈매트릭스〉와 사뭇 비슷하다. 영화에서는 빨간 알약을 먹으면 그동안 당신이 참이라고 생각한 모든 것이 거짓이며 사악한 세력들이 당신 삶을 쥐락펴락하고 있음을 깨닫게 된다. 근본주의적 지평설 신봉자들이 성경 신화 속에서 살아가는 반면에 세속주의자들은 짜깁기한 SF 미스터리 스릴러 속에서 살아간다. 세속주의자들에게는 단서를 짜맞추고 범인의 정체를 드러내고 그들의 숨은 동기를 폭로하는 탐정 업무가 주어진다.

지평설 회합에 참석하는 것은 라프 회합에 참석하는 것과 별반 다르지 않다. 다만 지평설 신봉자들은 〈던전 앤 드래곤〉식 시나리오를 바탕에 두고 임기응변식으로 길을 내는 것이 아니라 모여서 탐정 소설의 주인공인 수사관을 연기한다. 하지만 지평설 롤플레잉은 훨씬 실감 나는데, 그것은 전통적인 현실판 롤플레잉에서는 불신의 유예가 임시적이고 불완전하여 걸림돌로 작용하는 반면에 지평설 라프에서는 불신의 유예가 진실하고 완전해 보이기 때문이다. 회합 장소인 호텔에 모인 지평설 신봉자들은 사회에서 붙여준 이름인 괴짜, 루저, 모솔, 얼간이가 아니다. 그들은 천재급 탐구자이며 통념을 훌쩍 뛰어넘었다는 이유로 자기 시대로부터 인정받지 못하는 신세다. 하지만 언젠가는 모험에의 소명을 받아들여 역사상 가장 큰 사기를 폭로하는 일에 모든 것을 바친 영웅으로 기억될 것이다.

음모 세계에 몸담았다가 현실로 돌아오기가 그토록 힘든 것은 음모주의가 선사하는 자기만족 때문이다. 음모 서사에 머무는 동안 당신은 정신적 영웅이다. 반면에 자신이 틀렸음을 인정하면 자신이 그동안 엉뚱한 이야기 속에 있었음을 인정하는 셈이 된다. 그 이야기는 당신과 친구들이 괴물을 쓰러뜨리는 영웅 서사시가 아니었다. 그 이야기는 희비극이었으며 당신은 풍차를 향해 돌진하고 있었을 뿐이다.

유사 종교의 위력(과 위험)

The Power (and Danger) of Quasi-Religions

일부 심리학자는 음모담을 (형태와 역할 면에서 기성 종교와 비슷한) 유사 종교로 분류한다.[25] 이 비유는 종교인에게도 음모론 신봉자에게도 달갑지 않겠지만 둘 사이에는 분명 무언가가 있다. 음모담과 기성 종교의 근본적 특징이 유사하다는 사실은 명백하고도 심층적이며, 어떤 문화에서 가장 존엄한 서사와 가장 천박한 서사가 실은 서사심리의 같은 측면에서 생겨난다는 사실을 암시한다.

이를테면 지평설과 큐어논 같은 음모담과 기독교 같은 종교는 둘 다 입소문 스토리텔링 운동으로서 탄생했다. 둘 다 신자들을 불러 모을 때 악에 맞서서 심오한 의미의 십자군 전쟁을 벌이는 주인공으로 추켜세운다.

둘 다 지지자들에게서 의욕을 불러일으키는 활성화 감정을 자극하여 복음주의적 열성으로 복된(또는 궂은) 소식을 퍼뜨리라고 부추기며, 이를 통해 입소문으로 전파된다.

게다가 둘 다 반증에 대해 완벽에 가까울 만큼 철옹성이다. 음모담에서 으레 보듯 이야기를 반박하는 어떤 증거가 나오더라도 신자는 재해석을 통해 오히려 그 이야기를 지지하는 증거로 둔갑시킬 수 있다. 반증에 대한 면역력으로 말할 것 같으면 종교도 그에 못지않게 인상적이다. 불과 몇백 년 전까지만 해도 대부분의 종교 신자들은 경전을 문자 그대로의 사실로 받아들이는 근본주의자였다. 그런데 과학이 경전의 사실적 주장 중에서 우주의 나이, 행성의 생성, 태양계의 운동, 생명의 탄생 등 검증 가능한 것들을 꾸준히 하나하나 반박했다.

일부 신자는 여전히 근본주의자로 남았는데, 이 말은 과학을 가짜뉴스로 치부하여 거부했다는 뜻이다. 하지만 대부분은 비유적 해석으로 돌아서서 사실상 이런 취지로 이야기했다. "우리 경전에는 오류가 하나도 없지만, 몇 가지 검증 가능한 세부 사항들이 거짓으로 입증된 것은 사실이야. 하지만 그럼에도 종교 자체는 100퍼센트 참이라고. 신께서 꼬장꼬장한 문자주의(literalism: 경전을 문자 그대로 해석하는 방식—옮긴이)에 연연하실 리 없잖아?" 그러다 2004년 인도양 쓰나미로 (대부분 여성과 아동인) 무고한 사람 20만여 명이 목숨을 잃었을 때처럼 신의 전능함과 자비에 심각한 의문을 제기하는 사건이 일어나면 신자들은 상투적인 논리로 신앙을 방어하거나("신께서는 수수께끼처럼 일하신다") 경고의 표시로 망치를 휘두른다("네깟 놈이 뭔데 신의 뜻에 의문을 품는 거냐?").

일부 종교인은 앞의 논의를 뜬금없는 공격으로 받아들일지 모르겠다. 하지만 이 책에서 종교를 논외로 하는 것은 불가능하다. 종교는 이야기 역설의 가장 순수한 형태 중 하나이며 신성한 서사들은 세상에서 엄청난 유익과 피해를 동시에 일으키고 있기 때문이다. 게다가 나의 논지는 종교담이나 음모담을 믿는 사람들이 서사에 휘둘려서 그렇다는 것이 아니다. 종교담과 음모담이 서사심리의 일반적인 경향을 유난히 뚜렷하게 보여주는 사례일 뿐이라는 것이다. 우리가 세상을 이해하려고 동원하는 서사는 언제나 밖으로 뻗어나가 더 많은 것을 설명하고 싶어 한다는 점에서 본질적으로 탐욕스러우며 자신의 결함을 부인하려 한다는 점에서는 본질적으로 오만하다. 탐욕과 오만으로 부풀어 오른 서사는 거대서사, 즉 세상 만물을 설명하려는 시도가 된다. 이 거대서사는 (세속적이든 종교적이든) 옹호자들에게 신성불가침이자 도전을 불허하는 것으로 칭송받으며, 이 이야기를 위해 싸우는 것은 옳은 편에서 거룩한 전사로서 싸우는 것으로 인정받는다. 이것은 독실한 기독교인과 지평설 신봉자뿐 아니라 교조적 마르크스주의자, 열성적 마가(MAGA: '미국을 다시 위대하게Make America Great Again'의 약자로, 2016년 미국 대통령 선거에서 공화당이 내세운 선거 구호—옮긴이) 추종자, 가장 고지식한 열성파 '선각자'(awokened: 소셜미디어 등에서 정치적 올바름의 기준에 못 미치는 사람을 공격하는 사람들—옮긴이)도 마찬가지다.

승리하지 못하는 이야기

지금까지는 악조건에서 성공을 거두는 이야기에 초점을 맞췄다. 이제 반대 종류의 이야기를 잠깐 살펴보자. 호응을 얻을 것 같은데 그러지 못하는 이야기 말이다. 왜 어떤 이야기는 아무리 하찮아도 우리를 꼼짝없이 사로잡는 반면에 어떤 서사는 우리의 삶을 좌우할 만큼 중요한데도 맥을 못 추는 걸까?

토비 오드의 책 《사피엔스의 멸망》(2020)은 이 문제를 압축적으로 보여준다. 오드의 확률 해석에 따르면 기술이 기하급수적으로 성장하는 동시에 지혜가 정체한 탓에 21세기 말에는 인류가 자멸하거나 적어도 문명이 돌이킬 수 없이 무너질 가능성이 점차 커지고 있다. 책의 중요성이 그 책이 읽히는지 여부에 조금이라도 영향을 미친다면 이 책은 베스트셀러 1위가 되어야 마땅하다. 하지만 출간 뒤 두어 달까지는 대부분의 책들이 최고 판매량 수준을 여전히 유지하는데도 이 책은 탄탄한 논증이 무색하게 아마존 베스트셀러 순위에서 43만 258위로 하락했다.

기후 변화, 생물 무기, 치명적 역병(SARS-CoV-2[코로나19]로 인해 뒤늦게나마 어쩔 수 없이 관심을 갖게 되긴 했지만), 지구를 파괴할 소행성이나 화산, 파괴적 잠재력을 가진 인공지능의 탄생, 일촉즉발의 미치광이 핵전쟁 시스템이 우리의 운명을 여전히 좌우한다는 사실 등 오드의 책에서 다루는 문제들에 쏟아야 할 관심은 어디로 갔을까?

　미국이 두 건의 해외 전쟁에서 허우적대고 다르푸르에서 집단 살해가 벌어져 수십만 명이 살해당하거나 강간당하거나 강제 이주당하던 2007년, 전 세계는 전직 헬스 코치이자 아마추어 섹스 테이프 스타 킴 카다시안의 지루한 반_半현실판 막장 드라마를 케이블 텔레비전에서 정신없이 시청하고 있었다. 심지어 리얼리티 쇼 〈4차원 가족 카다시안 따라잡기_{Keeping Up with the Kardashians}〉를 한 번도 안 본 사람들조차 등장인물들의 삶에 대해 시시콜콜 알고 있는 데 반해 대부분의 미국인은 다르푸르에 대해 거의 들어보지 못했으며 지도에서 짚을 수 있는 사람은 더더욱 적었다.

　우리의 DNA에는 강력한 서사적 편향이 깊이 새겨져 있다. 우리가 서사에 주목하는 기준은 합리적이거나 윤리적인 계산에 의거하여 무엇이 가장 중요한가가 아니라 (토요일 저녁 영화를 고를 때처럼) 무엇이 가장 좋은 이야기인가다.

　내 생각에 이것은 우리가 세상의 고통과 혼란을 현실도피성 당의_{糖衣} 속에 숨기고 싶어 하기 때문이 아니다. 그보다는 우리의 마음이 오드의 책에 나오는 것과 같은 장기적이고 추상적인 위협에 대처하도록 설계되지 않았기 때문이다. 우리의 마음은 수렵채집인의 삶에서 하루하루의 중요 과제이던 먹느냐 먹히느냐, 속느냐 속이느냐의 문제에 대처하도록 설계되었다.

　이를테면 우리 조상들의 세상에서는 〈4차원 가족 카다시안 따라잡기〉에서 얻는 따끈따끈한 사교적 정보가 솔깃할 뿐 아니라 현실적으로도 매우 중요했을 것이다. 막장 드라마의 소재인 섹스와 갈등과 편 가르기는 부족이 조화를 유지하고 분열을 예방하는 데 직접적인 영향을 미쳤다.

그렇다면 오드의 책이 외면당하는 동안 날개 돋친 듯 팔려나간 책은 어떤 것들일까? 내가 오드의 아마존 순위를 확인한 바로 그날 전 세계 베스트셀러 1위는 글레넌 도일이 쓴 회고록 겸 자기계발 지침서였고 2위는 스테퍼니 마이어의 십 대 뱀파이어 연작소설 《트와일라잇》 최신작이었다.

이 모든 현상에서 도출되는 비극적 가능성은 스토리텔링 심리의 선천적 구조 때문에 우리가 (1) 전통적 관점에서 훌륭한 이야깃거리가 아니거나 (2) 좋은 이야깃거리지만 (잘못된 종류의 감정인) 비활성화 감정을 불러일으키는 모든 종류의 문제에 효과적으로 대처하지 못한다는 것이다.

이를테면 지구 온난화에 대한 인류의 대처가 굼뜬 이유를 설명하는 유력한 가설은 기후 변화가 정말로 나쁜 이야깃거리라는 것이다.[26] 연구자들에 따르면 가장 좋은 이야기는 명확하게 정의된 영웅과 악당이 등장하며 분명하고 급박한 위험을 극적으로 묘사하여 우리를 사로잡는다. 빙하가 후퇴하듯 꾸물꾸물 전개되는 지구물리학적 과정으로는 어림도 없다. 물론 사악한 석유 기업 임원과 영웅적인 환경 운동가에 대한 이야기를 할 수는 있겠지만 주인공을 캐릭터화하기란 쉬운 일이 아니다. 이런 이야기의 주인공은 (당신과 나처럼) 가해자인 동시에 잠재적 피해자인 거대한 통계적 인간 군상이거나 추상적인 지구물리학적 힘이기 때문이다.

하지만 기후 변화에 대한 무기력한 대응을 설명하는 '나쁜 이야기' 이론은 사람들이 재난과 말세 이야기를 좋아한다는 사실을 간과한다. 예수가 청중의 마음을 뒤흔든 방법이 바로 이것이었다. 세상의 종말에 대한 이야기를 들려주는 것. 말세의 대혼란은 외계인, 좀비, 미생물의 창궐을 소재로 한 블록버스터 영화의 단골 주제다. 우리는 상상할 수 있는 최악의 위협에 인류가 맞서는 이야기를 사랑한다. 지구 온난화라는 주제는 이 조건에 들어맞을 뿐 아니라 〈워터월드〉에서 〈매드맥스: 분노의 도로〉 같은 수많은 인기 영화에서 형상화되었다. 기후 변화의 장기적 문제를 다루는 사변적 픽션인 기후소설cli-fi이 어엿한 장르로 부상했으며 마거릿 애트우드, 바버라 킹솔버, 킴 스탠리 로빈슨, 옥타비아 버틀러 같은 베스트셀러 소설가들이 작품을 발표하고 있다.

기후 변화 메시지를 전달할 때의 문제는 그것이 본질적으로 나쁜 이야깃거리라기보다는 본질적으로 비활성화하는 이야깃거리라는 것이다. 부정론자들이 끝없이 어깃장을 놓고 있지만 대부분의 사람들은 기후과학의 무시무시한 예언을 받아들이고 있으며 그런 이야기에 관심을 기울인다. 하지만 문제의 규모가 너무 방대하고 정부, 산업, 회의론자들이 세우는 장애물이 너무 거대해서 어떻게 해야 우리가 문제 해결을 위해 인류라는 가족으로 뭉칠수 있을 것인가조차 막막하기만 하다.

과학이 추상적인 데 반해 기후 변화에 대한 음모담은 매우 큰

반향을 일으킬 수 있다. 선인과 악인이 뚜렷이 나뉘고 문제의 규모가 훨씬 작기 때문이다. 우리는 기후 변화와 연관된 과학적·정치적·경제적 난제라는 고르디우스의 매듭(알렉산드로스대왕이 칼로 끊어버린 매듭을 일컫는데, 여기서는 '여간해선 풀기 힘든 문제'라는 뜻으로 쓰였다—옮긴이)을 풀라고 요구받지 않는다. '악당'이 거짓을 퍼뜨리지 못하도록 막기만 하면 된다.

쾌활한 선행자의 거대한 음모

A Vast Conspiracy of Jolly Do-Gooders

지구 온난화에 대해서든 다른 무엇에 대해서든 음모담이 퍼지는 것은 만일 그 이야기가 아주 **나쁘지** 않다면야 그리 걱정할 일은 아닐 것이다. 이 말은 미적으로 나쁘다는 뜻이 아니다. 스토리텔링 시장에서 승리하는 음모담이 예외 없이 못된 사람과 궂은 소식의 이야기라는 뜻이다. 선한 음모는 존재하지 않는다. 도무지 흠잡을 데 없는 수단으로 우리를 부자로 만들어줄 기발한 방법을 모색하는 어둠의 자선사업가 결사체 같은 것은 없다. 우리 머리 위에 떠 있는 켐트레일(chemtrail: '화학물질chemical'과 '비행운contrail'을 뜻하는 영단어를 합친 신조어로, 정부나 [일루미나티 같은] 비밀 조직이 인구 조절, 생물학 병기 실험 또는 식량 가격 조절을 위해 비행운으로 위장하여 대기 중에 살포한다고 주장되는 화학물질—옮긴이)의 응결핵은 결코 생명을 구하는 의약품이나 건강에 좋은 허브 추출물이 아니다.

어떤 음모가도 쾌활한 선행자善行者가 아니다.

그들은 언제나 괴물이다.

선의 음모가 어둠의 음모 앞에서 맥을 못 추는 이유는 간단하다. 나쁜 이야깃거리기 때문이다. 너무 따분해서 눈길을 사로잡지 못하며, 도덕적으로 시급한 문제를 제기하지 않기에 우리로 하여금 주인공으로서 이야기에 참여하거나 적어도 입을 열어 이야기를 바이러스처럼 퍼뜨리도록 부추기지 못한다.

이 모든 것은 이야기 전쟁에서의 일반적 패턴으로 수렴하는데, 이에 따르면 밝은 이야깃거리는 어두운 이야깃거리의 상대가 되지 못한다. 이 패턴의 원동력은 인간 심리의 폭넓은 '부정 편향'으로서, 이에 따르면 (심리학자 대니얼 페슬러Daniel Fessler와 동료들이 밝혀냈듯) "부정적 사건은 긍정적 사건에 비해 더 쉽게 눈길을 사로잡고, 더 쉽게 기억에 저장되며, 더 강력하게 동기를 부여한"다.27

이 부정 편향은 인류의 내재적이고 매우 제한적인 서사 취향에서도 드러난다. 요리사가 음식을 만들 때 다섯 가지 기본 맛에 충실해야 하듯 이야기꾼은 이 서사적 입맛에 충실해야 한다. 이어지는 장에서는 최초의 이야기까지, 틀림없이 선사시대에 구전되었을 이야기까지 수천 년을 거슬러 올라가는 이 서사적 규칙성을 살펴본다. 이 규칙성은 스토리텔링의 즐거움과 이로움을 이끌어내지만 평지풍파를 일으키기도 한다.

4. 이야기의 보편문법

THE UNIVERSAL GRAMMAR

소설가 제임스 조이스가 창밖으로 파리의 밤을 엿보는 광경을 상상해보라.[1] 그는 줄담배를 피운다. 지병 때문에 의료용 코카인을 흡입한다. 두꺼운 안경을 고쳐 쓰고는 큼지막한 공책을 향해 눈을 찡그리며 파란색 크레용으로 《피네간의 경야》에 죽죽 줄을 긋는다. 유쾌한 언어유희, 음란한 여담 같은 자신의 글재간에 어찌나 크게 웃음을 터뜨리던지 고질병을 앓는 아내 노라가 잠 좀 자게 닥치라며 침대에서 고함을 지른다.[2]

《피네간의 경야》의 집필은 어마어마한 문학적 과시 행위였다. 잭슨 폴록이 캔버스에 물감을 뿌리듯 조이스는 자신의 예술 형식에 깃든 전통 문법을 때려 부수고 싶어 했다. 영어의 한계에 실망하여 자기만의 언어를 발명했는데, 여러 언어의 낱말들을 뒤섞어 새로운 방언을 만들었다. "틀에 박힌 문법과 직선적 플롯"의 억지스러움에 신물이 나서 플롯을 없애다시피 했다.[3] 그러느라 등장인물 개념도 지워버렸다. 조이스의 등장인물들은 달라지고 변신하며 이름, 성격, 신체 특질이 바뀐다. 제임스 조이스는 인류만큼 오래된 스토리텔링 충동을 발휘하여 새로운 것을 만들어냈다.

나는 이 책을 경외하지만, 젊고 대담하던 시절에 대여섯 번 도전했음에도 결코 일정 분량 이상 읽어낼 수 없었다. 이유를 알고 싶다면 아래의 《피네간의 경야》 첫 네 문장을 읽어보라. 이와 똑같은 700페이지를 꾸역꾸역 독파하려면 얼마나 많은 마조히즘을 끌어내야 할지 상상해보라.

강은 달리나니, 이브와 아담의 성당을 지나 해안의 변방으로부터 만灣의 굴곡까지, 우리로 하여금 비코vicus의 둘러친 넓은 촌도로 하여 호우드(H) 성城(C) & 주원周圓(E)까지 되돌아오게 하도다. 사랑의 재사才士, 트리스트람경卿, 단해短海 너머로부터, 그의 반도半島의 고전孤戰을 재차 휘두르기 위하여 소小유럽의 험준한 수곡首谷 차안此岸의 북北아모리카에서 아직 도착하지 않았나니 오코노의 흐르는 샛강에 의한 톱소야(정頂톱장이)의 암전岩錢이 항시 자신들의 감주수甘酒數를 계속 배가하는 동안, 조지아주州 로렌스군郡의 능보陵堡까지 아직 지나치게 쌓지 않았으니 그뿐 아니라 원화遠火로부터 혼混일성이 '나 여기 나 여기' 하고, 풀무하며 다변강풍多辯强風으로 패트릭을 토탄세례 하지 않았으니 또한 아직도, 비록 나중의 사슴 고기鹿肉이긴 하나, 아직도 피의 요술사 파넬이 얼빠진 늙은 아이작Isaac을 축출하지 않았으니, 비록 바네사Vanessa의 사랑의 유희에 있어서 모두 공평하였으나, 이들 쌍둥이 에스터Esther 자매가 둘 혹은 하나의 나단조Nathanjoe와 함께 과격하게 격노하지 않았나니. 아빠의 맥아주酒 한 홉마저도 젬Jhem 또는 셴Shen으로 하여금 호등弧燈으로 발효하게 하지 않았나니, 그리하여 눈썹 무지개의 붉은 동쪽 끝이 바다 위에 반지마냥 보였을지라.

추락墜落(바바번개개가라노가미나리리우우뢰콘브천천둥둥너론투뇌뇌천오바아호나나운스카운버벼락락후후던우우크!), 한때 벽가壁街에 노부老父의 추락이 성聖의 잠자리에 그리고 이어 일찍이 줄곧 모든 기독교도의 음유시인을 통하여 재차 들리도다.

눈이 멀다시피 하고 이가 다 빠지고 돈과 명성에 집착한 조이스는 《피네간의 경야》에 17년간 영웅적으로 매달렸으며 앞으로 300년간은 문학 비평가들이 바쁠 거라고 호언장담했다.[4] 이 점에서는 성공을 거뒀는지도 모르겠다. 그의 책은 실험적 예술의 우뚝한 기념비이자 이제껏 쓰인 소설 중에서 가장 위대한 작품 중 하나로 칭송받는다. 예일대학교의 비평가 해럴드 블룸Harold Bloom은 《피네간의 경야》를 천재성 면에서 단테와 셰익스피어의 걸작에 맞먹는 유일한 현대 문학 작품으로 평가한다.[5]

하지만 《피네간의 경야》에는 역설이 있다. 이제껏 인간이 쓴 가장 위대한 소설 중 하나로 알려져 있지만, 지독히 어렵고 기이해서(한 비평가는 "언어적 비역질"이라고 부른다)[6] 실제로 읽어낼 수 있는 사람이 거의 없는 소설이기도 하다. 나는 문학 박사인데, 한

때 알던 제임스 조이스 연구자를 제외하고는 전권을 읽었거나 그러려는 유혹에 빠진 적이 있다고 주장한 동료를 단 한 명도 만난 적이 없다.

《피네간의 경야》가 실제 독자를 끌어당기는 데 실패했다는 것은 조이스에게 참으로 놀랍고 실망스러웠을 테지만[7] 이 사실에는 스토리텔링 기술에 대한 근본적인 진실이 담겨 있다. 그것은 이야기가 매우 좁은 가능성 범위 안에서 작동한다는 것이다. 이야기는 무한정 개선하고 개량할 수 있는 것이 아니다.

서사이동은 뇌의 상태에 비유할 수 있다. 이 상태는 매우 취약하지만 이것을 간수하는 자물쇠는 특정 숫자 조합으로만 풀 수 있다. 인류가 존재한 기간 내내, 이 조합은 선배 이야기꾼에서 후배 이야기꾼에게로 전수되었다. 구술 민담의 최초 형태부터 무대 연극, 기록된 역사, 현대의 유튜브 쇼츠에 이르기까지 성공적인 스토리텔링의 기본 요소는 전혀 달라지지 않았다.

언어학자 놈 촘스키가 확립한 이론에 따르면 지구상에서 쓰이는 수천 개의 언어는 모두 똑같은 보편문법을 가지고 있다. 언어들이 표면적으로 천차만별인 것에 현혹되지 마시라. 언어에는 공통성이 존재하며 이는 인간 뇌의 보편적 설계에서 비롯한다.[8]

촘스키의 보편문법은 언제나 논란거리였으며 전문가들을 찬성파와 (점점 늘고 있는) 반대파로 갈랐다. 하지만 스토리텔링의 자연문법이라는 개념은 논란의 여지가 훨씬 적다. 언어의 문법은 지독히 까다롭다. 외국어는 숙달하는 것은 고사하고 조금이나마 알아듣는 것만 해도 엄청난 고역이다. 하지만 이야기 문법은 그에 비해 간단하다. 이야기가 다른 언어로 번역되고 낯선 문화적 요소들에 대해 설명이 이루어지면 낯선 땅에서 온 이야기는 언제나 술술 이해되고 향유될 수 있다.[9]

머릿속 자물쇠를 열어 우리에게 이야기의 즐거움을 선사하는 것은 이야기의 자연문법이다. 물론 이야기꾼이 이 보편문법을 어기더라도 여전히 말은 되고 때로는 이해도 되지만, 그런 작품은 대부분 이야기가 아니라 《피네간의 경야》 같은 전위적 낱말 예술에 불과하다. 전위적 낱말 예술이라고 해서 하지 말라는 법은 없다. 그것이 당신의 관심사라면 얼마든지 추구해도 무방하다. 하지만 열성적 청중을 끌어들이고 그들을 서사이동의 황홀경에 빠뜨리고 싶다면 딴 방법을 찾아야 한다.

스토리텔링의 보편문법에는 적어도 두 가지 주성분이 있다. 첫째, 세계 어디서든 이야기는 곤경에서 벗어나려고 애쓰는 등장인물에 대한 것이다. 즉, 이야기는 말썽에 대한 것이다. 호시절을 즐기는 사람들에 대한 것이 아니다. 심지어 코미디도, 비록 행복한 결말로 끝날 때가 많긴 하지만 대개는 사람들이 힘든 시절을, 종종 일생을 통틀어 가장 힘든 시절을 헤쳐나가는 이야기다. 둘째, 언뜻 진부하게 들릴지는 몰라도 이야기에는 깊은 도덕적 층위가 있다. 세련된 소설가나 역사가, 영화 제작자는 자신이 '이야기의 도덕' 같은 것을 표현했을 리 없다고 손사래를 칠지도 모르지만 그들은 단 한 순간도 도덕적 설교를 멈춘 적이 없다. 니체 말마

따나 "시인들은 언제나 어떤 도덕의 시종들이었"다.[10]

물론 당신이 자신의 뇌를 샅샅이 뒤지면 예외를 찾을 수는 있을 것이다. 하지만 그것은 규칙을 입증하는 예다. 《피네간의 경야》 같은 실험적 작품으로 대표되는 통계적 변칙인 것이다. 그런 예외를 제외하면 이야기가 이런 식이다라는 것은 명백해 보인다 (학계의 문학 이론가들은 대부분 부정하고 있지만[11]). 그런데 생각해보면 이야기가 꼭 이런 식이어야 한다는 논리는 전혀 명백해 보이지 않는다. 많은 사람은 스토리텔링 전통에서 이야기의 주된 역할이 무한한 쾌락과 도덕적 순진무구함이 넘치는 향락적 낙원으로 인도하는 탈출선과 비슷하리라 짐작할 것이다.

결코 그렇지 않다.

해피엔드의 고충

The Anguish of a Happy Ending

결코 그렇지 않다고? 글쎄, 그것은 이야기라는 개념을 얼마나 엄밀히 정의하는가에 따라 달라진다. 세계에서 가장 보편적인 스토리텔링 형식 중 하나인 포르노를 생각해보라.[12] 영화와 비디오테이프 시대에는 포르노가 주로 극영화 길이로 제작되었으며 영화 관습과 이야기 시나리오를 비굴하게 차용한 반면에(도용했다고 말할 수도 있겠다) 이제는 대부분의 포르노가 속전속결식 짧은 동영상으로서 소비된다. 하지만 이런 짧은 동영상에도 대개는 최소한의 서사적 기반이 있다. 동영상은 판타지 시나리오에서 출발한다. 당신의 의붓누이는 무척 매력적인데, 게다가 그건 **진짜** 근친상간도 아니다. 부아가 난 아내는 **진짜** 남자를 갈망한다. 포르노에서 이야기는 엉성할지는 몰라도 불필요하지는 않다.

그럼에도 포르노는 성적 판타지가 완벽하게 실현되는 허무맹랑한 시나리오 속에 소비자를 위치시키는 대중적 서사(또는 서사풍) 오락의 한 형식이다. 갈등과 투쟁에 초점을 맞추는 그 밖의 스토리텔링 형식들은 이 점에서 포르노와 다르지만, 여기에는 (간과되고 있는) 한 가지 예외가 있다. 포르노든 주류 스토리텔링이든 절정에 도달하는 순간 잽싸게 크레디트 타이틀이 올라간다. 모든 유형의 이야기가 다 그렇듯 포르노 이야기에서도 일단 긴장이 해소된 뒤에는 아무도 여운을 음미하고 싶어 하지 않는다.

누구나 해피엔드를 좋아한다라는 소박한 통념에는 거창하고 어리둥절한 역설이 있다. 문자 그대로 보자면 이것은 사람들이 이야기에서 행복(해피)을 좋아하지만 결말(엔드)에서만 그렇다는 뜻이다. 2018년에 개봉한 블록버스터 영화 〈콰이어트 플레이스〉는 관객을 무시무시한 악몽 속으로 데려간다. 그곳은 외계 육식 곤충의 침략으로 인류가 몰살한 세상이다. 곤충들은 젊은 가족을 사냥하여 한 명씩 먹어치운다. 유일하게 살아남은 엄마와 딸은 엉겁결에 괴물의 치명적인 약점을 발견한다. 영화의 해피엔드, 즉 악몽 같은 고문 시뮬레이션에서 승리의 문제 해결로 바뀌는 과정은 여자들이 눈빛을 교환하는 짧은 순간이 전부다. 두 사람의 눈은 이제 살 수 있다는 희망과 복수하고 싶다는 욕망으로 반짝거린다.

이것은 세련되고 완벽한 해피엔드다. 새로 찾은 희망찬 세상에서 단 1초라도 쓸데없이 머물렀다면 관객은 지겨워했을 테지만 영화는 절묘한 시점에 끝남으로써 우리가 이야기의 결말에서 얻고 싶어 하는 기분 좋은 느낌을 관객에게 선사하기 때문이다.

〈콰이어트 플레이스〉에서 보듯 우리는 현실에서는 무슨 대가를 치르더라도 공포를 피하고 싶어 하는 반면에 서사적 시뮬레이션에서는 그런 공포를 느끼려고 기꺼이 '대가'를 치르는 묘한 성향이 있다. 하지만 이 영화에서는 이야기의 훨씬 확고한 패턴도 찾아볼 수 있다. 긴 소설, 영화, 텔레비전 드라마는 대체로 핵심 문제를 마지막 몇 페이지나 몇 분 안에서 해결하고는 서둘러 끝맺는다. 이를테면 에피소드 형식의 텔레비전 드라마에서는 한 화마다 문제와 갈등이 끝까지 이어지다가 막판에 일사천리로 해소되고 크레디트 타이틀이 올라간다. 투쟁과 승리가 (시트콤에서처럼) 가볍고 소소하든 (범죄물에서처럼) 무겁고 중대하든 우리는 다음 화에서 주인공이 다시 한번 말썽에 휘말리고 말 그대로 최후의 순간에 사건이 해결될 것임을 안다.

데이터 과학자 데이비드 로빈슨David Robinson은 픽션 플롯 11만 2000개의 요약본을 통계 분석한 뒤 다음과 같은 간결한 결론에 도달했다. "사람들이 말하는 **평균적** 이야기를 요약하면 이럴 것이다. 상황이 나빠지고 더 나빠지다 마지막 순간에 **좋아진다**"(강조는 로빈슨).[13] 심지어 뉴스 방송도 가급적 이 공식을 따른다. 현실의 문제 이야기에 내내 초점을 맞추다가 마지막에 가서 '동화 같은' 이야기 하나를 건네 희망을 선사하니 말이다.

이것은 현대에 생긴 관습이 아니다. '그 후로 오랫동안 행복하게happily ever after'라는 문구 자체가 옛 민담과 동화에서 오지 않았던가. 민담 이야기꾼은 '그 후로 오랫동안 행복하게'라는 맺음말로 갈등이 해결된 뒤의 행복하고 따분한 장면을 빨리 감기 한 뒤에 식인 마녀, 흉포한 거인, 못된 계모가 나오는 다음 이야기로 넘어간다.

왜일까? 왜 행복에 대한 관심이 그토록 적은 것일까? 왜 행복은 그토록 따분한 것일까? 왜 우리는 악인이 패배하고 난 뒤 안전해진 길거리와 참된 사랑과 행복한 자녀가 있는 이야기나라에 머물고 싶어 하지 않을까?

답이 무엇이든 그것은 서사심리에 사도마조히즘 성향이 있음을 암시한다.[14] 이야기꾼이 우리를 기분 좋게 하려면 나쁜 상황을 오래 끌어야 한다. 이야기 세상에서 일이 술술 풀리면 우리는 나가고 싶어 좀이 쑤신다. 어디로 가고 싶을까? 가끔은 현실로 돌아가고 싶을 때도 있지만, 책장을 펼쳐 다음 이야기로 넘어가거나 재생 목록에서 다음 영상을 클릭하여 새로운 투쟁의 세계에 들어갈 때도 많다.

나쁘지 않다고 해서 좋은 것은 아니다
It Isn't Good Unless It's Bad

적어도 셰익스피어의 작품 이래로 우리는 이야기꾼의 사회적 역할이 "자연에 거울을 갖다 대는 일"임을 알고 있다.[15] 제대로 된 이야기는 우리 자신과 우리 시대의 진실을 명료하고 충실하게 반영한다. 하지만 스토리텔링의 거울이 실제로는 지독히 왜곡되었다면? 설상가상으로 이야기꾼의 정치 성향, 성별, 민족, 역사적 배경, 선호 장르와 전혀 무관하게 정확히 똑같은 형태로 왜곡되었다면? 세상의 아름답고 조화로운 것을 심술궂게 얼버무리고 흠과 상처를 까발린다면? 마지막으로, 서사심리의 타고난 어수룩함 때문에 우리가 왜곡된 이미지를 믿는 방향으로 부쩍 치우쳐 있다면?

상상할 수 있는 가장 극단적인 부정적 상황을 예로 들어보자. 그것은 죽음이다. 심리학자 올리비에 모랭Olivier Morin과 올레그 소브추크Oleg Sobchuk는 최근 연구에서 이렇게 결론 내렸다. 당신이 불운하게도 20세기 미국 소설에서 다양하게 추린 744편의 등장인물이라면 (종종 갑작스럽고도 끔찍하게) 죽을 가능성이 실제 사람에 비해 열 배 이상 크다.[16] 하지만 이야기가 문제와 말썽에 치우치는 편향은 픽션의 경계를 훌쩍 뛰어넘어 시답잖은 뒷담화에서 음모담까지, 언론에서 정치 캠페인 서사까지, 파티에서 주고받는 자질구레한 일화에서 어린아이의 환상까지 모든 장르의 이야기를 아우른다.

이를테면 역사 스토리텔링에서는 여느 이야기와 마찬가지로 갈등, 혼란, 고통, 억압, 죽음의 서사가 평화와 조화의 서사에 비해 저자에게나 독자에게나 훨씬 큰 흡인력을 발휘한다. 대학 출판부에서 출간하는 모호한 학술적 역사서도 마찬가지며 일반인용 역사책과 역사 다큐멘터리는 훨씬 극단적이다. 믿기지 않는다면 동네 책방에 가서 역사 코너를 훑어보라. 소설 코너 못지않게 혼란과 갈등이 난무할 것이다. 사실 갈등과 투쟁의 일화에 큰 비중을 둘 만큼의 사업적 감각을 갖추지 못한 작가들은 애초에 서가에서의 치열한 자리 경쟁에서 살아남기 힘들 것이다.

이런 까닭에 역사는 (전체적으로 보자면) 현실 그대로의 삶이 아니라 체에 거른 삶을 묘사한다. 이 체는 대부분의 좋은 시절을 걸러내고 전쟁, 기근, 죽음, 역병처럼 좋은 드라마가 될 소재를 고른다. 역사가들이 부정적 측면에 초점을 맞추는 이유는 조지 산타야나George Santayana의 명언에서 알 수 있다. "과거를 되새기지 못하면 되풀이하기 마련이다."[17]

산타야나가 말하는 과거란 무엇일까? 그것은 나쁜 사람과 나쁜 소식, 되풀이될 운명인 것들의 이야기다. 하지만 과거의 실제 모습은 그렇지 않았다. 과거는 대학살과 마녀 화형만 있지 않았으며 역사가들 말마따나 "비참하고, 잔인하고, 그리고 짧"지도 않았다. 역사가 부정적 측면에 집착하는 탓에 우리는 최악의 시기뿐 아니라 최선의 시기에 과거가 실제로 어떤 모습이었는지 보지 못하며 현재의 문제와 기회에 대처할 교훈을 배우지도 못한다.

언론인들이 세상에 갖다 대는 거울도 똑같이 왜곡되어 있다. CBS 앵커 월터 크롱카이트Walter Cronkite는 저녁 뉴스를 다음 문구로 마무리했다. "세상일이 다 그런 거죠." 하지만 아니다, 그렇지 않았다! 크롱카이트는 자신이 세상의 적나라한 그림을 보여준다고 주장했지만 그가 실제로 보여준 것은 그날의 가장 심란한 뉴스를 편집하여 현실을 포괄적으로 왜곡한 일종의 리얼리티쇼였다.

역사가 로베르 뮈샹블레Robert Muchembled가 말한 15세기 유럽 신문 산업의 기원은 오늘날 뉴스 산업의 기원과 똑같다. "유혈과 응혈이 잉크와 종이를 팔았다."[18] 최초의 인쇄기로 찍어낸 최초의 뉴스 팸플릿 이래로 뉴스는 언제나 세상이 쓰레기 같고 점점 더 쓰레기 같아진다고 주장했다.[19] 하지만 엄청나게 두껍고 엄청나게 중요한 두 권의 책에서 스티븐 핑커는 방대한 자료를 동원하여 많은 사람에게 그야말로 믿기지 않는 개념을 제시한다. 그것은 세상이 어느 때보다 나아졌으며 측정할 수 있는 거의 모든 측면에서 줄곧 더 나아지고 있다는 것이다.[20] 개인 간 분쟁에서든 파괴적 전쟁에서든 폭력은 부쩍 줄어들었다. 인종차별은 대폭 감소했으며 성차별도 마찬가지다. 괴롭힘도, 아동과 동물에 대한 학대도 줄었다. 오염이 감소했다. 인권은 신장되었다. 의료는 어느 때보다 개선되었다. 빈곤층조차 과거보다 훨씬 잘살게 되었으며 식단도 훨씬 좋아졌다. 거의 모든 것이 나아지고 있으며, 나빠진 것은 별로 없다. (정치 양극화 같은 몇 가지가 있긴 하다.[21] 자세한 얘기는 뒤에서 하겠다.)

　그렇다고 해서 우리가 유토피아에서 산다거나 우리의 문제에 대해 걱정하지 말아야 한다는 것은 아니다. 게다가 우리는 결코 안전하지 않다. 소행성이 인류를 멸망시킬 수도 있고 우리가 배출한 가스로 스스로를 천천히 익히거나 핵으로 단숨에 튀기거나 이야기만 가지고 미치광이로 만들 수도 있다. 실제로 기술이 점점 강력해지고 민주화됨에 따라 우리는 과거에 한 번도 겪어보지 않은 수준의 실존적 위협을 맞닥뜨리고 있다.[22] 하지만 핑커의 자료에 따르면 "손수레 타고 지옥 간다"라는 식으로 세상을 바라보는 단순한 직관은 틀렸다. 대부분의 사람들이 이것을 보지 못하는 이유는 언론이 좋은 소식을 버리고 나쁜 소식을 부풀리는 체로 현실을 거르기 때문이다.

　나는 이 사실을 알아차린 최초의 사람도 아니고 유일한 사람도 아니다. 미디어학자 벳시 그레이브Betsi Grabe가 말한다. "흥미진진한 부정적 사건은 시간이 지나더라도, 문화가 다르더라도, 거센 비판을 받더라도 가장 한결같은 뉴스 선정 원칙이다."[23] 핑커 말마따나 세상에 대한 객관적인 사실들이 현저히 개선되었는데도 뉴스는 왜 세상을 "눈물의 골짜기, 비통한 넋두리, 실망의 늪"으로 묘사할까?[24]

　언론인은 이에 대해 다소 죄책감을 느끼면서도 상투적인 답변을 마련해뒀다. 그들이 말한다. 세상에 대해 '그 후로 오랫동안 행복하게' 이야기를 들려주는 것은 뉴스의 임무가 아니다. 그것은 허구의 임무다. 뉴스의 임무는 문제를 찾아내는 것이다. 어쨌거나 뭐가 잘못됐는지 모르면 고칠 수 없는 법이니까.

이것은 일말의 타당성이 있다는 점에서 좋은 이야기다. 하지만 언론이 스스로에 대해 들려주는 영웅적 이야기는 실화가 아니라 그들 말따나 실화에 바탕을 두고 있을 뿐이다. 언론은 스토리텔링 길드이며 여느 스토리텔링 길드와 마찬가지로 스토리텔링의 보편문법에 하릴없이 갇혀 있다. 빠져나갈 구멍은 전혀 없다. 뉴스 산업의 역사를 보면 뉴스 자체의 시장은 예나 지금이나 거의 없다는 것을 알 수 있다. 드라마의 시장만 있을 뿐이다. 처음부터 뉴스 산업은 드라마 산업의 한 갈래에 불과했다. 그러니 현실에서 플롯, 등장인물, 주제, 암묵적인 윤리적 교훈 같은 보편문법의 요소들을 가져다 끼워 맞출 수밖에 없다.

'뉴스 가치'의 일차적 기준은 진실을 말하는가가 아니라 좋은 드라마인가다. 좋은 뉴스는 나쁜 드라마다. 우리가 해피엔드를 좋아하긴 하지만, 만사가 술술 풀려나가는 이야기는 일반적으로 '좋지' 않다. 언론인이 객관적인 관점에서 중요한 이야기를 보도하고 쓰는 거야 나쁠 게 없지만, 그 이야기가 갈등을 부각하지 않으면 우리는 좋다고 생각하지 않을 것이다. 이야기로 말할 것 같으면 나쁘지 않으면서 좋은 것은 거의 없다.

플라톤이 말했듯 "아름다운 서사시나 희곡을 쓰고자 하는 사람에게 덕이 반드시 최상의 주제인 것은 아니다. 시인은 덕에 대한 사랑을 자신의 기예가 필요로 하는 것에 종속시켜야 한"다.[25]

이것은 허구에 대해서 못지않게 뉴스 이야기에 대해서도 참이다. 언론인 개인의 관점에서 보자면 행복한 이야기를 들려주는 것은 퓰리처상을 받는 것은 고사하고 자리를 보전하는 데에도 유리한 전략이 아니다. 언론사 전체로 보더라도 좋은 뉴스를 우대하는 것은 사업적으로 나쁜 결정일 것이다. 이것은 HBO나 넷플릭스가 갈등과 소란을 홀대하는 것이 사업적으로 나쁜 결정인 것과 같은 이유에서다.

뉴스의 극단적인 부정적 태도는 세상에 심각한 악영향을 미친다. 픽션에서는 대체로 만사가 점점 나빠지다 마지막에 가서 좋아진다. 지어낸 이야기는 행복하게 끝나는 경향이 있기 때문에, 심리학자들에 따르면 골수 픽션 소비자는 자신이 "비루한 세상"이 아니라 "근사한 세상"에 살고 있다는 확신이 골수 뉴스 소비자보다 크다고 한다.[26] 그들은 세상이 좋은 곳이고 만사가 결국 좋게 풀릴 거라 생각할 가능성이 크다. 그러니 픽션을 읽으면 호구가 된다고 생각할 수도 있다. 하지만 더 나은 사람이 될 가능성도 그에 못지않다. 착한 사람들이 벅찬 장애물을 극복하고 세상을 더 낫게 만들 수 있다고 믿을 테니 말이다.

이에 반해 뉴스 이야기는 으레 비루하게 시작하여 비루하게 끝난다. 언론인은 해피엔드를 만들어내지 못한다. 만사가 아무리 나빠 보이더라도 결국은 착한 사람들이 승리하리라는 위안을 주지 못한다. 픽션의 해피엔드가 낙관론을 불러일으킨다면 뉴스 이야기는 염세주의, 편집증, 절망감, 정서적 무력감을 불러일으킨다.

여기서 요점은 뉴스에 대한 공격이 아니다. 언론은 절대적으로 필요한 임무를 수행하며 사실상 제4의 권력으로서 종종 영웅적이고 사회적인 책무를 다한다. 하지만 여느 스토리텔링과 마찬가지로 유익 못지않게 피해를 가져다줄 가능성도 크다. 뉴스는 합리적 행동을 취하도록 우리를 조정하지만, 심각하게 오조정誤調整하기도 한다. 뉴스 소비자들이 받는 전반적인 메시지는 세상이 구제 불능 엉망진창이라는 것이다. 뉴스는 우리에게 애들을 집에서 못 나오게 하고 총을 걸머지고 도시를 떠나 교외로 이주하고 교외를 떠나 생존주의자(survivalist: 미래의 긴급 상황에 대비하는 사람들 ―옮긴이) 집단에 합류하라고 부추긴다.[27] 그와 더불어 우리를 안전하게 지켜줄 스트롱맨(강성 지도자)을 선출하라고 꼬드긴다.

이야기의 보편문법은 우리로 하여금 세상을 문제투성이로 보도록, 그런 다음 책임이 있는 악당을 지목하고 손가락질하고 처벌하도록 조건화한다. 부정 편향의 결과는 나쁠 수 있지만 도덕주의적 편향의 결과는 더 나쁘다.

공주와 호랑이의 끝없는 전쟁

The Everlasting War of the Princesses and the Tigers

여자아이 둘이 공주 놀이를 하다가 질렸다. 하지만 한 명은 그네에 앉고 다른 한 명은 밀면서도 여전히 치렁치렁한 공주 원피스와 반짝이는 티아라를 쓴 채였다.

금발 아이가 그네에서 팔짝 뛰어 맨발로 풀밭에 착지했다. 아이가 말했다. "엄마 아빠 죽은 놀이 하자. 못된 호랑이한테 물려서 말이야."

바로 그 순간 울타리로 둘러싸이고 연한 잔디가 깔린 밋밋한 교외 뒤뜰은 위험이 득시글거리는 숲으로 탈바꿈했다. 두 아이는 바짝 쪼그려 앉았다. 눈을 가늘게 뜬 채 울타리 선을 따라가다 풀숲 틈새로 이글거리는 포식자의 눈을 보았다. 호랑이의 줄무늬가 물결치는 것을 보았다. 두 아이는 달렸다.

나는 집 뒷문 포치에서 넋을 잃고 두 아이를 바라보았다. 금발은 우리 작은딸 애너벨로, 당시 여섯 살이었다. 아이는 그날 오후를 유니콘과 꼬불꼬불 감자튀김과 마법 가루의 상상 속 낙원에서 보낼 수도 있었다. 하지만 보편문법에 무의식적으로 순응하여 여섯 살배기 마음이 상상할 수 있는 가장 무서운 공포 시나리오 속에 스스로 빠져들었다. 사랑하는 부모는 호랑이한테 잡아먹혔고 두 아이는 숲에서 하릴없이 길을 잃었으며 자신들을 지켜줄 어른은 아무도 없고 여전히 굶주린 호랑이들이 자신들을 맹렬히 추격하고 있었다. 이 판타지에서는 삶의 모든 문제가 싸우느냐 달아나느냐로 귀착되었다. 두 공주는 싸웠다. 몸을 숨기는 기발한 방법을, 먹거리를 찾는 기발한 방법을 생각해냈다. 잠깐이라도 머뭇거리면 호랑이 밥이 될 것이었다.

하지만 애너벨의 가상 시나리오에서 내 눈길을 사로잡은 것은 공포가 아니라 초보적인 도덕 구조였다. 아이는 자신의 가상 시나리오를 '숲속에서 길을 잃은 아이들'이라고 불렀다. 하지만 나는 나중에 공책에다 〈공주와 호랑이의 끝없는 전쟁〉이라고 제목을 달았다. 대부분의 이야기가 공주와 호랑이 사이의 투쟁, 선인과 악인 사이의 투쟁이라는 사실을 상기시켰기 때문이다. 그해 여름 친구들이 바뀌어도 꿋꿋이 이어진 애너벨의 놀이 시나리오에서 보듯 전쟁은 결코 끝나지 않는다. 인류의 이야기에서 선인과 악인의 전쟁은 세상 끝 날까지 벌어질 수밖에 없다.

애너벨의 이야기는 생존에 대한 것만은 아니었다. 드러내어 표현하진 않았어도 가족에 대한 사랑, 협력의 필요성, 인간이 공동체 안에서 피난처를 찾아야 한다는 사실 같은 원초적인 가치들이 이야기에 생명을 불어넣었다. 이런 가치를 실현하려면 호랑이의 탐욕과 흉포함을 물리쳐야 했다. 우리 딸 같은 어린아이로서는 자기가 포도를 와작와작 씹어 먹을 때와 마찬가지로 호랑이가 부모를 잡아먹을 때도 악의가 없다는 사실을 상상하기 힘들었다. 아이의 상상 속에서 호랑이는 못된 사람의 원형이었다. 도덕과 무관한 생물학적 필요성 때문이 아니라 '못됐'기 때문에 사람을 잡아먹는 괴물이었다.

드라마의 핵심에 놓인 것은 함께 괴물과 맞서고 불가능한 조건에서 살아남는 두 어린 소녀의 우정이었다. 두 아이가 살아남은 것은 결코 서로에게 등을 돌리지 않고 언제나 위험을 경고하고 할퀸 상처를 서로 나뭇잎으로 감싸주고 상대방이 치맛자락에 걸려 넘어졌을 때 제 목숨을 구하려고 앞서 달리지 않고 언제나 서로를 구하려 모든 것을 걸고 때로는 땅에 떨어진 막대기를 칼처럼 휘두르거나 창처럼 던져 호랑이를 퇴치하는 착한 사람이었기 때문이다.

나는 저 광경을 바라보면서 인류의 가장 커다란 희망과 가장 깊은 두려움을 불러일으키는 유서 깊고 본능적인 시뮬레이션의 아름다움에 감동했다. 서로를 사랑하고 서로를 위해 희생하면 홀로 죽지 않고 함께 살 수 있다.

하지만 대부분의 이야기가 그렇듯 이 이야기에도 어둠의 기운이 흐르고 있었다. 사랑이 샘솟지만 증오도 생겨난다. 우정이 꽃피지만 적도 모습을 드러낸다. 공감이 생겨나지만 공감 대상이 아닌 자들에게는 냉혹해진다. 이렇게 본다면 이야기 자체는 함께 뭉쳐 힘을 키우는 공주와 같을 뿐 아니라 발톱으로 솔기를 뜯어 우리를 조각조각 내는 호랑이와 같기도 하다.

이야기의 변덕, 사회생활에 종종 일으키는 혼란은 서로 연결된 세 가지 명제로 귀결된다.

사람들은 이야기가 필요하다.
이야기는 문제가 필요하다.
문제는 일으켜줄 악당이 필요하다.*

* '대체로' 그렇다는 말이다. 이따금 이야기가 악인 없이도 잘 전개된다는 사실은 나중에 제기할 희망적 논점이다.

데우스 엑스 마키나

Deus ex Machina

현실과 마찬가지로 이야기 또한 말도 안 되는 행운과 예상 못한 불운 같은 우연으로 가득하다. 하지만 이야기에서의 우연과 현실에서의 우연은 작동 방식이 다르다. 현실에서의 우연은 단지 느닷없는 사건이 아니라 결과를 좌우한다. 지독한 행운이나 지독한 불운은 처음이나 중간이나 끝이나 어느 때든 우리 삶의 이야기에 불쑥 끼어든다. 이에 반해 이야기에서는 (적어도 우리를 만족시키려면) 결과에 작용하는 우연의 역할을 통제해야 한다. 일반적으로 우연은 이야기의 구성에는 매우 중요한 역할을 하지만 결과에는 별다른 영향을 미치지 못한다.

이를테면 해리 포터가 볼드모트를 물리치는 것은 볼드모트가 바나나 껍질을 밟고 미끄러져 머리가 깨지기 때문이 아니다. 물론 해리의 친구들이 번번이 절묘한 시점에 해리를 구하려고 달려오는 것은 사실이다. 하지만 이 타이밍이 공교롭기는 해도 해리와 친구들이 서로를 위해 목숨을 건다는 사실은 우연한 결과보다는 (이야기나라의 착한 사람들을 특징짓는) 신의와 자기희생의 가치와 훨씬 큰 관계가 있다.

데우스 엑스 마키나Deus ex machina는 '기계 장치에서 나타난 신'을 뜻하는 라틴어다. 고전 연극에서는 신으로 분장한 등장인물이 '기계'(대개는 일종의 기중기)를 타고 무대에 내려올 때가 있다. 그러고 나서 신은 무대를 휘젓고 돌아다니며 사악한 자를 거꾸러뜨리고 덕 있는 자를 치하하여 사태를 바로잡는다. 이 고전 용어는 그 뒤로 의미가 확대되어 온갖 종류의 안이하고 서투른 스토리텔링에 적용되는데, 가능성이 매우 희박한 사건들을 통해 억지로 해피엔드를 끌어내는 것을 말한다.

사실 해리가 바나나 껍질 덕에 승리하는 이야기는 전통적인 데우스 엑스 마키나가 하늘에서 내려올 때보다 더욱 분노를 살 것이다. 적어도 데우스 엑스 마키나는 의미로 충만한 우주를 지혜롭고 자애로운 신이 다스린다는 메시지를 내포한다. 우연이 이야기의 결말에서 정말로 결정적인 역할을 하는 경우는 드물지만, 그런 경우 이야기꾼은 솜씨가 모자라거나 매우 특수한 유형의 의미, 즉 의미란 존재하지 않음을 형상화하려는 것이다.

이렇듯 우연이 이야기에서 행하는 역할을 섬세하게 조율하는 것은 픽션의 일반적 요건이다. 소설가이자 문예 창작 강사 스티븐 제임스Steven James는 작가 지망생에게 이렇게 조언한다. "우연의 일치는 이야기를 시작하는 데는 필요하나, 결말에서는 치명적일 때가 많다. 하지만 이걸 거꾸로 적용하는 작가가 너무 많다. 그들은 독자에게 발단의 타당성을 설득하려 애쓰다가 정작 독자의 우연 내성耐性이 가장 낮은 절정에서 우연이나 편의적 해결책을 동원한다."[28]

하지만 이것은 소설에만 해당하는 것이 아니다. 어느 장르의 이야기든 독자를 만족시키려면 이 조언을 따라야 한다. 하나만 예를 들자면《생각에 관한 생각》(2011)에서 심리학자 대니얼 카너먼은 비즈니스 스토리텔링에서 결정적인 요인으로서의 우연의 역할이 턱없이 평가절하되는 현상을 이렇게 설명한다. "사업 흥망에 관한 이야기는 사람들이 정신적으로 원하는 것을 제공해 독자의 공감을 얻는다. 분명한 원인을 지목하면서 운의 결정적 역할……은 외면하는 단순한 성패의 메시지가 그것이다."[29]

이야기는 (사실적 정보든 지어낸 정보든 그 중간이든) 정보를 구조화하여 의미를 산출하고 전달하는 방법이다. 하지만 어떤 종류의 의미를 전달하려는 것일까? 물론 그 답은 전 세계 이야기꾼의 성격과 강박만큼이나 천차만별인 것처럼 보일 것이다. 하지만 가까이서 들여다보면《맥베스》에서 〈맥가이버〉에 이르는 이야기들이 무엇보다 옳고 그름, 선과 악의 문제에 몰두해 있음을 알 수 있다.

위대한 SF 작가 커트 보니것에 따르면 이야기에는 몇 가지 표준적 형태가 있는데 그중 하나는 "구덩이에 빠진 남자"라고 불린다.[30] 하지만 거의 모든 이야기에서 사람들은 제 나름의 구덩이에 빠진 뒤 나가려고 안간힘을 쓰는 듯하다. 여기에 한마디 덧붙이자면, 구덩이에는 주인공만 있는 것이 아니다. 인간의 어두움을 표상하는 것들도 구덩이에 들어 있다. 그것은 풍속소설에서 보는 다양한 자만심이나 이기심일 수도 있고 〈스타워즈〉의 절대 어둠일 수도 있고 윌 페럴(Will Ferrell: 미국의 코미디 영화배우, 영화 제작자, 각본가―옮긴이) 코미디에 등장하는 어처구니없고 치졸한 악당일 수도 있다. 게다가 어둠은 악당으로 표상될 수도 있고 반反영웅 서

사에서 주인공이 물리치려고 안간힘을 쓰는 내면적 성격일 수도 있다.[31]

이야기의 주제를 하나만 꼽으라면 그것은 폭력, 섹스, 생존, 권력, 사랑이 아니다. 추상화된 정의다. 사람들은 도덕적 일탈과 정의 추구라는 도식적 구조의 이야기를 끝없이 갈망한다. 이야기가 쌓아 올렸다가 해소하는 조마조마한 정서적 긴장을 이끌어가는 가장 보편적인 원동력은 시적 정의가 실현되길 바라는 우리의 염원이다. 등장인물이 응당한 대가를 받을까? 착한 사람이 상을 받을까? 악인이 벌을 받으려나?

시적 정의의 중심성은 서구 문화만의 특징이 아니다. 문학자 윌리엄 플레시William Flesch가 《응보Comeuppance》(2007)에서 주장하듯 이것은 문화와 역사를 망라하여 모든 예측 가능한 이야기의 공통점이다. 심지어 비극적 이야기도 (인류학자 만비르 싱Manvir Singh 말마따나) 종종 은밀한 해피엔드로 끝나는데, 여기서 "주인공의 불운은 구원으로 상쇄된다. 이를테면 《로미오와 줄리엣》은 불행한 연인의 죽음으로 끝난 게 아니라 두 가문의 화해로 끝났다".[32] 비슷한 맥락에서 제임스 캐머런James Cameron의 영화 〈타이타닉〉은 남주인공이 죽은 후 여주인공이 정신적 고통에 만신창이가 되고 악당이 사람들을 을러 구명정을 타고 탈출하는 가장 비극적인 방식으로 마무리되는 것 같지만 우리는 로즈(〈타이타닉〉의 여주인공—옮긴이)가 모험과 사랑으로 가득한 삶을 살고 악당이 '그 후로 오랫동안' 비참하게 살다 자살로 생을 마감하고 두 주인공이 찬란한 환상 속에서 재결합하는 장면으로 영화가 끝난다는 것을 알게 된다.

물론 스토리텔링처럼 방대하고 느슨한 주제에 대한 모든 이론과 일반화가 그렇듯 여기엔 단서가 필요하다. 첫째, 나는 무조건 그렇다고 말하는 게 아니다. 이 패턴에 어긋나는 사례가 하나도 없다고 주장하는 게 아니다. 어쨌거나 많은 예술가는 독창성을 추구하며 틀을 찾아 깨부수려 하지 않던가. 하지만 이 패턴을 깨뜨리는 이야기는 거대한 파도를 거스르는 잔물결에 지나지 않는다. 당연한 얘기일 수도 있겠지만 이야기꾼이 시적 정의의 파도를 거슬러 헤엄치려다가는 독자와 관객에게 분노를 사기 십상이다. 미디어 심리학자 돌프 질먼Dolf Zillmann이 말한다. "수많은 실험에서 밝혀졌듯 사람들은 좋아하는 등장인물이 착하게 행동하여 성공하면 쾌감을 느끼지만 싫어하는 등장인물이 못되게 행동하여 성공하면 짜증과 불안을 느낀다."[33]

게다가 이 도덕적 구조는 수용자에게 무척 깊은 정서적 만족을 선사하기 때문에, 가장 인기 있고 따라서 가장 영향력 있는 이야기에서 생략되는 경우가 드물다. 이 주장을 뒷받침하는 연구들에 따르면 텔레비전 드라마는 시적 정의의 정도가 강할수록 닐슨 평가에서 높은 점수를 기록한다.[34] 가장 거창하고 가장 영향력 있는 이야기인 종교 신화도 이를 뒷받침한다. 세계에서 가장 성공한 종교로, 전 세계 신앙 시장의 76퍼센트를 차지한 기독교, 이슬람교, 힌두교, 불교는 신자를 완벽한 시적 정의의 심적 시뮬레이션에 밀어넣는다. 이 이야기나라에서는 누구에게나 무엇 하나 그냥

넘어가는 법이 없다. 어떤 악덕도 처벌을 모면하지 못하고 어떤 미덕도 보상을 놓치지 않는다. 이승에서든 저승에서든.

제인 오스틴 도식

Graphing Jane Austen

　내가 이 개념을 들려주면 사람들은 어김없이 이의를 제기한다. 영화와 문학 애호가들은 더더욱 발끈한다. 이야기의 기술은 너무도 미묘하고 반항적이어서 미학 법칙에 얽매일 리 없다고 그들은 필사적으로 믿고 싶어 한다. 그래서 나는 몇몇 동료 연구자와 함께 언뜻 보기엔 지나치게 단순해 보일지도 모르는 발상을 구체화하기 시작했다.

　2000년대 중엽 나는 동료 조지프 캐럴Joseph Carroll, 존 존슨John Johnson, 댄 크루거Dan Kruger와 함께 제인 오스틴, 조지 엘리엇, 찰스 디킨스 같은 작가들의 고전적 빅토리아 소설에 대한 대규모 연구에 착수했다. 교수, 빅토리아 문학을 공부하는 대학원생, 빅토리아 문학에 대해 논문이나 단행본을 출판한 저술가 등 이 분야에 정통한 사람 수백 명에게 설문지를 돌렸다. 응답자들은 소설의 허구적 등장인물들을 진짜 사람으로 가정하여 성격을 평가했다.

　우리는 조사 결과를 《제인 오스틴 도식: 문학적 의미의 진화적 토대Graphing Jane Austen: The Evolutionary Basis of Literary Meaning》라는 책에 실었다. 주된 발견은 우리가 '투쟁 구조agonistic structure'라고 부르는

것과 관계가 있었다. 지붕이 집의 토대이듯 투쟁 구조는 스토리텔링의 근본적인 구조 성분이라는 것이 우리의 판단이었다. 이 소설들은 온갖 차이에도 불구하고, 한 세기에 걸친 저자들의 저마다 다른 성격, 성별, 배경에도 불구하고 성격화에 대해서만큼은 놀랍도록 비슷한 선택을 했다. 뭉뚱그려 보자면 빅토리아 소설은 착한 사람(주동인물과 그의 편)과 못된 사람(반동인물과 그의 편)이 갈등에 휘말린 매우 양극화된 허구적 우주에서 전개된다. 대부분의 경우 주동인물은 공동선을 위해 협력하고 노력하려 한 반면에 반동인물은 이기적 목적을 위해 남을 지배하려 들었다.

《제인 오스틴 도식》이 출간되자 많은 독자는 어안이 벙벙했다. 결과 자체에뿐 아니라 박사급 과학자와 학자 연구진이 이토록 뻔한 결과를 감히 발표할 엄두를 냈다는 것에 놀랐다. 어쨌거나 빅토리아 소설은 군자연하다는 평판이 자자했으니까. 하지만 우리가 조사 결과에 반색한 것은 이 결과가 실제로는 무언가 변칙적인 것을 묘사하기 때문이었다. 우리가 하도 무감각해진 탓에 뻔히 보면서도 알아보지 못하는 변칙을.

어떤 관점에서 보자면 (몇 가지 예외가 있긴 하지만) 자장가에서 흥미진진한 뒷담화까지, 옛 민담에서 경전까지, 저속한 리얼리티 쇼에서 고품격 다큐멘터리까지 대부분의 이야기가 '선악' 대결을 묘사하는 것은 분명하다.

문제는 이것이다. 왜?

《제인 오스틴 도식》 연구진에게 영감을 준 인물은 인류학자

크리스토퍼 봄Christopher Boehm이다. 2000년대 초 그는 수렵채집인의 삶을 특징짓는 것이 (대부분의 사람들에게 다윈주의를 연상시키는) 각자도생이 아니라 공생과 평등이라는 훨씬 따뜻한 윤리임을 입증하여 명성을 얻었다.[35]

수렵채집 생활의 황금률은 무척 단순하다. 집단을 단결시키는 일이라면 무엇이든 하라. 집단을 분열시키는 일이라면 아무것도 하지 말라. 반목의 씨앗을 심지 말라. (식량, 성교 상대, 관심 등을) 제 몫보다 많이 차지하지 말라. 힘이 세다고 함부로 휘두르지 말라. 뛰어난 사냥꾼이나 눈부신 미인이라고 해서 뻐기지 말라. 한마디로 착한 사람이 되라.

물론 인간에게는 집단 안에서 사이좋게 지내려는 본능이 있는가 하면 남보다 앞서려는 본능도 있다. 우리는 이야기의 투쟁 구조가 빅토리아 소설에서뿐 아니라 전반적으로도 수렵채집 생활의 옛 도덕관을 반영한다고 주장했다. 인간은 집단을 이뤄 살 수밖에 없는데, 이를 위해서는 이기적 충동과 집단의 요구가 균형을 이루도록 끊임없이 노력해야 한다. 이야기의 주동인물은 개인적 사익과 집단적 공익 사이에서 적절히 균형을 유지해야 한다. 일반적으로 주동인물은 사익과 공동선이 충돌하면 공동선을 위해 사익을 희생한다. 반동인물은 그러지 않는다. 수렵채집인이 보는 악인의 정의는 자신의 이익을 집단의 이익보다 늘 우선시하는 나쁜 구성원이다.

의사소통 연구자 엔스 키엘드가르드크리스티안센Jens Kjeldgaard-

Christiansen은 우리의 《제인 오스틴 도식》 연구를 부분적으로 참고하여 효과적인 반동인물을 창조하는 지침을 제시한다. "진화심리학은 강렬한 악당의 기본 청사진을 내놓는다. 그들은 이기적이고 남을 등쳐먹고 가학적이다. 사회의 친사회적 기풍에 역행한다." 그러고는 문예 창작을 위한 약간의 조언을 곁들인다. "반동인물은 극단적으로 개인주의적인 불한당이어야 한다. 사회 질서를 위협하고 주동인물의 의분을 자극하고 주동인물과 그의 동료들로 하여금 힘을 합쳐 맞서 싸워 마침내 친사회적 가치를 확증하도록 유도해야 한다."[36]

키엘드가르드크리스티안센이 묘사하는 것은 전형적인 악당으로, 인류의 기원 이후 여러 모습으로 이야기에 등장했다. 악당은 깊숙이 들여다보면 다 똑같다. 그는 우리를 분열시키고 싶어하는 자다. 이기심을 드러내는 자다. 구기 종목에서 공을 독차지하는 자다. 당신의 주차 구역에 차를 대는 얌체다. 풀숲에 숨은 살인자다. 공동체를 단결시키는 평등주의적 기풍을 무너뜨리려는 이기적 잡놈이다.

그렇다면 영웅은 누구일까? 영웅이라는 낱말을 들으면 근력과 담력 같은 유서 깊은 신체적 이미지가 떠오른다. 하지만 주동인물은 신체적 미덕보다 도덕적 미덕을 구현한 인물일 확률이 훨씬 크다. 주동인물이 성인聖人인 경우는 드문데, 그것은 성인이 따분하기 때문만은 아니다. 흥미로운 주동인물은 발전할 여지가 있어야 한다. 문예 창작 강사들은 이야기의 으뜸 주동인물을 '탈바꿈하는 인물transformational character'이라고 부른다. 으뜸 반동인물은 진화하지 않지만 으뜸 주동인물은 진화한다. 대부분의 경우 탈바꿈은 도덕적이다. 주동인물은 받는 사람에서 주는 사람으로 바뀐다. 눈먼 사람에서 보는 사람으로 바뀐다. 혼란의 주범에서 이해의 주역으로 바뀐다.

이렇듯 스토리텔링은 시대와 문화를 통틀어 공주와 호랑이 사이의 끝없는 전쟁을 극화한 것이다. 주동인물은 가족, 친구, 공동체를 단결시키는 바늘땀을 뜨려고 애쓰며 반동인물은 그 솔기를 찾아 뜯으려 한다. 이야기는 경주처럼 전개된다. 어느 쪽이 솜씨가 더 뛰어나고 속도가 더 빠를까? 공주일까, 호랑이일까? 뜨는 자일까, 뜯는 자일까?

대부분의 이야기에서는 주동인물이 열심히 투쟁하여 결국 승리한다. 하지만 인간이라는 짐승 중에서 최고의 천사와 최고의 악마가 벌이는 더 큰 규모의 전쟁에서는 궁극적으로 승리하는 것이 불가능하다. 그렇기에 원형적인 영웅과 악당은 거듭거듭 부활하여 세상 끝 날까지 싸움을 벌여야 한다.

이야기는 부족을 만든다

Stories Make Tribes

《제인 오스틴 도식》에서 우리는 스토리텔링이 인간의 여느 예술 창작과 마찬가지로 개인뿐 아니라 부족의 안녕과도 깊은 관계가 있다고 주장한다. 이야기는 공동체 내에서 어떻게 협력하고 응집력을 유지할 것인가의 문제를 푸는 핵심적 해법이다. 이야기에 깃든 도덕주의는 우리에게서 진화한 도덕성을 그저 반영하는 데 그치지 않고 단단히 다진다.

나와 우리 동료들만 이런 견해를 가진 것이 아니다.[37] 영장류 학자 로빈 던바는 《털 고르기, 뒷담화, 그리고 언어의 진화Grooming, Gossip, and the Evolution of Language》(1996)에서 인간 언어가 처음 진화한 목적이 이야기하기 위해서라고 주장한다. 말하자면 누가 부족의 규칙을 따르고 누가 그러지 않는지 뒷담화를 주고받기 위해서라는 것이다. 던바를 비롯한 몇몇 과학자는 뒷담화가 비록 오명을 입긴 했지만 도덕 위반을 규제하여 공동체가 순탄하게 돌아가도록 한다고 강조한다. 던바가 옳다면 이것은 인류가 도덕주의적 이야기에, 인류가 처음 말을 배웠을 때 이후로 주고받던 뒷담화와 무척 닮은 이야기에 여전히 (아마도 치유 불가능하게) 중독된 이유를 충분히 설명한다.

그 뒤로 던바는 집단을 생화학적 끈으로 엮는 이야기의 능력을 연구했다. 이를테면 우리는 감정을 자극하는 극적인 영화를 보면 신경계에서 엔도르핀이라는 내인성 아편유사물질이 분비된다. 이 메커니즘은 인류와 영장류에 유대감을 높이는 것으로 알려져 있다. 피험자들은 격한 감정을 불러일으키는 드라마를 본 뒤에 엔도르핀 수치가 높아지고 주변 사람들에 대한 유대감과 소속감이 더 커졌다.[38]

던바는 스토리텔링이 노래와 춤 같은 예술 형태와 마찬가지로 우리를 집단으로 묶고 뇌에서 유대감 화학물질을 분비하도록 자극하고 집단 연대감을 강화한다고 주장한다. 요즘 우리가 이야기를 소비하는 방식은 주로 혼자서 아니면 가족과 함께다. 하지만 약 600년 전 인쇄기가 발명되기 전까지만 해도 가장 공식적인 스토리텔링은 구두로 이루어졌고 종종 축제의 성격을 띠었으며 이야기꾼이나 배우가 집단을 상대로 공연했다. 말하자면 이야기는 지극히 공동체적인 활동이었다. 사람들은 함께 이야기나라로 이동하여 똑같은 도덕주의적 시나리오의 시뮬레이션을 경험하고 똑같은 생각과 감정에 휩싸였다.

던바가 이야기의 신경생물학을 실험실에서 연구하는 동안 인류학자 대니얼 스미스Daniel Smith는 동료들과 함께 그 효과를 현장에서 연구하기 시작했다. 연구자들은 1장에서 언급된 수렵채집 부족 아그타족을 통해 이야기가 집단에서의 협력적 규범을 증진하기 위해 진화했다는 가설을 검증했다. 그들은 아그타족이 좋은 스토리텔링을 우대할 뿐 아니라 이야기에 담긴 친사회적 메시지가 실제로 먹혀들어 집단의 행동을 변화시킨다는 사실을 발견했다. 솜씨 좋은 이야기꾼이 있는 아그타족 집단은 단결되고 조화로운 팀으로서 더 훌륭히 협력했다.[39]

백문이 불여일견이듯 이 가설 전체를 압축적으로 보여주는 것은 1장의 코이산족 이야기꾼 사진이다. 다시 한번 페이지를 앞으로 넘겨 사진을 보면 당신은 이야기꾼이 부족을 단합시키는 광경에 경탄할 것이다. 사진 속 이야기꾼은 무리의 번영을 증진할 교훈이 담긴 이야기를 풀어내어 부족원들로 하여금 살과 살을, 마음과 마음을 맞대고 하나로 뭉치도록 했다. 내가 이 사진을 자꾸 언급하는 것은 '원시적' 사람들의 원시적 행동을 대표하기 때문이 아니다(코이산족은 원시인이 아니다). 개개인을 하나의 집단으로 엮어내는 이야기의 역할이 현재 진행형임을 시간을 초월하여 보여주기 때문이다.

도덕적이 아니라 도덕주의적

Not Moral, Moralistic

'이야기의 도덕'이라는 말을 꺼내기만 해도 반사적으로 발끈하는 이야기꾼과 비평가들은 내가 보기에 실제로는 두 가지 다른 것에 반대하고 있다. 첫째, 그들은 '이야기의 도덕'이 감상적인 방식으로 전달된다고 여겨 반대한다. 하지만 도덕주의적 이야기가 꼭 감상적일 필요는 없다. 우리의 윤리적 딜레마가 수월하다고 주장해서도 안 된다. 이를테면 HBO의 〈와이어The Wire〉는 비평가들 사이에서 시대를 통틀어 가장 위대한 텔레비전 드라마 후보로 손꼽힌다. 하지만 이 드라마는 미국이 벌이는 마약과의 전쟁이 양편의 투사들을 타락시킨 것에 슬퍼하고 분노하는 지극히 도덕주의적인 외침이기도 하다.

〈브레이킹 배드Breaking Bad〉와 〈소프라노스The Sopranos〉 같은 반反

영웅 드라마가 치밀한 스토리텔링으로 칭송받긴 하지만 그 속에 담긴 윤리적 메시지는 어떤 도덕주의 연극 못지않게 노골적이고 분명하다. 〈소프라노스〉 마지막 화가 지독히도 모호하게 끝난 탓에 우리는 주인공 토니 소프라노가 어떻게 됐는지 결코 알지 못한다. 하지만 한 가지는 분명하다. 악당 토니가 그 후로 오랫동안 행복하게 살 리는 만무하다. 만찬이 끝날 때까지 살아남을지는 모르지만 자신에게 남은 시간을 두려움에 떨며 살아갈 것이다. 마찬가지로 〈브레이킹 배드〉는 고등학교 교사에서 마약왕이 된 월터 화이트가 복부에 총상을 입은 채 콘크리트 바닥에 누워 있고 배경음악으로 배드핑거Badfinger의 1971년 히트곡 〈베이비 블루Baby Blue〉가 흘러나오는 장면으로 끝난다. 곡의 첫 소절은 이렇다. "내가 이걸 가질 자격이 있는 줄 알았는데."

많은 이야기꾼과 비평가들이 스스로가 '이야기의 도덕'에 반대한다고 생각하는 두 번째 이유는 그 자체로 지극히 도덕주의적이다. 이야기의 윤리적 성격으로 말할 것 같으면 역사상 가장 깐깐한 잔소리꾼은 대부분 엄격하고 편협하고 케케묵은 도덕주의를 내세우는 보수파였다(《국가》의 플라톤, 엘리자베스 시대 비평가 토머스 라이머Thomas Rymer, 20세기 들머리의 앤서니 콤스톡Anthony Comstock 등). 하지만 진보파 이야기꾼들이 이 꽉 막힌 도덕주의를 질타한다고 해서 그들 자신이 매서운 도덕주의자가 아니라는 뜻은 아니다. 〈와이어〉 작가들처럼, 따분한 보수주의적 도덕이 아니라 복잡하고 다층적인 도덕적 견해를 내세우고 있을 뿐이다. 그들은 자신이 무엇에 반대하는지 착각하고 있다. '이야기의 도덕'에 반대한다고 생각하지만 실은 보수주의적 도덕주의에 반대하는 것에 불과하다.

하지만 대부분의 이야기가 명시적이든 암묵적이든 도덕주의 이야기라면 히틀러의 고도로 극화된 인생 이야기 《나의 투쟁》은 어떨까? 그 책은 도덕적이었나? 큐클럭스클랜KKK 신화의 대중화와 전파에 톡톡히 일조했으며 영화 〈국가의 탄생The Birth of a Nation〉에 영감을 준 토머스 딕슨Thomas Dixon의 19세기 소설 《클랜스맨The Clansman》은 또 어떤가? 그 책은 도덕적 이야기였나? 물론 두 경우다 대답은 쩌렁쩌렁한 아니오!다.

그리고 '예'이기도 하다.

스토리텔링의 끈질긴 도덕주의에는 아주 어둡고 어두운 측면이 있는데, 이 논점은 이어지는 두 장에서 심층적으로 다룰 것이다. 여기서 내가 주장하는 것은 사악한 이야기를 쓰는 것이 불가능하다거나 모든 이야기에 누구나 수긍할 도덕적 메시지가 담겨 있다는 말이 아니다. 이를테면 낙태의 죄악에 대한 이야기는 현대 미국 독자를 정확히 양분할 것이다.

내 주장은 더 협소하다. 친사회적 주동인물이 반사회적 반동인물에 맞서 집단을 결속하는 도덕적 구조는 통계적으로 절대다수를 차지한다. 그렇기에 《나의 투쟁》은 그런 이야기다(유대인을 비롯하여 이 사회에 바람직하지 못한 자들은 문명의 최고 악당이며 그렇기에 박멸해야 한다). 《클랜스맨》은 그런 이야기다(흑인은 지배적 문화에 대해 실존적 위협이며 그렇기에 가차 없이 억눌러야 한다).

요약하자면 내 말은 이야기가 일반적으로 (보편적 원칙을 담았다는 점에서) 도덕적이라기보다는 도덕주의적이라는 것이다. 골치 아픈 문제 없이 흥미진진한 이야기를 쓰기 힘든 것과 마찬가지로 이야기꾼이 이야기의 어마어마한 도덕주의적 중력에서 벗어나는 것은 매우 힘들다. 문제 구조와 도덕주의 구조는 이야기꾼이 영락없이 공전해야 하는 쌍둥이별이다. 이 궤도에서 억지로 벗어나는 것은 가능하며 몇몇 이야기꾼은 실제로 시도하기도 했다. 하지만 그들이 발견한 것은 그들을 좇아서 보편문법의 아늑한 궤적을 떠나 싸늘하고 어두컴컴한 공허를 떠다니고 싶어 하는 사람이 거의 없다는 사실이다.

이야기에 지극히 도덕주의적이고 심판자적인 성격이 있음은 이야기story라는 낱말 자체에서도 알 수 있다. 고대 그리스어 히스토리아historía에서 왔으니 말이다. 역사history를 뜻하는 영어 낱말이 여기서 온 것은 분명한데, 이야기도 마찬가지다. 어원 히스토르hístōr의 가장 오래된 의미는 호메로스 시대 그리스어에서 쓰이던 용법으로 거슬러 올라가는데, 그것은 심판, 현자, 판사를 가리킨다.[40] 그렇다면 (역사 이야기를 비롯한) 이야기는 단순히 중립적인 사건 서술이 아니라 거기에 판단을 가미한 것이다.

이야기라는 낱말에 담긴 심판자적 의미는 고대 그리스의 지식과 더불어 사멸했다. 하지만 우리의 이야기에 담긴 판단은 그 어느 때보다 두드러진다. 미디어 심리학자 돌프 질먼 말마따나 이야기는 소비자를 "등장인물의 의도와 행동을 칭찬하거나 비난하는 도덕 감시자"로 탈바꿈시킨다.[41] 그리고 우리는 감시자 역할을 신나게 수행한다. 우리는 의분의 감각과 정의 실현의 만족감을 좋아한다. 문학자 노스럽 프라이Northrop Frye가 《비평의 해부Anatomy of Criticism》(1957)에서 말하듯 "잔혹한 스릴러의 멜로 드라마를 읽으면서 우리는 린치를 가하는 군중의 순수한 자기의自己義에 예술이 정상적으로 다가갈 수 있는 최대치까지 다가간"다.[42] 연구는 이를 뒷받침한다. 사람들은 범죄자가 용서받는 이야기보다는 처벌받는 이야기에서 더 큰 만족감을 느낀다.[43]

이 장에서는 이야기의 단호한 도덕주의가 집단 내 유대감에 매우 긍정적으로 작용한다고 주장했다. 다음 장에서는 집단 간 분열이라는 이야기의 단점에 주목한다. 이야기의 보편문법은 편집증적이고 보복적이다. 이야기는 우리에게 문제로 가득한 세상을 보여주면서 사태를 그르치는 자들에게 맞서라고 부추긴다. 말하자면 서사를 퍼뜨리는 것은 악당을 퍼뜨리는 것이며 악당을 퍼뜨리는 것은 분노, 판단, 집단 간 분열을 퍼뜨리는 것이다.

이 과정을 가장 효과적으로 설명하려면 우선 전문가들이 말하는 이야기의 가장 위대한 특징, 즉 공감을 만들어내는 역할을 살펴보아야 한다.

5. 모든 것이 산산조각 나면

THINGS FALL APART

점점 넓게 소용돌이치며 돌고 도는

매는 부리는 자의 소리를 듣지 못한다.

모든 것이 산산조각 나면, 중심이 지탱하지 못한다.

—윌리엄 버틀러 예이츠W. B. Yeats, 〈산산조각 나면(재림)〉

1994년 6월은 인류 역사상 가장 피비린내 나는 달 중 하나였다. 르완다 후투족이 난데없이 들고일어나 투치족 이웃과 동료를 학살하기 시작했다. 제2차 세계대전 동안 유대인 600만 명을 살해한 나치의 충격적인 '성과'는 대개 독일인의 (명성이 자자한) 조직력, 효율, 기계화 덕으로 간주된다. 하지만 후투족의 투치족 학살은 칼, 드라이버, 소수의 총기, 못 박은 방망이 마수masu, 무엇보다 마체테(machete: 밀림이나 숲속에서 벌채할 때 쓰는 칼—옮긴이) 같은 원시적 무기가 대부분이었음에도 시간 대비 훨씬 효율적이었다.[1]

이것은 결코 멀찍이서 단추를 누르는 식의 집단살해가 아니었다. 가까이서 베고 찌르는 집단살해였다. 나치의 시스템은 더없이 청결하고 위생적이었다. 집단 처형장에서 나치는 손에 피를 묻히지 않고도 살해할 수 있었다. 이에 반해 르완다의 **제노시데르**(génocidaires, 집단살해)는 피를 뒤집어써야 했다. 사람들을 이런 식으로 죽이려면 **정말로** 죽이고 싶어야 한다. 후투족 살인 부대는 넉 달에 걸쳐 시간당 333명의 투치족을 살해했다. 나치 살해 공장보다 세 배 빨랐다. 하지만 80만 명가량의 희생자 중 대부분은 6월 한 달간 목숨을 잃었다.

10년 뒤 르완다 전역에서 가족과 친구들이 라디오 주위에 옹기종기 모여 인기 드라마 〈새 여명Musekeweya〉에 귀 기울이는 동안 사회학자 연구진은 드라마가 사람들에게 어떤 영향을 미치는지 연구했다.[2] 〈새 여명〉은 치유 목적으로 특별히 제작되었다. 어느 모로 보나 평범한 드라마였지만 제작사인 네덜란드 비영리단체는 르완다 현지 인력과 손잡고 화해라는 주제를 셰익스피어적 플롯으로 엮어냈다. 드라마에서 젊은 연인은 함께 살아가기 위해 혈수(血讐: 죽기를 결심하고 갚으려는 원수—옮긴이)의 논리와 족외혼 금기를 저버린다.

사람들이 드라마에 매료되고 여가 시간에 열띤 토론을 벌이는 동안 연구자들은 다민족 르완다인의 대규모 표본을 추적했다. 시청자들은 드라마를 듣기 전에 한 번, 연구가 끝났을 때 다시 한번 자신의 사회적 태도에 대한 설문에 응답했다.

이 드라마는 만병통치약이 아니었다. 사랑하는 사람을 소생시키지도, 쓰린 기억을 지워주지도 못했다. 하지만 〈새 여명〉은 이야기의 공감 마법을 부렸다. 청취자는 다른 세계로뿐 아니라 '타인'의 입장으로도 이동했다. 드라마 덕분에 청취자는 상대방 민족이 자신과 똑같다는 사실을 인식할 수 있었다. 연구가 끝났을 즈음 청취자는 족외혼에 찬성하고 타민족을 신뢰하고 폭력이 아니라 대화로 차이를 해소해야 한다는 데 동의할 가능성이 커졌다.

이야기는 공감 기계다.[3] 이야기가 실제로 효과를 발휘하면 우리는 다른 세계로, 다른 마음속으로 이동한다. 이야기는 상상할 수 있는 가장 극단적인 방법으로 서로를 비非타자화하는 데 일조한다. '그들'이 '우리'가 되는 것이다. 최상의 성과를 거두는 이야기는 사람들의 차이가 신기루임을, 우리의 편견이 사실무근임을 보여준다. 연구를 하나만 소개하자면, 《해리 포터》를 읽는 아이들은 J. K. 롤링의 끝내주게 근사한 이야기뿐 아니라 그녀의 개인적인 관용적 태도도 흡수했으며 소수 인종과 동성애자 같은 소외된 '타자'에 대한 부정적 태도가 줄어들었다.[4] (최근 롤링의 트위터 게시물 때문에 성전환자에 대한 그녀 자신의 관용을 놓고 논쟁이 촉발되긴 했지만 이 사실에는 변함이 없다.)

역사학자 린 헌트는 《인권의 발명》(2007)에서 노예제, 가부장제, 사법적 고문 같은 고대의 인권 침해 관행이 느닷없고도 지속적으로 공격받은 이른바 1700년대 후반 인권 혁명의 원동력은 새로운 스토리텔링 형식인 소설의 부상이었다고 주장한다. 소설은 연극과 달리 사람의 외면적 언어뿐 아니라 내면적 생각과 감정에 까지도 직접적이고 전면적으로 접근한다는 환상을 독자에게 일 으켰다. 헌트에 따르면 소설은 가족, 집단, 국가, 성별을 뛰어넘어 공감하는 법을 사람들에게 가르쳤으며 그 과정에서 인류 역사상 가장 중요한 도덕 혁명의 촉매가 되었다.

헌트의 논증이 주로 기대는 토대는 소설의 부상과 보편 인권 개념의 탄생 사이의 의미심장한 상관관계다. 하지만 그녀의 주장 에 더 큰 타당성을 부여한 것은 이야기의 공감유발entactogenic 효과 에 대한 집중적인 연구들이었다. 연구에 따르면《톰 아저씨의 오 두막》같은 이야기는 백인 독자로 하여금 흑인에게 더 많은 공감 을 느끼도록 하는 것에 그치지 않는다. 공감은 일종의 근육이어서 픽션을 소비하여 단련할수록 점점 튼튼해진다. 널리 알려진 연구 들에 따르면 픽션을 많이 소비하는 것과 공감 능력 검사에서 높은 점수를 받는 것 사이에는 상관관계가 있다. 이 관계는 이미 높은 공감 능력을 가진 사람이 자연스럽게 픽션에 끌릴 가능성을 배제 해도 여전히 성립하는 듯하다.[5]

이 모든 이유 때문에 위대한 예술가, 사상 지도자, 과학자들은 편견과 부족주의를 타파하고 우리로 하여금 더 많은 유형의 인간 들에게 더 인도적으로 행동하도록 북돋을 최선의 방책으로서 이 야기를 치켜세운다. 하지만 당신의 뇌 뒤쪽에서는 꺼림칙한 기분 이 솔솔 피어오른다. 그 기분은 '이론·데이터 불합치bad theory-data fit' 라고 불린다. 그 어느 때보다 많은 이야기가 있는 지금 우리의 공감이 그만큼 늘어났나? 정치, 인종, 계급, 성별 같은 낡은 구분선을 뛰어넘어 서로를 더 깊이 이해할 수 있게 되었나? "누구에게도 악의를 품지 않고 누구에게나 자비를 베푸"는 일을 더 잘하고 있나? 지금 같은 이야기 과잉의 시대가 어느 때보다 덜 성마르고 덜 냉랭한가?

그래서 권위자들은 몇 가지 설명을 내놓았다. 이야기에 이 같은 진정 효과가 있다면 스토리텔링의 빅뱅이 일어났을 때 조화와 공감의 빅뱅이 덩달아 일어나지 않은 것은 왜일까?

공감적인 사디즘

Empathetic Sadism

소설가 존 가드너는 어여쁜 책 《도덕 소설에 대하여On Moral Fiction》(1978)에서 이렇게 말한다. "예술은 문명의 주된 방어 수단 중 하나요, 트롤(스칸디나비아 초기 민담에 나오는 거인으로, 인간에게 적의를 느끼기 때문에 성안에 살고 어두워진 뒤 주변 지역에 나타난다—옮긴이)을 못 돌아다니게 잡아두는 망치다."[6] 인용문은 예술 일반에 대해 말하고 있지만 그의 책은 구체적으로 이야기 예술에 초점을 맞춘다. 가드너는 통념적이고 오래된 정서를 효과적으로 표현하고 있다. 그의 말은 딱 옳기도 하고 영 그르기도 하다. 여느 사람과 마찬가지로 가드너가 (이야기 예술에 대한 사랑 때문에) 깨닫지 못하는 것은 트롤도 똑같은 서사적 망치로 무장하고 있으며 그것이 세계를 부수는 그들의 주된 연장이라는 사실이다.

실제로 (예사로운 강도질과 살인에 반해) 기업 규모의 거악이 드러날 때마다 그 바탕에는 언제나 이야기가 있다. 머리말에서 제시한 역사 법칙을 떠올려보라. 괴물은 언제나 괴물처럼 행동한다. 하지만 착한 사람을 괴물처럼 행동하게 만들려면 우선 터무니없는 거짓말, 음험한 음모론, 모든 것을 아우르는 정치적·종교적 신화 같은 이야기를 그에게 들려주어야 한다. (교회 안에서 자비를 애걸하는 투치족 수백 명을 도륙하는 것 같은) 악행을 선행으로 둔갑시키는 마법적 허구를 그들에게 들려주어야 한다.

라디오에서, 신문에서, 텔레비전에서 전파되는 선전 이야기에서 후투족 우월주의 신화의 설계자들은 투치족을 유해 침입종으로 묘사했으며 당장 박멸하지 않으면 틀림없이 들고일어나 후투족을 멸망시킬 것이라고 선동했다. 집단살해도, 또한 드라마 〈새 여명〉으로 인한 모든 치유도 현실과 이야기나라 사이의 얇은 막을 척척 통과하는 이야기에서 비롯한다. 하지만 아무리 따져보아도 증오와 분열을 조장하는 '후투족의 힘' 이야기가 사랑과 화해를 권하는 〈새 여명〉 이야기보다 힘이 셌다. 전자는 문명을 짓밟는 홍수처럼 몰아닥쳐 막을 뚫고 들어온 반면에 후자는 보일락 말락 한 물방울로 찾아왔다.[7]

하지만 학자와 언론인들은 〈새 여명〉의 물방울을 찬미할 뿐 대홍수에서도 이야기가 결정적인 역할을 한 것에 대해서는 일언반구도 없었다. 이것은 다음과 같은 전반적 패턴과 일맥상통한다.

사람들은 일반적으로 이야기를, 구체적으로 이야기의 공감유발 능력을 찬미하면서도 이야기가 선인 못지않게 악인을 향해서도 스스로를 열심히 판촉하는 용병이라는 사실을 전혀 보지 못한다.

후투족의 힘 신화는 공감에 역행하여 승승장구한 것이 아니며 그럴 수도 없었다. 사실 그 신화는 후투족에게서 어마어마한 공감을 불러일으켰다. 다만 그 공감은 투치족 '타자'의 고통에 대한 것이 아니라 후투족 내집단이 겪는 고통과 굴욕에 대한 것이었다. 심리학자 폴 블룸Paul Bloom은 공감이 언제나 좋은 것은 아니라고 주장한다. "우리와 비슷한 사람들, 더 매력 있어 보이거나 더 취약해 보이는 사람들, 또는 덜 무서워 보이는 사람들에게 공감하기가 훨씬 쉽다. 머리로는 흑인도 백인만큼 중요하다고 생각할지 모르지만, 백인은 흑인보다 백인의 입장에 공감하기가 훨씬 쉽다는 것이 일반적인 연구 결과다. 이런 점에서 공감은 편견과 거의 똑같은 방식으로 우리의 도덕적 판단을 왜곡한다."[8] 말하자면 외집단보다는 내집단에 공감하는 것이 훨씬 수월하다. 이런 탓에 이야기가 불러일으키는 공감의 주된 효과는 우리 대 그들의 경계선을 흐릿하게 하는 것이 아니라 오히려 진하게 덧칠하는 것인지도 모른다.

우리는 최악의 폭력을 저지르는 사람들을 보면서 공감 능력이 낮은 사이코를 떠올린다. 물론 그럴 때도 있지만 늘 그런 것은 아니다. 이를테면 자살폭탄 테러범은 공감에 흠뻑 젖은 채 죽음을 향한다. 적을 처단하는 행위를 부추기고 정당화하는 것은 자기 민족의 고통과 궁핍에 대한 깊은 공감적 연민이다. 자살폭탄 테러범의 지독한 증오는 지극한 사랑 때문이기도 하다. 그리고 그 모든 증오와 사랑을 그에게 심어준 것은 이야기다. 실제 역사, 옛 신화, 사악한 음모 이야기에 대한 깊은 몰입인 것이다.[9]

이렇듯 스토리텔링의 빅뱅은 실제로 공감의 빅뱅으로 이어졌다. 하지만 공감이 언제나 (점잖게 말해서) 우리가 바라는 대로 표출되지는 않는다. 이야기는 사람들을 좋은 부류와 나쁜 부류로 나누기 때문에 공감 한 조각을 만들 때마다 냉정함 한 조각을 만들어내는 셈이다. 공감을 불러일으키는 행위를 통해 공감의 정반대를 불러일으키기도 한다. 누군가 어쩔 수 없이 악역을 맡게 되더라도 그의 인간성에 대해서는 일종의 도덕적 맹인이 되는 것이다.

이야기가 좋으면 우리는 동일시 메커니즘을 통해 주동인물과 혼연일체가 되며 크게든 작게든 그와 사랑에 빠지기도 한다. 하지만 공감에 의존하는 또 다른 유형의 에너지를 받아들일 수도 있다. 이야기에서 생겨나 격렬하고 빠르게 순환하는 이 에너지는 증오다. 우리는 주동인물에게 고통을 가하는 악당을 증오한다. 이 고통은 공감에 기반한 동일시 메커니즘을 통해 우리에게 실제로 상처를 입힌다. 우리가 증오의 묘한 쾌감을 더 수월하게 경험하도록 고전적 반동인물은 대체로 평면적이고 단순하고 불변한다. 반동인물이 단순화되고 일반화되면 우리가 반동인물에게 느끼는 증오는 그가 대표하는 (것처럼 보이는) 집단으로 확대된다. 그런 반동인물로는 전형적 악당인 대학 사교클럽 회원도 있고 도심 갱단도 있고 뱀파이어 여인도 있고 월가 금융인도 있고 투치족의 뚱뚱한 고양이(fat cat: 탐욕스러운 부자를 비꼬는 표현—옮긴이)도 있다.

재닛 버로웨이는 문예 창작 안내서의 고전 《라이팅 픽션》에서 이렇게 말한다. "갈등은 소설의 기본 요소다. …… 삶에서 '갈등'은 대개 부정적인 의미를 함축하지만, 소설에는 희극적이든 비극적이든 극적인 갈등이 필수적이다. 왜냐하면 문학에서는 오직 문제만이 흥미롭기 때문이다."[10] 수많은 권위자가 확고한 신념을 품고서 이 기본적 통찰을 거듭거듭 설파하는 것을 보면 이것은 스토리텔링의 으뜸가는 (그리고 결코 양보할 수 없는) 계명일 것이다. 하지만 이야기꾼이 토대로 삼는 것은 어떤 종류의 갈등일까? 〈캐스트 어웨이〉와 〈마션〉 같은 영화에서, 또는 잭 런던의 고전적 단편소설 〈불을 지피다〉나 대니얼 디포의 《로빈슨 크루소》 1부 같은 문학 작품에서 보듯 갈등은 등장인물과 자연력 사이에 벌어질 때도 있다. 그리고 보니 한 남자가 보니것풍 구덩이에 말 그대로 떨어져 영화 내내 빠져나가려고 안간힘을 쓰는 이야기도 떠오른다(제임스 프랭코 주연의 〈127시간〉).

하지만 이야기꾼이 사회적 갈등에 치중하는 것은 분명하다. 버로웨이가 말하는 '문제'를 유발하는 압도적 요인은 사람들 사이의 갈등이다. 의지와 소망의 충돌이 격할수록 우리는 격하게 매혹된다. 사람들이 사회적 갈등 이야기에 가장 자연스럽게 끌린다는 사실을 뒷받침하는 근거는 이 이야기들이 상대적으로 풍부하다는 사실만이 아니다. 연구에 따르면 어린아이조차 다른 종류의 갈등 이야기에 비해서 사회적 갈등 이야기에 훨씬 이끌린다.[11]

이 모든 현상은 너무 친숙해서 당연한 것으로 치부하기 쉽다. 하지만 스토리텔링이 사회적 갈등에 집착하다 보면 인간 본성에서 가장 두드러지고 가장 추한 측면을 빚어내기 마련이다. 고전적 이야기는 세계를 '우리'(주동인물의 세계)와 '그들'(반동인물의 세계)로 나눈다. 그뿐 아니라 '우리'를 사악한 '그들'과 대조적으로 정의한다. 악당은 '못됐'으며, 결말에서 당하는 끔찍하거나 치욕적인 대접은 그들이 자초한 결과다. 프리츠 브라이트하우프트Fritz Breithaupt가 2019년 출간한 《나도 그렇게 생각한다》에 따르면 이야기는 "공감적인 사디즘"을 불러일으키는데, 이것은 "대부분의 사람들이 이타적 처벌의 상황에서 느끼는 정서적이고 지적인 기쁨"으로 정의된다.[12] 선인이 악인을 죽이거나 사로잡거나 능욕할 때 우리는 이런 기쁨을 느낀다.

내집단 호의, 외집단 적의

In-Group Amity, Out-Group Enmity

앞에서 주장했듯 이야기의 보편문법을 추구하는 인간적 욕구는 원시적 집단생활의 과제에 적응하는 과정에서 생겨났다. 이야기는 부족을 결속하는 규범을 이야기꾼과 청중에게 심었다. 호랑이가 아니라 공주가 되라고, 사회의 솔기를 뜯는 자가 아니라 바늘땀을 뜨는 자가 되라고 끝없이 훈계했다. 시적 정의라는 주제를 귀에 못이 박히도록 되풀이함으로써 이기적 악인보다 이타적 선인이 더 큰 보상을 받는다고 가르쳤다. 무리를 효율적으로 단합시키는 강력한 판타지가 있는 집단은 그런 판타지가 없는 집단과의 경쟁에서 승리했다. 그리고 이 옛 이야기꾼의 후손인 우리가 땅을 물려받았다.

하지만 우리의 오래된 스토리텔링 본능이 현대 사회의 빠른 변화에 발맞추지 못하고 있다면? 우리의 서사심리가 진화하는 내내 조상들은 작은 공동체를 이뤄 살며 혈연, 언어, 민족, 그리고 같은 문화적 정체성 이야기에 의해 하나로 뭉쳐 있었다.

이 작은 규모의 세상은 이제 사라지다시피 했으며 이를 대체한 국가들은 연결 고리 없는 무수한 사람으로 이루어졌다. 그럼에도 우리가 들려주는 이야기들은 사람과 사람을 부족으로 단결시키고 부족과 부족을 서로 대립시키는 해묵은 역할을 여전히 수행하고 있다. 우리 조상의 세계에서는 강 건너편 부족을 악마화하는 것이 실제로 필요한 일이었는지도 모른다. 위험한 경쟁자가 될지도 모르니까. 게다가 악인들에게 둘러싸여 있다고 상상하는 부족일수록 스스로에 더욱 매달리고 더 단단히 뭉친다.[13] (정치학자 칼 도이치Karl Deutsch는 이 안타까운 현실을 씁쓸하게 묘사한다. "국가는 과거에 대한 오해와 이웃에 대한 증오로 뭉친 사람들의 집단이다."[14])

하지만 이야기가 부족적 단합뿐 아니라 부족적 분열의 연장으로도 쓰이는 경향은 다문화적이고 다민족적인 사회에서도 줄어들지 않았다. 그 경향을 내버려 두면 이야기는 사회 내에서 극심한 부족적 갈등을 일으키며 어쩌면 문화적 분열과 심지어 내전 같은 참사로 이어질 수도 있다. 논의가 너무 막연하고 추상적으로 흐르지 않도록 구체적 장르인 역사 서사를 예로 들어 이야기가 어떻게 내집단 호의와 외집단 적의를 부추기는지 살펴보자.

"역사의 상처"

"The Sores of History"

철학자 앨릭스 로젠버그Alex Rosenberg는 과거를 이야기로 만들어야 할 보편적 필요성을 주장하는 책의 첫머리에서 "역사 서사가 틀렸음을 밝히"겠노라 말한다. 무슨 역사 서사를 말하는 걸까? 의아해하는 독자에게 로젠버그가 대답한다. "전부 다."[15]

로젠버그는 우리가 과거사를 안다는 사실을 부정하지 않는다. 역사가 덕에 우리는 피라미드가 언제 지어졌는지 알며 어떻게 지어졌는지도 조금은 안다. 미국독립선언문이 언제 서명되었고 어떻게 작성되었는지 안다. 제2차 세계대전이 언제 발발했고 이스라엘국이 어떻게 건국했는지 안다. 도서관에는 인명, 지명, 날짜, 사건에 대한 신뢰할 만한 역사 자료가 가득하다. 하지만 로젠버그의 주장에 따르면 우리가 이 자료를 엮어 사실들이 왜 그렇게 일어났고 그 모든 일이 무슨 의미인지 설명하려는 순간 역사가 혼란스러워지기 시작한다. 흐릿하게 기억나는 학교 수업과 그동안 본 온갖 영화, 어렴풋이 떠오르는 책과 다큐멘터리, 술집에서 누군가에게 들은 이야기 등은 우리의 집단적인 역사 기억이라고 불릴 수 있을 것인데,[16] 이처럼 우리가 머릿속에 넣어 다니는 역사가 바로 혼란의 주범이다.

이렇게만 보면 로젠버그는 따분한 만찬에 활기를 불어넣으려고 도발적인 언사를 내뱉는 손님처럼 보인다. 하지만 그의 논지는 더 거창하다. 그것은 모든 역사 스토리텔링이 대부분 그냥 틀린 게 아니라 위험하게 틀렸다는 것이다. 로젠버그의 이 말은 "과거를 되새기지 못하면 되풀이하기 마련이다"[17]라는 산타야나의 옛 격언에 대한 공격이다. 대부분의 사람들이 거부감 없이 받아들이는 저 클리셰 덕분에 역사 이야기꾼은 우리로 하여금 피비린내 나는 과거의 재앙을 반복하지 않게 해주는 진짜 이야기를 자신이 엮는다고 자부한다. 하지만 로젠버그가 보기에 피비린내를 일으킬 가능성이 더 큰 것은 과거를 되새기는(또한 잘못 되새기는) 쪽이다.

비슷한 맥락에서 언론인이자 에세이스트 데이비드 리프David Rieff는 경합하는 역사 이야기(대개 누가 누구에게 무엇을 했는지에 대한 논쟁으로 귀결된다)가 갈등 심화의 악순환을 불러오는 사례를 여럿 제시한다. 이런 "상충하는 순교사殉敎史"[18]를 암송하면 "역사의 상처"[19]에 딱지가 앉지 못해 치유가 되지 못한다. 중동과 발칸반도 같은 지역에서 역사 충돌이 분쟁으로 이어진 사례를 서술한 뒤 리프는 극단적인 제안으로 끝맺는다. "이 책을 아우르는 논점은 이따금, 아마도 꽤 자주 망각이 기억보다 낫다는 것이다."[20]

중요한 스토리텔링 장르인 역사는 이야기에서 일반적으로 발견되는 구조 패턴과 더불어 이야기의 건전한 효과와 유독한 효과를 모두 물려받았다. 4장에서 보았듯 역사가들이 부정적인 측면을 부각하는 성향은 픽션이나 언론에 뒤지지 않는다. 역사가들은 우리에게 갈등과 말썽을 뚜렷이 보여주며, 악당이 피해자를 위협하고 영웅이 문제를 해결하려고 출동하는 노골적인 도덕 문법을 제시할 때도 많다.

물론 모든 역사가 그렇게 날카롭고 선동적인 문법으로 이루어진 것은 아니다. 그러지 않는 역사에는 로젠버그와 리프도 찬성한다. 진짜 사실을 진짜 '같은' 이야기로 말끔하게 엮어내려는 충동에 저항하여 역사적 사실을 곧이곧대로 나열하는 학술적 서술 말이다. 하지만 여느 스토리텔링 형식과 마찬가지로 가장 성공하는 역사, 베스트셀러 목록에 올라가는 역사, 우리의 사회적 기억 저장고에서 가장 효과적으로 공간을 차지하는 역사는 과거의 무질서에 보편적 이야기 문법을 고스란히 적용하는 역사다. 그것은 착한 사람이 못된 사람과의 갈등에 휘말려 목숨을 걸고 싸우는 역사다. 또한 여기에는 강한 판단이 결부되는 경향이 있어서, 설령 착한 사람이 이기지 못하더라도 우리는 못된 사람을 비난하면서 만족감을 얻는다.

이런 까닭에 리프와 로젠버그는 역사가 일종의 역사적 허구이며 집단들을 서로 반대 방향으로 멀어지게 한다고 생각한다. 로젠버그는 으레 그러듯 비판의 수위를 낮추지 않는다. "역사가가 들려주는 이야기는 인류 문화의 어느 측면에 비해서도 더 깊이 고통과 죽음에 결부되어 있는 듯하다. 차차 보겠지만 눈물, 아픔, 고통, 살육, 때로는 인류 역사의 대부분에 걸쳐 저질러진 절멸에 대한 책임은 그들이 들려주는 가장 흥미진진한 이야기의 성격에 있다."[21] 그는 이렇게 꼬집는다. "(수 세기 동안) 민족, 언어, 종교 집단은 자신들이 박대, 차별, 심지어 집단살해적 탄압을 받았다고 주장하는 서사적 역사에 의해 부추김받아 다른 민족, 언어, 종교 집단을 박대하고 차별하고 집단살해적 탄압을 저질렀다."[22]

조지 오웰의 소설 《1984》의 유명한 심문 장면에서 고백자이자 심문자 오브라이언은 주인공 윈스턴 스미스에게 당 슬로건을 낭송하게 한다. "현재를 지배하는 자는 과거를 지배하고 과거를 지배하는 자는 미래를 지배한다." 슬로건에서 암시하듯 역사에서 관건은 진실을 포착하는 것이 아니라 권력을 포착하는 것이다. 이것은 "이야기꾼이 세상을 다스린다"를 빅 브러더식으로 표현한 것이다. 저 슬로건이 참이라면 우리의 역사 논쟁은 과거 시제 사실 못지않게 미래 시제 권력을 차지하기 위한 경쟁인 셈이다.

"과거는 외국이다"라는 말이 있다. 그렇다면 역사 이야기꾼이 우리에게 들려주는 과거는 무엇 하나 안정되지 않고 의미가 끝없이 달라지는 부조리하고 환각적인 나라다. 물론 여기에는 문헌학자나 고고학자에 의해 언제나 새로운 증거가 발굴되어 우리가 과거를 점점 온전하게 볼 수 있게 되는 탓도 있다. 하지만 이것은 역사가 끊임없이 변하는 현재를 비추는 거울의 방이기 때문이기도 하다.

서사적 역사는 무방비로 놓인 과거의 시신에 현재의 상상을 투영하는 행위로 정의할 수 있다. 역사는 무질서한 과거를 주무르고 편집하고 매만지는 행위며 그 목적은 현재의 필요성에 부응하는 정돈된 이야기를 만들어내는 것이다. 따라서 역사는 '그들'의 초상화이기보다는 우리의 근심, 우리의 강박, 우리의 고뇌, 우리의 권력 투쟁을 그린 '우리'의 자화상이다. 이 논점을 조금 분명하게 표현하자면, SF가 현재의 강박을 미래에 투사하는 장르라면 역사는 현재의 강박을 과거에 투사하는 사변적 서사 장르라고 말할 수 있다.

고매한 거짓말과 비루한 진실

Noble Lies and Ignoble Truths

플라톤은 《국가》에서 이렇게 말한다. 태초에 신들은 어머니 지구의 흙으로 인간을 빚었으며 인류는 한 형제자매로서 땅 위로 돌아났다. 통치하도록 운명 지어진 자들의 흙에는 황금이 섞였다. 군인으로 복무하도록 운명 지어진 자들에게는 은이 섞였다. 밭이나 부엌에서 땀 흘리도록 운명 지어진 평민에게는 청동이 섞여 뼈를 튼튼하게 했다. 부자가 결코 손에 물집이 잡힐 때까지 쟁기질을 하지 못하는 것은 이 때문이며 가장 천한 금속의 무게에 짓눌린 가난뱅이의 자식들이 결코 권좌에 오르지 못하는 것도 이 때문이다.[23]

하지만 플라톤은 자신이 지어낸 두 번째 신화에서 비천한 사람이 죽음 이후에 위대해지는 방법을 설명한다.[24] 에르라는 전사가 전투에서 목숨을 잃고 풀숲에 열흘간 누워 있다가 열이틀째에 되살아난다. 에르는 동료들에게 자신이 저승에 내려갔는데 모든 존재가 지나야 하는 길이 어떤 거대한 배의 숨은 구조처럼 뻗어 있더라고 말한다. 저승에서 선한 사람의 그림자는 하늘로 올라가 천 년간 천상의 기쁨을 누렸지만 악한 사람들은 지옥 같은 영토로 내려가 천 년간 끔찍한 벌을 받았다. 그런 다음 선한 혼과 죄지은 혼 모두 들판에 모여 환생을 기다렸다. 각 사람은 짐승이든 소박한 장인이든 권력과 육신의 즐거움을 탐하는 독재자든 자신이 원하는 그대로 다시 태어날 수 있었다.

이 두 가지 신화는 플라톤의 명언에서처럼 "고매한 거짓말"이다.[25] 플라톤이 묻는다. 이야기에서 가장 중요한 것은 무엇인가? 참인가, 좋음인가? 허구가 사람들을 덕으로 이끌어 서로를 형제로 대하게 한다면 거짓말이 진실보다 고귀하다고 플라톤은 결론 내린다.

플라톤은 굳건한 이성에 기반을 둔 미래 유토피아의 청사진을 그리는 일에 착수했다. 하지만 그 청사진이 자신과 같은 귀족에게 영원한 권력 독점을 선사하리라는 것은 얼마나 근사한 우연의 일치인지. 플라톤의 창조 신화는 기존 권력 구조를 자연적인 것으로 둔갑시킨다. 에르 신화는 불운한 사람들에게 자신의 운명을 누구 탓으로도, (지금의 표현으로는) 사회의 '구조적' 불평등 탓으로도 돌리지 말라고 말한다. 특권층이든 빈곤층이든 모든 사람은 저승에서 스스로 요청한 삶을 그대로 부여받았을 뿐이라고 말한다. 이렇듯 플라톤의 두 신화는 신분제를 자연스러울 뿐 아니라 공정한 것으로 포장한다.

제국은 전부 이와 비슷한 고매한 거짓말을 토대로 삼는지도 모르겠다. 위대한 아프리카계 미국인 작가 제임스 볼드윈James Baldwin은 미국의 건국 신화를 그 신화의 덕을 보지 못한 사람과 집단의 관점에서 절묘하게 묘사한다.

 미국 흑인은 백인 미국인이 애지중지하는 신화들을 결코 믿지 않았다는 점에서 매우 유리한 위치에 있다. 자신들의 조상이 모두 자유를 사랑하는 영웅이었다는 신화, 자신들이 세계 역사를 통틀어 가장 위대한 나라에 태어났다는 신화, 미국인이 전투에서 무적이고 평화 시에 슬기롭다는 신화, 미국인이 멕시코인과 인디언을 비롯한 모든 이웃 민족과 열등 민족을 언제나 정중하게 대했다는 신화, 미국인이 세계에서 가장 솔직 담백하고 활기차다는 신화, 미국 여성이 순수하다는 신화 말이다. …… 흑인은 백인 미국인에 대해 그보다 훨씬 많이 안다. 실은 부모가 자식에 대해 아는 것만큼 백인 미국인에 대해 알며 백인 미국인을 종종 그렇게 대한다고 말할 수 있을 정도다. 그들이 진실을 알고 고통을 감내하면서도 견지한 이 태도야말로 흑인이 전반적으로, 그리고 최근까지도 증오를 그토록 적게 발산한 이유인지도 모르겠다. 실제로 흑인들은 가능하다면 백인을 스스로 세뇌당해 살짝

미친 피해자로 치부했다.[26]

볼드윈이 묘사한 것은 미국예외주의 신조다. 말하자면 미국이 역사에 의해 선택받은 국가고, 자발적 탐험가, 개척자, 그리고 계몽과 자유의 빛을 무지몽매한 세계에 가져다주는 원대한 이상주의자고, (참된 미국인답게 겸손히 표현하자면) 자유와 자결을 위한 인류의 투쟁이 승리의 정점에 도달한 모습이라는 것이다.

이 반∗허구 목록은(이제부터 신화 1이라고 부르겠다) 지금 관점에서는 사뭇 한심해 보일지도 모르겠다. 하지만 우리는 스스로에 대한 이 고매한 거짓말을 수백 년에 걸쳐 공들여 지어냈으며 그 목적은 갈기갈기 찢어지려는 국가와 영토와 종교와 민족을 꿰매어 붙여 단일한 민족적 실체를 만드는 것이었다.

그런데 우리가 여러 세대에 걸쳐 그 거짓말을 지어내고 그 앞에 무릎 꿇은 뒤 1960년대 지식인과 운동가들이 그 거짓말을 허물었다. 그것은 그 거짓말이 허위와 뻔뻔한 누락으로 점철해 있었기 때문일 뿐 아니라 그 거짓말에 담긴 노골적인 정치성이 간파되었기 때문이기도 하다. 신화 1은 플라톤의 고매한 거짓말처럼 역사를 참칭한 권력정치(power politics: 이념이 아니라 권력 위주로 전개되는 정치―옮긴이)였다. 이제 뚜렷이 밝혀졌듯 저 거짓말은 여성과 소수자의 열등한 처지에 눈감았다. 노예무역의 광적인 잔혹함과 노예 해방 이후로도 계속된 흑인의 비참한 현실을 대수롭지 않게 치부했다. 북아메리카 대륙에서 원주민을 절멸하다시피 한 역사에도 침묵했다.

1960년대의 학자와 연구자들은 미국의 고매한 거짓말을 허물고 비루한 진실의 새로운 대항역사counterhistory를 구축했는데, 나는 이것을 신화 2라고 부를 것이다. 이제 미국 좌파의 지배적 이야기가 된 신화 2에서는 미국 역사의 찬란한 연대기가 일순간 꼴사납게 뒤집혀 갇힌 자, 빼앗긴 자, 살해당해 안식을 취하지 못하는 모든 영혼의 관점에서 새로 쓰였다. 비루한 진실의 어떤 판본에 따르면 미국(과 그로부터 생겨난 유럽)은 괴물 문명이 되었는데, 그 문명은 자신의 특별한 선함을 확고하게 믿은 탓에 더더욱 끔찍했다. 세상의 사악한 것 뒤에는 어김없이 미국이라는 거석상의 치즈 버거 기름 손자국이 묻어 있었다. 고매한 거짓말(신화 1)은 미국을 "언덕 위에서 빛나는 도시"(마태복음 5장 14절 "너희는 세상의 빛이라 산 위에 있는 동네가 숨겨지지 못할 것이요"에 빗댄 것으로, 미국 정계에서 미국을 등대로 묘사하여 미국예외주의를 선언하는 표현—옮긴이)로 그렸다. 이에 반해 비루한 진실(신화 2)은 미국을 모르도르(J. R. R. 톨킨의 소설 《반지의 제왕》에 등장하는 어둠의 땅으로, 암흑의 군주 사우론의 거점이다—옮긴이)의 심장으로 그렸으며 언덕 위의 빛은 사우론의 눈이었다.

'고매한 거짓말'에서 '비루한 진실'로의 변화는 단순한 도치였다. 백인은 세상의 짐을 짊어지는 존재에서 세상에 짐이 되는 존재로 바뀌었다. 미국을 관찰하는 데 쓰던 장밋빛 렌즈를 가져다 단순히 색깔만 짙게 했더니 모든 것이 핏빛으로 보였다. 백인은 영웅에서 악당으로 탈바꿈했으나 과장되고 왜곡되기는 매한가지였다. 신화 2는 여전히 미국예외주의 이야기다. 자기기만, 억압, 탐욕에서 비롯한 파괴에 예외적으로 뛰어난 것이긴 하지만.

두 가지 거대한 역사 서사 중 어느 쪽도 참이 아니다. 신화 1은 고매한 거짓이 아니고 신화 2는 비루한 진실이 아니다. 여기에는 두 가지 이유가 있다. 첫 번째 이유는 구체적이다. 신화 2는 '발견의 시대' 이후의 서구 문명을 규탄하는 검사의 일방적 논고로 볼 수 있으며 신화 1은 그와 마찬가지로 변호사의 일방적 변론으로 볼 수 있다. 하지만 둘 다 역사를 편집하여 빚어낸 왜곡이다. 하나에서 누락된 것이 다른 하나에서는 증폭된다. 한 벌의 카드를 둘로 나눈 불완전한 묶음을 합치면 완전한 묶음이 되듯 두 이야기를 합치면 완전한 역사와 비슷한 것을 얻게 된다. 반면에 두 가지 신화가 참이 아닌 두 번째 이유는 조금 추상적이다. 어느 신화도 참이 아닌 것은 둘 다 이야기며 이야기는 결코 참이 아니기 때문이다.

이 논리는 이해하기 까다롭지만 중요하다. 그것은 어떤 이야기도 실제로 일어난 적이 없다는 것이다. 삶은 일어났다. 추악한 일은 일어났다. 사람들이 살아가려고 안간힘을 썼으니 당연한 일이다. 하지만 어떤 이야기도 현재형으로 일어난 적은 없다. 이야기는 언제나 인공적이고 사후적事後的인 날조이며, 과거에 대한 미심쩍은 서술이다. 그러니 악당과 영웅, 선과 악이 등장하는 고도로 문법적인 역사를 맞닥뜨리면 정신을 바짝 차리기 바란다. 우리의 마음은 복잡한 현실을 처리할 때 서사적 단순화를 동원하도록 설계되었으며 이를 위해 보편문법을 마치 이야기 모양 거푸집처럼 경험에 욱여 누른다. 그러면 거푸집이 뒤죽박죽된 과거를 말끔한 역사적 허구로 빚어낸다.

책들의 전쟁

Battling Books

에이미 추아의 《제국의 미래》(2007)는 세계 역사를 통틀어 군사, 경제, 문화 영역에서 적수가 없던 비교적 소수의 나라가 겪은 흥망성쇠를 다룬다. 몽골제국, 고대 로마제국, 전성기 대영제국, 제2차 세계대전 이후 미국 같은 이른바 초강대국이 우위를 차지한 것은 무척 관용적인 사회였기 때문이다. 물론 모든 초강대국이 온갖 지독한 방식으로 지독히 차별적이었다는 건 말할 필요도 없다. 다만 경쟁 국가들에 비해 관용적이었다는 뜻이다. 그 결과 초강대국은 다양한 문화와 민족 집단으로 이루어진 인적 자본(재능과 힘)을 흡수할 수 있었다.

여기까지는 훈훈한 이야기다. 다양성에 대한 관용은 초강대국이 부상하기 위한 필수 조건이다. 하지만 결국 쇠퇴하고 무너지게 되는 계기이기도 하다. 추아가 거듭거듭 묘사하는 역사적 궤적에서 초강대국은 상대적 관용을 통해 번성하다가 변곡점에 도달하는데, 그러면 국가 정체성의 접착제가 더는 통하지 않아 오만 가지 인구 집단으로 이루어진 조각보가 정체성 솔기를 따라 뜯어지고 만다.

초강대국은 저마다 다른 유형의 사람들을 그러모은 뒤죽박죽 콜라주다. 그들을 한데 묶는 것은 지리상의 자연적 장벽도 지도에 그은 가상의 선도 혈연도 아니다. 공유된 가치와 공동의 집단 정체감을 강화하는 신화, 민담, 대중문화 같은 이야기다.

추아가 간파했듯 미국은 여느 초강대국과 마찬가지로 다양성에 무척 관용적이었다. 토착주의와 인종주의로 몸살을 앓긴 했지만 전 세계로부터 놀랍도록 다양한 이민자를 받아들였는데, 이것은 피와 땅에 의거한 것이 아니라 건국 선언에 천명된바 공유된 이상에 근거한 미국다움의 정의에 의거한 것이었다. 추아가 주장하듯 1960년대 혁명적 민권 법안이 통과된 뒤 미국은 마침내 "인종적·민족적 측면에서 역사상 손꼽힐 만큼 개방적인 사회로 성장하기 시작했"다.[27]

2020년 2월 제45대 대통령의 의회 국정연설을 시청하면서 추아의 책을 떠올렸다. 그는 여느 대통령처럼 "우리 합중국은 강건합니다"라고 선포했지만, 화면에 드러난 것은 우려스러운 나약함이었다. 처음은 탄핵 소추를 당한 대통령이 하원의장과의 악수를 거부하는 장면에서였고 마지막은 낸시 펠로시 하원의장이 대통령의 머리 위 의장석에 서서 대통령의 연설문 원고를 연극적으로 한 장 한 장 찢어발기는 장면에서였다. 하지만 내게 가장 우려스러웠던 것은 이러한 과시적 상호 경멸이 아니라 대통령의 발언에 대한 의원들의 반응이었다. 한편에 앉은 공화당 의원들은 얼굴에 진심 어린 황홀감을 띤 채 열광적으로 박수갈채를 보내면서 "4년 더!" "미국!"을 연호했으나 반대편에 앉은 민주당 의원들은 의자에서 꼼지락거리며 고뇌 섞인 불신과 명백한 고뇌를 오락가락하는 표정을 지었다.

우리는 대의민주주의에서 살아가는데, 이 말은 저 회의실에 있는 사람들이 우리를 대표한다는 뜻이다. 또한 그들이 우리를 대표한다는 것은 우리의 정치적 의사 표현을 대행한다는 뜻이다. 더 추상적인 의미에서 보자면 그들은 우리의 분노, 기능 장애, 우리가 간신히 억누르고 있는 폭력성의 소우주로서 우리를 대표한다.

그날 밤 내가 본 것은 미국이 둘로 갈라졌음을 보여주는 오싹한 증거였다(일부 정치인들은 아니라고 말하지만). 회의실은 정당의 선을 따라서뿐 아니라 정체성의 선을 따라서도 갈라졌다. 대통령의 얼굴이 줄곧 향하고 있던 쪽은 흐뭇한 표정의 백인 남성 비율이 압도적이었다. 보지 않으려야 보지 않을 수 없는 광경이었다. 그가 줄곧 외면한 쪽은 백인이 많긴 했지만 그 밖의 인종도 많았다. 나는 두려움에 떨며 잠자리에 들었다. 내가 목격한 상황은 결국 내전으로 치달을 것 같았다. (이런 생각이 너무 히스테리적인 것처럼 보인다면) 적어도 발전을 가로막고 가파른 국가적 쇠퇴를 가져오는 끝없는 냉전으로 이어질 것 같았.

첫 탄핵, 국정연설, 그리고 나머지 모든 사건은 코로나19 대유행이 몰아치면서 금세 잊혔으며 몇 달 뒤에는 미니애폴리스 경찰관들이 조지 플로이드를 무참히 살해한 사건으로 미국이 발칵 뒤

집혔다. 그 뒤로 무척 아름다운 장면들이 이어졌다. 온갖 인종의 사람들이 거리로 나와 인종 정의와 평등을 위해 행진했다. 잠깐이나마 미국의 인종 불평등에 대해 무언가 해야겠다는 초당파적 의지가 생겨나는 듯했다. 하지만 추한 장면도 있었다. 기물 파괴와 약탈이 일어났으며 가장 심란하게는 좌우파 극단주의자들 사이에 시가전이 벌어졌다.

조너선 스위프트의 《책들의 전쟁》(1704)에서는 도서관의 책들이 말 그대로 살아나고 그리스·로마의 지적 거인을 대표하는 진영과 현대 사상가를 대표하는 진영의 두 군대가 상반된 관념과 서사를 놓고 전쟁을 벌인다. 도를 넘은 비유처럼 보일지도 모르겠지만, 사실상 모든 대규모 인간 갈등은 (책에 쓰였든 아니든) 서사의 전쟁으로 귀결된다.

양편에서 서로 대치하던 시위대와 대통령 연설을 듣고 있던 의원들은 책들의 전쟁을 벌이고 있었다. 대부분의 좌파 시위대와 의원들은 신화 2의 이야기나라 어딘가에서 살고 있었다. 대부분의 우파 시위대와 의원들, 그리고 물론 마가MAGA나라의 가장 열성적인 주민들은 신화 1의 이야기나라 어딘가에서 살고 있었다.

모든 부족과 분파가 온라인과 길거리에 모여 분노의 함성을 지르는 지금 미국은 한때 나라를 단합시킨 공통의 이야기를 잃고 있는 초강대국처럼 보인다. 그렇다고 해서 겁에 질리는 것은 바보짓이다. 미국은 이보다 더한 시기도 헤쳐나왔으며 더 강해졌다. 하지만 안일하게 생각하는 것도 똑같은 바보짓이다. 에이미 추아가 지적하듯 위대한 문명은 스스로를 파멸시키는 일에 결코 실패하지 않으며 우리가 아직 완전히 파멸하지 않았다고 해서 그 과정에 있지 않다는 뜻은 아니다.

우리의 국가적 접착력을 무엇보다 확실히 검증하는 것은 파란만장한 역사만이 아니라 그 역사에 대해 우리가 지어내는 모순된 이야기들이다. 국가라는 집을 다시 뭉치려면 모두가 주동인물이 되어 같은 길을 따라나서도록 북돋우는 이야기를 지어내야 한다.

정확히 어떻게 해야 할지는 모르겠다. 하지만 어떻게 시작하면 좋을지에 대해서는 유망한 아이디어가 하나 있다.

악당 없는 역사

History Without Villains

어떻게 보면 이야기는 무질서한 정보를 찾아 예측 가능한 방식으로 조직화하는 유동적인 추상적 존재다. 이렇게 정보를 조직화하면 사람들에게 커다란 영향을 미칠 수 있다. 활력을 불어넣고 단결시키고 부족을 하나로 묶을 수 있다. 하지만 이야기는 현실을 왜곡하기도 한다. 이야기꾼은 언제나 가장 힘센 이야기 문법에 맞춰 현실 세계의 사실들을 비틀려는 유혹에 사로잡히기 때문이다. 사람들 사이에 퍼지는 소문이든 소설이든 페이지에서 솟아올라 우리의 상상을 채우는 미국 역사 이야기든 다 마찬가지다.

역사로 말할 것 같으면 이야기의 문법은 현대 사회의 문제들을 따로 떼어놓은 다음 역사에 다시 뛰어들어 우리의 근심에 책임이 있는 자들을 기소하고 형을 선고한다. 미국에서뿐 아니라 어디서나 역사 스토리텔링은 일종의 복수 판타지나 진배없을 때가 많다. 우리는 과거의 악인들을 되살리고 재판하여 (그들이 들어보지도 못한) 도덕률을 어겼다는 이유로 유죄 판결을 내린다.

이야기는 부족의 응집과 경쟁 둘 다를 위한 연장으로서 생겨났다. 부족을 응집하여 다른 부족과 더 효과적으로 경쟁할 수 있도록 했다. 하지만 이것은 오래전 과거의 단일문화 사회에서는 잘 통했으나 오늘날의 다문화 사회에서는 부족들을 국가 내에 융합하고 타국의 부족들과는 멀어지도록 한다. 우리의 역사 신화가 민족을 단결시킨 방법은 언제나 분열이었으며, 과거를 서술하는 방식을 근본적으로 바꾸지 않으면 언제까지나 그럴 것이다.

희망은 여기에 있다. 지금껏 문화와 역사를 넘나들며 전해진 이야기의 절대다수는 보편문법을 따른다. 그중에서도 갈등과 말썽을 강조하지 않으면서 (폭넓은 청중을 끌어들이고 만족시킨다는 특정한 의미에서) 성공한 이야기는 극히 드물다. 하지만 이야기의 도덕주의로 말할 것 같으면, 비록 이야기가 우리 본성의 심판자적 천사에게 대체로 호소하기는 하지만 무수한 예외로 보건대 꼭 그래야 하는 것은 아니다. 이것은 덜 분열적이고 덜 부족적이고 '우리'를 사악한 '그들'과 대조적으로 정의하는 습관에 덜 중독된 이야기를 들려줄 수 있다는 청신호다. 우리가 의지를 발휘할 수만 있다면 말이다.

처음부터 끝까지 비극으로 일관하는 영화 〈바벨〉의 정교한 플롯을 생각해보라. 미국인 부부가 영아돌연사증후군으로 아기를 잃고 아내는 총에 맞고 두 아이는 뜨거운 사막을 헤맨다. 여인에게 실수로 총을 쏜 사람은 어린 모로코인 형제 두 명인데, 이 사건은 결국 그중 한 소년의 죽음과 가족의 파멸로 이어진다. 미국인 아이 둘은 헌신적인 미등록 이민자 보모의 잇따른 판단 착오 때문에 사막에 버려졌으며 이 때문에 보모는 멕시코로 우악스럽게 추방된다. 모로코인 소년들은 일본인 수렵 애호가가 선물로 놓고 간 소총을 함부로 가지고 놀고 있었으며, 일본인의 딸은 엄마가 자살하자 실의에 빠져 스스로를 벼랑 끝으로 내몬다.

〈바벨〉은 극단적 갈등과 말썽을 선호하는 보편문법을 철석같이 따른다. 처음부터 끝까지 모든 등장인물은 끔찍한 문제에 휘말린다. 하지만 보편문법의 심판자적 측면은 전혀 찾아볼 수 없다. 〈바벨〉에는 나쁜 놈이 하나도 나오지 않는다. 이 영화에는 죽음의 그림자가 드리워 있지만 전체 플롯을 이끄는 원동력은 착한 사람들의 애정 어린 행동이다. 사람들 사이의 작은 연결, 사소해 보이는 부주의나 친절의 순간이 크나큰 고통의 나비효과를 일으킨다.

나는 〈바벨〉을 다시 보면서 허구적 악역이 얼마나 인위적인 것인지 절감했다. 물론 〈바벨〉 같은 영화의 주동인물도 인위적이긴 마찬가지다. 하지만 적어도 E. M. 포스터가 《소설의 양상Aspects of the Novel》(1927)에 쓴 명언처럼 그들을 "둥글게" 만들려는 노력을 볼 수 있다. 주동인물들이 낱말의 콜라주에 불과할진 몰라도 그들은 납작한 페이지에서 3차원 인간처럼 일어선다. 그들에게는 가족이 있고 남다른 버릇이 있다. 사랑하거나 미워하는 개가 있다. 극복하고 싶은 성격 결함이 있다.

소설이나 영화 대본 속 악당도 낱말의 콜라주에 불과하다. 하지만 그들이 페이지에서 일어서는 방식은 사뭇 다르다. 그들은 온전한 인간성이 부정되는 방식으로 단순화된다. 반동인물은 욕구 알고리즘을 실행하는 기계처럼 작동한다. 주동인물이 모험 과정에서 일종의 도덕적 각성(적어도 도덕적 진화)을 경험하는 것과 달리 반동인물은 도덕적으로 고정되어 있다. 진짜 소시오패스를 제외하면 이렇게 단순한 사람은 현실에서 찾아보기 힘들다. 이야기꾼이 지어낸 것 말고는.

〈바벨〉을 다시 보고 나서 떠오른 게 또 하나 있다. 그것은 우리의 역사 이야기에 우글거리는 악당들이 픽션 속 악당만큼이나 인위적일지도 모른다는 것이다. 그렇다면 우리는 〈바벨〉과 마찬가지로 악당이 전혀 없이 전개되는 역사를 구성하려고 노력해야 하는지도 모른다.

악당을 없애는 것은 추상적으로는 충분히 가능한 역사 서술 방법처럼 보이지만 냉혹한 현실을 대면하자마자 난관에 부딪힌다. 대서양 노예무역이나 홀로코스트나 르완다 집단살해 같은 대규모 참사를 서술하면서 어떻게 악당을 지목하여 비난하지 않을 수 있겠는가? 이것이야말로 플라톤이 권하는 고매한 거짓말, 과거를 지우고 고상하게 다시 쓰고 궁극적으로 현재의 불의를 영원한 미래로 확장하고 마는 거짓 아닐까?

한마디로 악당이 없는 역사는 그 자체로 매우 사악한 날조 아
닐까?

악마에 대한 공감

Empathy for the Devil

내가 십 대일 때 아버지와 함께 차를 타고 슈퍼마켓에 가던 일
이 기억난다. 맥락은 잊었지만 어쩌다 보니 토론 주제가 도덕심으
로 흘러갔다. 그때 아버지가 해준 말은 평생 내 머릿속을 떠나지
않았다. "아빠도 범죄자보다 나을 게 없단다. 물론 평상시라면 프
라이스초퍼 마트에 가서 돈을 주고 빵을 사겠지. 하지만 아빠가
가난하고 너희는 쫄쫄 굶고 엄마는 자포자기 상태라면 가게에 들
어가서 빵을 훔칠 거야. 더 나쁜 짓을 저지를지도 몰라. 마약을 팔
거나 빈집 털이를 할 수도 있어. 그러면 사람들이 아빠를 범죄자
라고, 나쁜 놈이라고 부르겠지. 하지만 빵을 살 돈이 있으면 착한
사람으로 불린단다. 하지만 아빠는 착한 사람이 아니라……" 여기
서 아버지는 말을 멈추고 적당한 낱말을 찾으려고 궁리했다. "선善
이라는 사치를 누리는 사람일 뿐이야."

미숙하고 어리석은 소년이던 당시에도 저 문구의 힘과 이면의
논리는 내게 충격적이었다. 선은 타고난 성격 특질이라기보다는
사치품이며 부유한 사람은 쉽게 누릴 수 있지만 다른 사람들은 훨

씬 비싼 값을 치러야 한다.*

아버지가 아셨는지는 모르겠지만 저 말에는 도덕철학 분야에서 발견된 중대한 통찰의 정수가 담겨 있었다. 이것은 물리학이나 화학의 중요 원리와 같은 수준의 발견이다. 하지만 이 발견에는 (심지어 철학자들 사이에서도) 논란의 여지가 있다. 도덕적 책임의 토대를 허물고 나쁜 행동의 책임을 물을 근거를 무너뜨리는 것처럼 보이기 때문이다.

그 획기적 발견은 다음과 같다. 일반적으로 우리는 도덕심이 우연의 발로가 아니라 개인의 타고난 성격에서 비롯한다고 여긴다. 하지만 독자적으로 비슷한 결론에 도달한 두 편의 논문에서 철학자 토머스 네이글Thomas Nagel(1979)과 버나드 윌리엄스Bernard Williams(1981)[28]는 사람들이 도덕적으로 행동하는지 여부가 카드놀이처럼 운에 좌우된다는 사실을 밝혀냈다. 우리 아버지는 중산층의 안락한 형편 덕에 절도의 유혹에 저항할 수 있었던 것이 아니다. 그런 유혹을 아예 느끼지 않았다. 만일 삶이 아버지에게 끗발이 나쁜 카드(여기에는 우리의 모든 심리적 특질 이면에 놓인 유전적 카

---

* '빌런villain'이라는 낱말은 1800년대 초까지는 이야기의 악한 인물을 가리키는 말로 흔히 쓰이지 않았다. 온라인어원사전Online Etymology Dictionary에 따르면 그전 몇 세기 동안 '빌런'은 그저 비천한 사람, "소작농, 자영농, 평민, 하층민, 시골뜨기"였다. 하지만 시간이 지나면서 C. S. 루이스가 "신분 낱말의 도덕화"(Lewis 1959, 21, 118)라고 부른 과정을 거쳐 일반적 욕설로 바뀌었다가 '악인'의 비슷한말이 되었다. 그러니 우리의 기본적인 스토리텔링 어휘에는 악인이 일반적으로 비천한 태생일 것이라는 (도덕적으로 무신경한) 가정이 스며 있는 셈이다. 이런 어휘 변화는 "부도덕한 행동"이 개인의 소관을 넘어선 경제적 조건 탓이라는 인식에서 비롯한 것이 아니다. 가난한 사람들이 지갑이 아니라 혈통의 타고난 빈곤 때문에 도덕심이 낮다는 정반대 가정에서 비롯했다.

드도 포함된다)를 건넸다면 죄악의 유혹을 훨씬 강렬하게 느꼈을 것이고 굴복할 이유도 훨씬 많았을 것이다.

이것이 철학적 발견이라기보다는 뻔한 소리처럼 들린다면 제2차 세계대전 이전 독일에 살던 가상의 쌍둥이 형제를 예로 들어보겠다.[29] 두 젊은이는 본성적 측면에서나 환경적 측면에서나 도덕적 행동을 결정하는 모든 요인이 사실상 동일하다. 하지만 한 명은 나치가 권력을 잡기 몇 년 전 일자리를 찾아 미국으로 이주하고 나머지 한 명은 독일에 남는다. 제2차 세계대전이 발발하자 쌍둥이는 각자의 나라를 위해 싸운다. 그리하여 한 사람은 비난받아 마땅한 나치 돌격대로 역사에 기록되고 다른 사람은 '미국의 위대한 세대'(톰 브로코Tom Brokaw의 《위대한 세대The Greatest Generation》에서 딴 용어로, 1901년과 1927년 사이에 태어나 대공황의 여파 속에서 성장해서 제2차 세계대전을 겪고 이후 미국의 전후 부흥을 이끌어낸 미국인을 일컫는다—옮긴이)를 이끈 영웅으로 기록된다.

하지만 어떻게 한쪽을 비난하거나 칭송할 수 있겠는가? 각자의 선택은 타고난 도덕적 나침반이 아니라 주변 상황에 좌우되었다. 미국인 쌍둥이가 우연히 독일에 남았다면 상황 때문에 악인으로 역사에 기록되었을 것이다. 독일인 쌍둥이가 형제를 따라 미국에 갔다면 그 또한 영웅으로 기록되었을지 모른다.

어떤 사람의 행동을 도덕적이거나 비도덕적으로 분류하려면 그에게 실질적 선택권이 부여되었어야 한다. 누군가 당신을 제압하여 억지로 총을 쥐여주고 방아쇠를 당기게 했다면 아무도 당신을 비난하지 않을 것이다. 쌍둥이 형제가 그 문제에 대해 실질적 선택권이 없었다는 주장, 한 사람을 비난하고 한 사람을 칭송하는 것이 감정적으로는 만족스럽지만 도덕적으로는 무신경하다는 주장에는 일리가 있다. 둘 중 어느 쪽도 칭송받거나 비난받아 마땅한 사람이 아니다.

많은 사람이 독일인 쌍둥이가 저항했어야 한다고, 나치 정권의 악행을 간파했어야 한다고 강변할 것이다. 하지만 어떻게 그럴 수 있었겠는가? 그는 영화 〈트루먼쇼〉의 파시스트 버전 속에서 살고 있었으며 그가 주입받은 모든 정보는 일관된 이야기를 들려주었다. 당신은 자신이 독일인 쌍둥이의 처지였다면 나치 이념의 사악함을 간파하고 선전을 꿰뚫어보고 군국주의와 증오의 밀물에 굳게 맞섰을 거라 상상하고 싶을 것이다. 아주 뻔뻔하다면 심지어 영웅처럼 떨쳐 일어나 저항하다 순교자처럼 쓰러졌으리라는 환상을 품을지도 모르겠다.

하지만 이것은 애처로운 오만이다. 나치 시대의 열광에 저항한 독일인은 놀랄 만큼 적었으며 떨쳐 일어난 사람은 더더욱 적었다.[30] 열광한 사람들은 영웅과 악당의 서사시적 이야기에 의해 서사이동되어 불신의 능력을 유예한 것이었다. 불신을 유예하지 못한 사람들은 대부분 겁에 질려 순응했지만, 그렇다고 해서 나치에 찬동한 것은 아니었다.

나치의 범죄, 또는 당신이 떠올릴 수 있는 대규모 악행에서 가장 충격적인 대목은 대부분 (수많은 이야기꾼이 말하는 것과 달리) 악랄한 평면적 인물이 저지르지 않았다는 것이다. 우리 같은 입체적 인물이 저질렀다.

노예제로 말할 것 같으면, 아프리카인 노예 1250만 명을 구입 하여 이용한 유럽인 조상들에 비해 우리가 도덕적 우위를 주장할 수 있는 것은 어떤 의미에서일까? 천 년이 넘도록 노예로 잡힌 수 백만 명을 부리고 학대하면서 또 다른 수백만 명을 서구뿐 아니라 나침반의 모든 방향으로 수출한 아프리카인 조상들보다 우리가 나은 것은 어떤 의미에서일까?*

우리가 도덕적 우위를 주장할 수 있는 것은 다음과 같은 제한적 의미에서뿐이다. 우리는 조상들이 몰랐던 사실을 안다. 그것은 노예 제가 절대적으로 나쁘다는 사실이다. 하지만 이 도덕적 우위는 무 척 허술하며 전적으로 운에 달렸다. 당신이 불운하게도 20세기 전 반기에 독일에서 태어났다면 아마도 나치 편에 섰을 것이다. 19세 기 중엽 미국 남부에서 백인으로 태어났다면 남부연합Confederacy 편에 섰을지도 모른다. 18세기나 19세기 아프리카 서부 다호메이 왕국에서 힘장사로 태어났다면 무시무시하고 가차 없는 노예 사

---

*   역사들은 아프리카가 대서양 노예무역의 피해자일 뿐이라는 통념을 지지하지 않는다. 트레 버 버나드Trevor Burnard는 학계의 통설을 이렇게 요약한다. "역사가들의 최근 연구로 인해 분 명해졌듯 대서양 노예무역의 양상을 결정한 주요 행위자는 아프리카의 상인과 통치자였다. 유 럽인은 그들의 묵인하에 아프리카로 들어갔으며 노예를 비롯한 상품의 입수는 현지 지도자 에게 달려 있었다. …… 무역의 실행은 대체로 아프리카인의 명령을 따랐으며 19세기 후반 유 럽 식민주의가 본격적으로 시작되었을 즈음 대서양 노예무역은 대부분 끝나 있었다"(Burnard 2011, 83). 한마디로 학자들에 따르면 대서양 노예무역은 유럽인이 아프리카인에게 저지른 행위 가 아니다. 힘센 아프리카인과 유럽인이 약한 아프리카인에게 저지른 행위다(Gates 1999, 2010; Heuman and Burnard 2011; Mann 2011; 특히 Thornton 1998을 보라).

냥꾼이었을 것이고 왕에게 영광을 돌리기 위해 해마다 포로 수백 명, 아니 수천 명을 제의적으로 도륙했을 것이다.[31] 이런 가정은 거의 무한대로 뻗어나갈 수 있다. 인류 역사의 피비린내 나는 연대기를 통틀어 사실상 모든 문화에서 비슷한 사례를 찾을 수 있다.

나치, 남부연합 백인우월주의자, 아프리카 다호메이 전사의 행동은 우리가 보기엔 악랄하지만 그들에게는 정상적이고 심지어 고결했다. 그들은 우리보다 못된 사람이 아니었다. 도덕적으로 불운하게도 (이제 와서 보기에) 악한 것을 선한 것으로 잘못 정의한 문화에서 태어났을 뿐이다. 그런 상황에서 태어났다면 우리 또한 똑같이 행동했을 것이다.

언젠간 우리 후손들이 과거를 돌아보며 공장식 축산이나 고삐 풀린 탄소 경제처럼 우리가 아는 죄뿐 아니라 우리가 알았어야 마땅한 죄까지 거론하며 우리 중에서 가장 계몽된 사람들에 대해서조차 비난을 가할 것이다. 우리가 서로를 악당으로 몰아세운 것을 보고서, 도덕적 판단의 지독한 위선을 보고서 어안이 벙벙할 것이다. 백인과 흑인, 진보와 보수, 신자와 불신자, 여성과 남성이 상대방의 도덕주의 연극에서 악당으로 단순화된 것을 보고서 말문이 막힐 것이다. 우리는 상대방을 악당으로 만들어 그를 비인간화함으로써 (증오까지는 아니더라도) 고결함에 탐닉할 수 있는 자유 이용권을 스스로에게 발급한다. 그러면서 스스로를 악당으로 만든다.

이것은 우리 조상들의 악행을 문제 삼아서는 안 된다거나 배상 의무를 면제해줘야 한다는 뜻이 아니다. 서툰 판단으로 우리의 도덕적 행운을 도덕적 선함으로 착각해서는 안 된다는 뜻이다. 그것은 일용할 빵을 훔칠 수밖에 없는 가난뱅이를 욕하고 그러지 않아도 되는 부자를 칭송하는 것만큼 무신경한 처사다.

그렇다면 과거에 대한 이런 사고방식에서 벗어나는 데 필요한 것은 악마에 대한 공감이다. 우리는 약한 자, 가난한 자, 갇힌 자, 피해자 같은 이 땅의 비참한 사람들에게 공감하는 법을 찾아야 한다. 이 도덕적 명령을 이해하는 것은 힘든 일이 아니다. 이 정신은 영원한 윤리적 지혜에 담겨 있다. "하느님의 은총이 아니었다면 나도 저렇게 되었을 테지"(영국의 종교인 존 브래드퍼드John Bradford가 런던탑에 수감되었을 때 한 죄수가 처형장으로 가는 광경을 보면서 한 말—옮긴이).

하지만 역사의 악당과 가해자에 대해 우리는 공감적 상상력을 발휘하지 못한다. 노예 상인, 이단 심문관, 스페인 정복자, 제노사이드를 보면서 하느님의 은총이 아니었다면 자신도 틀림없이 그렇게 되었을 것임을 인정하지 않는다. 악마는 '남'이 아니다. 악마는 우리다. 그런 처지로 태어났다면, 나도 당신도 그렇게 되었을 것이다.

6. 현실의 종말

THE END OF REALITY

인간 세계는 이야기로 이루어져 있어요. 사람이 아니라요. 이야기가 자신을 드러내기 위해 이용하는 사람들을 비난하면 안 됩니다.

—데이비드 미첼,《유령이 쓴 책》

1944년 심리학자 프리츠 하이더Fritz Heider와 그의 조교 마리아네 지멜Marianne Simmel은 짧고 조잡한 애니메이션을 하나 제작했다.[1] 두 사람은 판지에서 오려낸 도형을 투명 유리 위에서 움직이며 스톱모션 애니메이션 기법으로 촬영했다. 이렇게 만든 무성 영화에서는 작은 세모, 큰 세모, 작은 동그라미가 네모 주변을 바쁘게 돌아다닌다. 네모 한쪽에서 문이 열렸다 닫혔다 하는데, 이따금 도형이 안에 들어가기도 한다. 동영상 막판에 작은 동그라미와 작은 세모가 화면에서 사라지고 큰 세모가 큰 네모에 부딪혀 네모

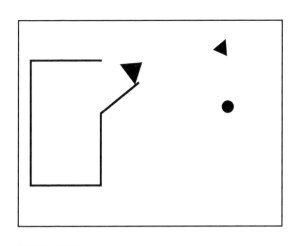

하이더와 지멜의 동영상에 나오는 장면을 새로 그린 것.

가 부서진다. 하이더와 지멜은 피험자 114명에게 동영상을 보여주고는 아무 설명 없이 무엇이 보였느냐고만 물었다. (아래 문장을 읽기 전에 유튜브에서 하이더와 지멜의 90초짜리 동영상을 보기 바란다.)

내가 이 짧은 동영상을 본 것은 영상이 제작된 지 약 65년 뒤였는데, 단순한 도형이 고전적 3막 러브 스토리로 바뀌는 광경에 매료되었다. 1막: 연인 사이인 작은 동그라미와 작은 세모가 나란히 화면에 등장한다. 2막: 큰 세모가 작은 동그라미에게 눈독을 들인다. 뾰족한 코를 찔러 넣어 연인을 갈라놓은 다음 작은 동그라미를 자기 집(열렸다 닫혔다 하는 큰 네모)에 몰아넣고는 구석에 가두려 한다. 3막: 다행히도 작은 동그라미가 음탕한 큰 세모에게서 빠져나와 밖에 있던 애인과 재회한다. 둘은 큰 세모의 거센 추격을 받으며 나란히 집 주위를 달린다. 마침내 연인이 화면 밖으로 달아나고 큰 세모는 분통을 터뜨리며 자기 집 벽을 들이받아 무너뜨린다.

이 동영상을 학생들에게 보여주었는데, 그들의 반응은 놀랍고 당혹스러웠다. 많은 학생이 나처럼 러브 스토리를 보긴 했지만, 어떤 학생들은 추악한 가족극이나 〈바보 삼총사The Three Stooges〉를 연상시키는 슬랩스틱 코미디를 보았다고 확신했다. 나는 동영상의 로르샤흐 검사(피험자에게 잉크 무늬를 보여주고서 자신이 보는 물체가 무엇인지 묘사하게 하는 심리 검사로, 여기서는 같은 사물이나 현상을 저마다 다르게 해석하는 것을 일컫는다—옮긴이)적 요소에 매혹되어야 마땅했으나 그러지 못했다. 적어도 처음에는. 오히려 하이더와 지멜이 **분명히** 말하려던 '진짜' 이야기를 학생들이 보지 못하는 것에 복장이 터졌다.

당시에 나는 하이더·지멜 동영상이 유튜브에 올라와 있다는 것만 알았을 뿐 원래 학술 논문을 읽어본 적이 없었다. 논문을 읽고서 학생들이 동영상을 이해하지 못한 것에 대한 나의 당혹감이 잘못임을 깨달았다. 이해하지 못한 쪽은 나였다. 몇 년 뒤에야 이 동영상이 이야기 역설의 절묘한 사례임을 알아차렸다. 동영상은 우리의 스토리텔링 애니멀 본성에 대해 놀라운 사실을 드러내는 동시에 무척이나 무시무시한 사실을 귀띔한다. 인류의 가장 크고 깊은 악의 뿌리를.

1944년 논문에 언급되지는 않았지만 하이더는 훗날 자서전에서 자신의 유명한 동영상을 구상할 때 막연하게나마 이야기 상황을 가정했다고 설명했다. "나는 동영상의 동작을 계획하면서 작은 세모와 원을 한 쌍의 연인이나 친구로 생각했으며 큰 세모를 그들 사이에 끼어드는 악당으로 가정했다."[2] 하이더는 명확한 플롯을 구상한 게 아니라 설정, 갈등, 해결로 이루어진 열린 얼개를 구상했으며 이것은 그가 구상한 버디 무비나 로맨스뿐 아니라 다양한 기본 플롯과도 맞아떨어졌다.

동영상이 본질적으로 모호한데도 해석들이 비슷하게 수렴하는 것은 인상적이다. 이를테면 원래 실험에서는 동영상을 시청한 114명 중에서 97퍼센트가 이야기를 보았다. 게다가 사람들이 본 이야기에는 확고한 규칙성이 있었다. 첫째, 도형의 모양과 움직임은 허둥대는 딱정벌레를 더 닮았지만 거의 모든 사람이 무의식적으로 도형을 벌레가 아니라 말썽에 휘말린 사람으로 보았다. 또한 대부분의 피험자는 무의식적으로 둥근 도형을 여성으로, 뾰족한 도형을 남성으로 간주했다. 무엇보다 절대다수의 사람들은 동영상을 기본적으로 주동인물 대 반동인물의 대립으로 보았다. 큰 세모는 악인이고 작은 도형 두 개는 선인이었다. 도형에 부여한 성격 특질도 비슷했다. 큰 세모는 심술궂고 작은 동그라미는 겁이 많았다.

하지만 해석의 차이도 그에 못지않게 인상적이었다. 이를테면 사람들이 가장 흔하게 본 이야기가 삼각관계이긴 했지만 내가 본 삼각관계와 완전히 같지는 않았다. 어떤 피험자들은 큰 세모가 작은 세모에게 오쟁이를 져 억울한 쪽이라고 확신했고 또 어떤 피험자들은 작은 동그라미가 큰 세모와 사귀고 싶어 했다고 생각했다. 빼는 쪽은 그녀가 아니라 그였다는 것이다. 하지만 전혀 러브 스토리로 보지 않은 경우도 많았다. 어떤 피험자들은 큰 세모가 가족을 학대하는 가정 폭력 이야기를 보았다. 또 어떤 피험자들은 순박한 바보인 큰 세모를 꼬맹이 침입자들이 괴롭히는 광경을 보았다. 한 피험자는 큰 세모가 마녀고 아이 둘을 잡으려 한다고 생각했다.

그동안 나는 수업과 대중 강연에서 하이더·지멜 실험을 수십 차례 비공식으로 진행했으며 참가자 수는 도합 수천 명에 이른다. 피험자들이 이런 단순한 도형에 독특한 이야기와 의미를 투사하는 광경은 매혹적이었다. 사람들의 다양한 반응으로 보건대 우리는 동영상을 볼 때 이야기를 경험하는 게 아니라 억제할 수 없는 일련의 대뇌 반사를 통해 창작한다.

심지어 명확한 플롯이나 의미를 염두에 두지 못하도록 동영상을 거꾸로 돌려도 사람들은 여전히 이야기를 본다. 나는 동영상을 거꾸로 돌려 보면서, 마치 비디오테이프리코더에서 뒤로 가기 단추를 누르던 아련한 기억처럼 삼각관계 이야기가 역순으로 전개될 거라 기대했다. 그런데 나의 러브 스토리가 〈시계태엽 오렌지〉의 한 장면으로 바뀌는 것을 보면서 입을 다물 수 없었다. 악당이던 큰 세모는 이제 동작이 굼뜬 주동인물이 되어 한 쌍의 난폭한 무정부주의자 테러리스트들에게 공격당하고 있었다.

이 사례의 요점은 사람들이 단순한 애니메이션을 어떻게 해석하는가에 국한되지 않는다. 요점은 이것이야말로 스토리텔링 애니멀이 늘 하는 일이라는 것이다. 우리는 모호한 현상에 의미 있고 안도감을 주는 이야기 구조의 질서를 부여하려 안간힘을 쓴다. 사람마다 마음과 경험이 다르기 때문에 (유명 영화를 볼 때와 마찬가지로) 똑같은 이야기를 보는 데는 번번이 실패할 테지만.

게다가 단순한 애니메이션의 해석은 하찮기 그지없어 보이지만 이 효과는 중요하기 그지없는 경험의 영역을 헤집고 다닌다. 그 이유는 무엇보다 우리가 보는 이야기가 분열을 일으킬 수 있기 때문이다. 우리는 혼란스러운 사건을 경험할 때 혼돈에 질서를 부여하려고 자연스럽게 이야기를 지어낸다. 하이더·지멜 동영상에 대한 가장 전형적인 반응에서 보듯 우리는 혼돈을 피해자, 악당, 영웅의 도덕주의적 삼파전으로 다듬고 싶어 한다.

하이더·지멜 효과에서 드러나는 이야기 심리가 모든 악의 뿌리는 아니다. 하지만 이 소박한 실험은 가장 비극적인 악의 뿌리를 파고든다. 어느 모로 보나 착한 사람들도 이 악에 사로잡힌다. 내가 말하는 악은 종종 아무런 타당한 이유 없이 이야기에 빠져들고, 끈질기게 이야기에 매달리고, 이야기로 하여금 자신의 세계관을 형성하고 실제로는 존재하지 않는 패턴을 세상에 투사하도록 허락하는 인간적 성향이다.

하이더·지멜 동영상을 상영할 때마다 '진짜 이야기'를 둘러싼 논쟁은 곧잘 시끌벅적했지만 언제나 화기애애했다. 사람들은 지적으로나 정서적으로나 자신의 해석에 집착하지 않았다. 하지만 동영상에서 적나라하게 드러난 바로 그 서사심리를 (1) 이론상 진위를 판단할 수 있는 진실이 존재하고 (2) 애니메이션을 해석하는 것보다 중요한 문제가 결부된 상황에 대입하면 사람들은 자신의 허구에 몰입하여 싸움을 벌일 것이다.

가끔은 내가 하이더·지멜 효과라고 부르는 것으로, 즉 모두가 같은 영화를 관람하면서도 저마다 다른 이야기를 보는 경향으로 현대 생활의 부글거리는 분노와 혼란을 모조리 설명할 수 있겠다는 생각이 든다. 기술적·문화적 변동으로 인해 이 효과가 증폭된 작금의 상황에서 우리는 현실의 기본적 형태에 대해 합의된 서사에 도달하기가 그토록 힘든 이유를 짐작할 수 있다.

당신은 서사의 주인이 아니다… 서사가 당신의 주인이다

You Don't Have a Narrative . . . Narrative Has You

내가 이 책에서 언급하는 과학적 발견은 사람들이 어떻게 결정을 내리고 생각을 바꾸는가에 대한 견해를 대폭 변화시켰으며 지금도 변화시키고 있다. 그 낡은 견해는 우리가 어마어마한 자부심을 담아 스스로를 일컫는 명칭인 호모 사피엔스, 즉 '슬기로운 사람'에 배어 있다. 이 견해에 따르면 인류의 결정적 특징은 합리성이다. 우리의 마음은 증거를 신중하게 평가하여 내린 참된 결론을 우대하도록 설계되었다. 문제는 이것이다. 그렇다면 왜 우리의 추론 능력은 온갖 예측 가능한 방식으로 오류를 저지르도록 편향

되어 있을까?³

2017년 출간된 《이성의 진화The Enigma of Reason》에서 심리학자 위고 메르시에Hugo Mercier와 당 스페르베르Dan Sperber는 (그때는 몰랐지만 돌이켜보니 명백한) 질문을 하나 던진다. 우리가 구실을 인간 이성으로 착각한 것이라면 어떻게 될까('reason'에는 '구실'과 '이성'의 두 가지 의미가 있다―옮긴이)? 우리는 추론 능력이 엉성하게 작동한다고 비판하지만 그것이 실은 이성의 목적을 혼동한 탓이라면?

메르시에와 스페르베르에 따르면 합리성은 객관적 진실을 판단하기보다는 사회적 경쟁에서 칼과 방패 역할을 하도록 진화한 연장이다. 논쟁에서 공격하는 칼과 방어하는 방패인 것이다. 이 관점에서 보면 확증편향 같은 두뇌의 명백한 버그는 실은 두뇌의 정상적인 특징이다. 그렇다면 호모 사피엔스는 합리적 동물이라기보다는 합리화하는 동물이다. 합리화는 자신의 추론이 타당하다고 스스로를, 또한 (할 수 있다면) 나머지 사람들을 설득하기 위해 동원하는 허구다. 모든 합리화는 우리 같은 사회적 영장류에게 가장 중요한 목표에 이바지한다. 그 목표는 (철학자가 추구하는) 형이상학적 진실이 아니라 구슬림이다.

서사의 목표는 세상을 이해하는 것이며 이를 위한 방법은 세상을 단순화하는 것이다. 모든 서사는 환원주의적이다. 우리는 자신의 존재에 일관성과 질서를 부여하는 서사를 손에 넣은 뒤에는 으레 반\맹목적으로 그것을 지킨다. 자신의 특별한 서사를 잃는 것은 중력이 돌연 사라져 의미가 날아가버리는 사태와 같다. 이것은 멀미 나는 경험이며 대부분의 사람들은 살아가는 동안 한사코 이런 일이 일어나지 않도록 한다. 그 방법은 자신의 서사를 점검하는 데 정신적 자원을 쏟아붓는 게 아니라 보호하는 데 쏟아붓는 것이다.

자신의 서사를 교조적으로 옹호하는 행위를 정당화하려면 자신이 그 서사를 사전에 합리적으로 구성했다고 자위해야 할 것이다. 당신은 서사를 합리적으로 형성하는 과정이 이렇게 전개되리라 상상할 것이다. 세상을 살아가면서 사실들을 맞닥뜨린다. 그 사실들을 이해하려고 서사를 발전시킨다. 하지만 우리 머릿속의 실제 서사는 헌책방을 통해 세대에서 세대로 전해지는 거무죽죽한 문고본과 더 비슷하다. 우리가 책을 집어 든다. 이야기를 읽는다. 그 이야기가 우리의 현실이 된다. 이따금 반대 의견을 여백에 조그맣게 끄적이기도 한다. 몇몇은 뒤 면지에 완전히 새로운 장章을 집필하려고 시도한다. 하지만 대부분은 물려받은 이야기 안에서 주로 살아간다.

우리가 시쳇말로 "샐리에게는 서사가 있어"라고 말할 때(서사의 원천이 마르크스주의든 이슬람교든 여성주의든 자유지상주의든 날아다니는 스파게티괴물교[Flying Spaghetti Monsterism: 기독교를 패러디하여 만든 종교—옮긴이] 든) 그 의미는 세상이 어떻게 해서 현재의 모습이 되었는지 설명하는 특정한 이야기에 의해 샐리의 믿음이 형성되었다는 뜻이다. 그녀가 앞으로 어떻게 처신해야 하는지에 대한 판단의 토대도 서사다. 하지만 이것은 적어도 서사가 그녀의 주인이다라는 말과 맞먹는다. 막강한 서사가 샐리의 마음을 식민지로 삼으면 서사는 행위 능력을 획득한다. 샐리가 사실들로부터 서사를 구축한다기보다는 그녀가 무엇을 사실로 받아들일 것인가를 서사가 선택하고 규정하는 것이다. 어떤 서사가 다른 것들보다 훨씬 참되고 훨씬 유익하다는 사실을 부정하려는 것은 아니다. 내 말은 무질서한 현실을 미리 정해진 서사에 필요 이상으로 짜맞추려는 불치의 성향이 우리에게 있다는 뜻이다.

이를테면 내가 이 책을 집필하던 마지막 몇 주 동안 2020년 대통령 선거가 조작되었다고 믿는 시위대가 의사당에 난입했다. 미국인 수천만 명이 똑같은 아수라장 영상을 시청하면서도 전혀 다른 영화를 보았다는 점에서 현실판 하이더·지멜 실험이 실시간으로 펼쳐진 셈이었다.

좌파, 특히 유색 인종에게 가장 먼저 떠오른 것은 경찰이 인종주의적 이중 잣대를 적용한 최근 사례였다. 의사당 경비대는 백인 위주의 시위대에게 솜방망이 대응을 했지만 지난해 '흑인의 목숨도 소중하다Black Lives Matter' 시위 때는 시위대의 머리통을 박살 냈다는 것이 좌파의 주장이었다. 뉴스 보도, 기명 칼럼, 조 바이든을 비롯한 정치인의 성명에서는 시위대가 흑인과 황인 위주였다면 경찰이 과잉 진압을 했을 것이 명백하다고 주장했다. 그런데 미국은 왜 이것을 보지 못했을까?

다른 사람들, 특히 백인과 중도파가 보기에 구조적 인종주의라는 이 서사는 가짜였다. 경찰관이 의사당 폭도를 폭력적으로 진압하지 않은 것이 인종주의적 이중 잣대의 발로가 아님은 **명백하**다. 수적으로 압도적 열세인 경찰력이 수천 명의 성난 폭도에게 유린당했을 뿐이다. 첫째, 경찰은 폭도에게 얻어맞은 다음 논객과 대통령 당선자에게 다시 얻어맞았다. 상처에 소금을 뿌려도 유분수지! 좌파는 왜 매사를 인종주의로 몰아가나?

대부분의 공화당 지지자들은 시위대가 폭도로 돌변하는 영상을 보면서 경악했다. 하지만 많은 사람은 좌파 언론이 (언제나 그랬듯) 모든 책임을 자신들의 대통령에게 돌리는 것에 똑같이 경악했다. 그는 지지자들을 향해 도둑맞은 선거에 항의하자고 했지 폭동을 벌이자고 하지 않았어! 그의 발언에는 어떤 잘못도 없다고! 단 한 번이라도 언론이 대통령을 있는 그대로 다뤄줄 순 없는 거야?

소규모의 공화당 지지자들은 전혀 경악하지 않았다. 그들이 본 것은 매사추세츠 민병대가 렉싱턴과 콩코드에서 영국 독재 세력에 맞서 봉기한 뒤로 가장 순수한 애국적 행위를 묘사한 감동적인 액션 영화였다.

마지막으로, 공화당에서 득세하던 큐어논파 인사들은 혼란을 의미심장한 눈빛으로 쳐다보았다. 그들은 영상을 꼼꼼히 분석하여 의사당 공격 전체가 안티파(Antifa: 반反파시즘 운동—옮긴이)와 '흑인의 목숨도 소중하다' 운동가들이 저지른 자작극이라는 확실한 증거를 발견했다. 그들은 자작극의 목표가 대통령과 지지자들에게 먹칠하는 것만이 아니라 쿠데타에 맞선 애국적 **저항**에 악의적 프레임을 씌워 쿠데타 기도로 둔갑시키는 것이라고 주장했다.

나의 논점은 이 사건에 대한 진실이 오리무중이라는 게 아니다. 바라건대 1년이 걸리든 10년이 걸리든 한 세대가 걸리든 미국의 피는 다시 식을 것이고 우리는 과거에 그랬듯 이번의 분열적 사태에 대해서도 합의에 도달할 것이다. 오 제이 심프슨O. J. Simpson은 전처를 살해했고 이라크 전쟁은 오판이었다. 마찬가지로 의사당 폭동이나 그 단초가 된 허구에는 선한 것이 전혀 없었다고 판명될 것이다.

　　나의 논점은 인간의 마음이 이야기의 공백을 혐오한다는 것이다. 그러기에 우리는 무질서한 사건들이 세상에서 펼쳐지는 것을 보면 미리 만들어둔 서사 거푸집을 꺼내어 무질서에 대고 힘껏 찍어 누르거나 신뢰하는 정보 공급원을 찾아가 자신이 선호하는 서사를 찍어 누른다. 어느 쪽이든 우리는 자신이 좋아하는 서사로 찍어낸 복제품을 얻게 되며, 여기에 들어맞지 않는 것은 모조리 으깨거나 잘라낸다. 이런 식으로 우리는 서사 거푸집을 이용하여 자신의 진실을 뒷받침하는 증거를 날조한다.

　　장담컨대 서사심리가 이렇게 작동한다는 것에 반대하는 사람은 거의 없을 것이다. 우리가 합의할 수 있다는 건 좋은 일이다. 문제는 누구나 여기에 소소한 단서 조항을 하나 달아둔다는 것이다. 그 조항은 다음과 같다. 내가 현실을 주조하는 데 이용하는 서사는 여느 서사와 달리 참된 거푸집이다.

자유롭지 않은 의지

Unfree Will

실험실에서든 의사당 폭동 같은 현실 상황에서든 하이더·지
멜 효과를 목격하면 세상을 바라볼 때 마음속에 밀려드는 이야기
에 대해서 우리가 통제권을 거의 발휘하지 못한다는 사실을 알 수
있다. 이것은 심란한 대목이며 현실적으로 지독한 분열을 낳을 수
있다. 하지만 하이더·지멜 효과에 대해 알면 좋은 것을 끌어낼 수
도 있다. 자신이 반대하는 서사와 그런 서사에 휘둘리는 행동을
더 건설적이고 공감적인 태도로 바라볼 수 있는 것이다.

당신의 정치 성향에 대해 생각해보라. 정치 성향은 현실을 정
의하는 서사를 좌우한다. 쌍둥이 연구에서 보듯 당신이 좌우파
이념 스펙트럼에서 어디에 있든 유전자가 거기에 미친 영향은
30~50퍼센트에 불과하다.[4] 그렇다면 나머지 50~70퍼센트를 설명
하는 것은 당신의 문화, 가족, 듣고 자란 이야기 같은 환경이 아니
고 무엇이겠는가?

우리는 모두 유전과 사회적 조건화가 나름대로 조합된 산물
이며, 그렇기에 우리의 개인적 성향과 특질은 스스로 만든 자작품
이 아니다. 이를테면 당신의 두뇌는 스스로 선택한 것이 아니다.
당신은 부모를 선택하지 않았고, 그들이 당신에게 준 유전자를 선
택하지 않았고, 그들이 당신을 기른 양육 방식을 선택하지 않았
다. 사이코패스로 태어나지 않는 것을 선택하지 않았고 당신을 사

232

이코패스로 만들었을지도 모르는 공포스러운 유년기를 겪지 않는 것을 선택하지도 않았다. 당신이 자라서 이 책을 읽을 가능성을 매우 희박하게 했을 찢어지게 가난하고 무지한 집안에 태어나지 않는 것을 선택하지도 않았다. 다정하든 냉정하든, 신경이 곤두섰든 느긋하든, 호기심이 많든 무관심하든, 충동적이든 자제력이 강하든 당신을 게으른 낙오자에서 투지만만한 승자에 이르기까지 지금의 모습으로 만들었을 유전적 성격 특질을 슬기롭게 선택하지도 않았다.

이곳은 자유 의지 논쟁을 꼬치꼬치 따지는 자리가 아니다.* 다만 연구에 따르면 우리의 의지가 생각보다 훨씬 덜 자유롭다는 점을 지적하고자 한다. 여기에 오싹한 진실이 있다. 당신이 실험실 기계에 연결되어 있다면 신경과학자들은 당신이 스스로의 (이를테면 손목을 흔들겠다는) 선택을 의식적으로 자각하기도 전에 당신의 뇌가 결정을 내리는 광경을 볼 수 있다. 신경과학자 샘 해리스 Sam Harris가 말한다. "한 가지 사실은 이제 명백해진 것 같다. 즉 우리는 자신이 다음에 뭘 할지 알기 전 찰나의 순간에 (내키는 대로 행동할 완전한 자유를 가진 것처럼 우리가 주관적으로 생각하는 바로 그 시간에) 우리의 뇌는 우리가 뭘 할지를 이미 결정해놓았다는 것이

---

* 이 논쟁들을 직접 들여다보고 싶다면 두 권의 책으로 시작하길 권한다. 개략적 성명서를 원한다면 샘 해리스의 《자유 의지는 없다》를, 본격적인 학술적 논증을 읽고 싶다면 로버트 새폴스키의 《행동Behave》을 추천한다. 인간 행동의 무의식적 동인에 대한 포괄적 연구를 개관하는 고전으로는 대니얼 카너먼의 《생각에 관한 생각》을 보라.

다. 그런 다음 우리는 이 '결정'을 의식하게 되어 우리가 결정을 내리는 과정에 있다고 믿어버린다."[5] 다시 말하지만 이곳은 온갖 복잡한 세부 사항을 파헤치는 자리가 아니다. 다만 이 신경과학 실험들은 의식적 마음이 전혀 자각하지 못하는 은밀한 충동이 우리의 행동을 좌우한다는 수많은 인문학 연구와 일맥상통한다.[6]

대부분의 사람들이 부자유 의지라는 개념에 완강히 저항하는 것은 자신이 스스로의 마음을 통제한다는 주관적 느낌과 상충하는 것처럼 보이기 때문이다. 또한 사람들은 부자유 의지 개념이 도덕상대주의와 (심지어) 허무주의에 이르는 일방통행로일까 봐 우려한다. 물론 자유 의지에 의문을 제기하는 일에는 커다란 도덕적 함의가 결부된 것이 사실이다. 하지만 이것은 전적으로 유익한 일이다. 해리스를 다시 인용해보자. "자유 의지가 의미를 잃었을 때 나 자신의 윤리 의식은 오히려 향상되었다고 생각한다. 그것이 가능했던 건 공감과 용서의 감정을 기르고, 내가 행운의 열매를 가질 자격이 있다는 느낌을 줄인 데 있다."[7]

내 의견을 최대한 단도직입적으로 표현해보겠다. 모든 증거로 보건대, 웅덩이에서 찰랑거리는 물이 맑은지 악취를 풍기는지가 웅덩이 책임이 아니듯 우리의 두개골에 들어찬 이야기가 똑똑한지 멍청한지는 우리 책임이 아니다. 이것이 사실이라면 서사심리가 낳은 가장 깊은 환상, 우리가 가장 애지중지하는 환상에 타격을 가할 수 있다. (적어도 우리가 평소에 생각하는 대로의) 자유 의지가 실재하지 않는다면 (적어도 우리가 평소에 생각하는 대로의) 악당도 실재하지 않는다.

이런 식으로 생각해보자. 우리 머릿속을 채운 정보 중에서 직접 발견한 것은 거의 없다. 우리의 지식은 다른 사람들에게서 들은 것에 절대적으로 의존하며 그중 상당수는 미심쩍다. 즉, 사람들이 '잘못된' 신념을 품는 주된 이유는 잘못된 권위를 신뢰하기 때문이다. 따라서 신념의 진실성에 대한 판단을 신념의 보유자에 대한 도덕적 판단과 분리하려고 애써야 한다. 나쁜 신념을 가진 사람이 나쁜 사람이라고 결론 내리는 것은 자연스러운 일이지만 이 결론은 명백히 비논리적이다. 대체로 보자면 '나쁜 사람'은 불운하게도 잘못된 이야기꾼을 만나 그의 이야기를 믿게 된 사람일 뿐이다.

이런 식으로 생각하면 단순화하여 위안을 주는 허구를 잃고 고결함의 희열을 빼앗게 된다. 하지만 더 나은 것이 남는다. 인간 행동을 바라보는 더 자애로운 시선과 이를 통해 마음과 마음이 통할 기회가 생기는 것이다. 당신의 '그들'이 누구든 그 '그들'이 세상을 바라보고 당신의 이야기와 역겨우리만치 다른 이야기를 볼 때, 그들이 경멸받아야 할 대상이 아니라 동정받아야 하고 때로는 경외받아야 할 대상임을 명심하라. 그렇게 하면 '그들'이 당신에게 똑같은 예의를 갖출 가능성이 커진다.

레프 톨스토이는 예술을, 특히 자신이 구사한 이야기 형식의 예술을 "사람과 사람을 결합시킴으로써 함께 동일한 감정을 결합시키고, 인생 및 개인을 온 인류의 행복으로 이끄는 데 없어서는 안 될 수단"으로서 찬미했다.[8]

한 세기 뒤 마크 저커버그가 비슷한 꿈에 매혹되었다. 저커버그의 기숙사 방에서 탄생한 페이스북은 본디 하버드대학교 여학생들의 외모에 순위를 매기는 서비스로 악명을 떨쳤다. 하지만 몇 해 뒤 이 유치하고 혐오스러운 기술은 가족과 친구를 이어주는 서비스로 개조되고 새 단장되었다. 얼마 지나지 않아 저커버그는 자신의 사이트를 순전히 유토피아적인 관점에서 논하기 시작했다. 페이스북이 전 인류를 하나의 그물망으로 연결하고 우리가 이야기, 생각, 느낌을 공유할 수 있도록 하여 우리가 서로 공감하고 낡은 편견과 오해를 떨쳐버리면 조화와 행복의 물결이 솟아오르리라는 것이다.

이 점에서 저커버그의 21세기판 이상은 톨스토이의 관념뿐 아니라 마셜 매클루언Marshall McLuhan의 "지구촌" 개념과도 일맥상통한다.[9] 매클루언은 전선을 따라 전파되는 라디오, 영화, 텔레비전, 인쇄 매체의 이야기 같은 놀라운 대중매체의 신기술이 세계 시민의 가치관과 이야기를 통일하여 하나의 인류 집단으로 뭉치게 할 것이라고 주장했다.

한동안은 그런 것 같았다. 수천만 명이 정기적으로 같은 텔레비전 드라마를 시청하고 라디오에서 같은 뉴스와 노래를 듣고 극장에 앉아 같은 영화를 관람하던 방송 시대의 전성기에는 매클루언의 이상이 머지않아 실현될 것만 같았다. 같은 대중매체를 소비하면 극단에서 멀어지고 중간에 가까워질 테니 말이다.[10] 그런가 하면 이런 까닭에 방송 시대 스토리텔링은 끔찍한 순응의 기술로 (특히 좌파 지식인들에게) 널리 비판받았다. 무엇보다 텔레비전은 사람들을 세뇌하고 좀비로 만들어 부르주아적 인습에 젖게 한다고 치부되었다. 비평가들의 우려가 틀렸다는 말이 아니다. 대안이 더 나쁠 수 있음을 그들이 보지 못했다는 말이다.

심지어 방송 시대의 전성기에도 우리는 모두가 똑같은 가상의 마을에서 살고 있지 않았다. 하지만 그럼에도 똑같은 보편적 이야기우주에서 살았으며 그곳에서 빠져나오는 것은 쉬운 일이 아니었다. '이야기우주storyverse'는 내가 만든 용어로, 어릴 적 듣던 자장가에서 넷플릭스, 인스타그램, 케이블 텔레비전 뉴스의 이야기까지, 우리가 예배 장소에서 듣는 설교까지 어떤 매체를 통해서든 우리가 소비하는 이야기에 의해 창조된 정신적·정서적·상상적 공간을 뜻한다. 우리의 이야기우주는 '현실'이 아니라 현실의 개인 맞춤형 버전이다. 이 이야기우주의 법칙을 결정하는 것은 종종 대서사의 집합(때로는 단 하나의 대서사)으로, 이것은 암호 해독 키처럼 우리가 주변 만물을 어떻게 이해하는가를 좌우한다.

당신은 몰랐겠지만 대부분의 사람들은 평생을 이야기우주의 끈끈한 그물에 뒤엉킨 채 살아간다. 그럼으로써, 현실에 맞게 이야기를 조정하는 게 아니라 이야기에 맞춰 현실을 왜곡한다. 더 심란한 사실은 똑같은 물리적 현실에 거주하면서도 전혀 다른 이야기우주에서 살아갈 수 있다는 것이다. 복잡한 개념처럼 보일지도 모르겠지만, 잠시 폭스 뉴스를 시청했다가 그 뒤로 MSNBC를 시청한 사람이라면 내 말뜻을 알 것이다. 누구나 자신은 똑바로 선 채 살아가지만 수많은 사람은 어딘가에서 거꾸로 선 채 살아간다고 생각한다.

약물을 복용하지 않는 편집증적 조현병 환자가 결코 아니면서도 큐어논 음모담의 대중 환각에 빠진 지인과 이야기를 나눠본 적이 있다면 이야기우주 개념을 훨씬 잘 이해할 수 있을 것이다. 그들의 이야기우주에서는 선한 세력이 세계 정복을 꾀하는 소아성애 식인주의자의 사탄 군대와 싸우고 있다. 어느 사례에서든 우리는 집단들이 서로 격리된 채 각자의 이야기우주에 갇혀 있음을 보게 된다. 그들의 이야기우주는 외계 물리 법칙에 지배되고 저마다 다른 악당에게 위협받으며 저마다 다른 영웅이 문제를 해결하려고 출동한다.

저커버그의 기술은 국경을 넘어 연결과 호의를 전파함으로써 매클루언 지구촌의 실현을 예고한다고 간주되었다. 하지만 실제로 실현된 것은 정반대였다. 자료는 상관관계밖에 보여주지 못하기 때문에 확실히 입증할 수는 없지만, 소셜미디어가 부상한 것과 때맞춰 미국에서뿐 아니라 전 세계에서 양극화와 사회적 불안정의 빅뱅이 일어난 것이 우연이라고는 생각지 않는다. 인터넷의 여러 기술과 더불어 저커버그의 기술은 통합보다는 분열에, 다리를 건설하는 일보다는 무너뜨리는 일에 더 능한 것으로 드러났다. 전산학자 재런 러니어 말마따나 소셜미디어의 부상은 "인간사의 부정적인 측면을 엄청나게 증폭시켰"다.[11]

한 가지 이유는 이것이다. 지난 수십만 년을 통틀어 어느 때든 당신이 하늘을 날아다니며 땅을 내려다볼 수 있었다면 사람들이 사바나의 모닥불, 연극 무대, 쩌렁쩌렁 울리는 라디오, 번쩍거리는 텔레비전 주위에 모여 이야기를 **함께** 즐기는 광경을 보았을 것이다. 그런데 당신이 현대의 주택 지붕 위를 날아다닐 수 있고 엑스선 시력의 소유자라면 사람들이 스토리텔링을 어느 때보다 많이 소비하는 것을 볼 테지만 그들은 대부분 혼자서 소비하고 있을 것이다. 귀에 이어폰을 꽂은 채 화면을 응시하거나 팟캐스트를 듣고 있을 것이다. 이제 이야기는 한 집안조차 하나로 묶지 않는다. 전 세계는 어림도 없다.

ABC, CBS, NBC 세 방송사가 텔레비전 프로그램 제작을 장악한 이른바 네트워크 텔레비전 시대에는 다양한 취향에 두루 들어맞도록 방송을 다듬어야 했다. 이로 인해 시장에서는 〈외계인 알프Alf〉와 〈천사의 손길Touched by an Angel〉 같은 시답잖은 '최소 공통분모' 드라마들이 쏟아져 나왔다. 하지만 시답잖긴 했어도 온 가족을 한자리에 불러 모았다.

절대다수의 공식적 스토리텔링이 소규모 집단에서 공동으로 소비되던 구텐베르크 시대로부터 대중 시청자의 방송 시대를 거쳐 이야기 '내로캐스팅'(narrowcasting: 지역적·계층적으로 제한된 시청자를 대상으로 하는 방송. 케이블 방송 따위를 일반 방송에 상대하여 이르는 말—옮긴이)의 새 시대에 이르기까지의 과정은 인간 삶의 어마어마한 변화를 보여준다. 이것은 엉뚱한 방향으로 흘러가는 것처럼 보이는 위험한 사회 실험이나 다름없다. 이야기는 제임스 포니워직James Poniewozik 말마따나 거대한 통합자에서 거대한 분열자로 바뀌었다.¹² 과거에는 이야기가 우리 모두를 한가운데로 끌어들여 더 비슷하게 만들었다. 하지만 지금은 모두가 저마다의 작은 이야기우주에 들어 있으며 이야기는 우리를 더 비슷하게 만드는 게 아니라 스스로의 더 극단적인 버전으로 만든다. 이야기로 인해 우리는 자신의 편견에 이의를 제기하기보다는 오히려 강화하는 이야기 세계에서 살아간다. 궁극적으로 우리의 이야기나라에서 소비되는 모든 것은 나를 더욱 나로 만들고 당신을 더욱 당신으로 만든다. '우리'를 더 극단적인 버전의 '우리'로, '그들'을 더 극단적인 버전의 '그들'로 만든다.

미국에서 진보파와 보수파가 첨예하게 대립하고 이것이 시민적 조화와 국가적 단결에 온갖 끔찍한 영향을 미치는 현실은 좌우파가 각자의 이야기우주 안에 틀어박혀 살아갈 수 있게 된 결과다.

우리가 탈진실 세계로 들어서고 있다는 주장에 반대하는 사람들은 걸핏하면 탁자를 내리치며 이렇게 말한다. "내가 탁자를 때리니까 탁자가 텅텅 울리는 거 안 들려? 그건 내 주먹에 진실이 있기 때문이야. 탁자에 진실이 있기 때문이라고! 음파를 발생시키는 물리학 법칙은 진짜야! 내 뼈에 통증을 일으키는 생물학 법칙은 진짜라고!"

그렇다. 현실은 실제다. 진실은 진짜다. 하지만 아무도 거기에 동의하지 않으면 무슨 의미가 있나?

의심은 건전하고 바람직하다. 의심하면 신중해진다. 자신의 주장에 대해 겸손해지고 대안적 관점에 대해 너그러워진다. 의심은 광신의 예방약이다. 의심하는 세계는 더 나은 세계다.

하지만 알고 보면 탈진실 세계는 사람들이 진실의 존재에 대한 믿음을 버린 세계가 아니다. 베레모를 만지작거리며 골루아즈 담배를 뻐끔거리는 포스트모던 상대주의자가 되는 세계가 아니다. 정반대로 탈진실 세계는 더 큰 확신의 세계다. 당신이 어떤 얼토당토않은 이야기를 믿든 실제 근거를 빼닮은 정보 무더기로 그것을 뒷받침할 수 있는 세계다.

탈진실 세계는 근거가 힘을 빼앗긴 세계다. 탈진실의 영토로 깊이 들어가는 것이 두려운 이유는 근거의 존중이야말로 이야기의 지배력을 약화함으로써 우리를 암흑시대로부터 해방시킨 원동력이기 때문이다. 계몽주의에는 낙관적 전망이 있었다. 그것은 세상이 논리적 원칙에 따라 작동하며 비록 진실이 수줍어하고 낯을 가리더라도 원칙에 입각한 공동체가 효과적인 기법과 수단을 동원하면 진실을 구석에 몰아 입을 열게 할 수 있다는 자신감이었다. 그 시작은 과학의 발명이었다. 과학이 어둠을 몰아냈다. 우리를 이야기의 독재(무엇보다 종교적 근본주의)로부터 해방시켰으며 우리가 계몽주의 시대 이후로 목격한 번영의 팽창과 고통의 감소를 가져다주었다.[13]

우리가 암흑시대에서 빛으로 기어나올 수 있었던 것은 근거 덕분이다. 과학 덕분이다. 그런데 이제 우리는 공유된 진실의 세계를 떠나고 있다. 무엇이 최상의 근거로 뒷받침되는가가 아니라 무엇이 최상의 이야기인가, 어느 이야기가 최강의 힘으로 뒷받침되는가에 의해 진실이 결정되는 꿈나라에 들어서고 있다.

이것은 끔찍한 전망이다. 합리적 계몽의 촛불이 가무러지기 시작했으며 새로운 몽매의 전조가 우리의 편견, 미신, 부족주의적 폭력 성향에 새로운 열기를 불어넣고 있다. 이 위험은 간편하게도 이 픽션 시대의, 따라서 필연적으로 이 책의 대★주인공으로 육화되었다. 그는 우리의 이야기 심리에 깃든 모든 힘과 그로 인한 모든 위험의 살아 있는 화신이다. 당신은 그가 무대 바로 뒤에 선 채 따분한 생각들의 장막 뒤에 오래도록 처박혀 있던 처지에 부아가 나서 숨을 몰아쉬고 있는 것을 눈치챘을지도 모르겠다. 그는 이

작은 무대에서조차 한가운데 서서 조명을 받고 싶어 숨을 헐떡거리고 있다.

시간이 됐다. 큰떠버리 큐.

미국 최초의 픽션적 대통령

The First Fictional President of the United States

이 책의 집필 기간 중 마지막 두 주를 제외하면 내가 애지중지하는 픽션 등장인물은 워싱턴디시 펜실베이니아 애비뉴 1600에서 살았다. 내가 그를 큰떠버리라고 부르는 것은 물론 크기 때문이다. 목소리가 크고 키가 크고 허리둘레가 크다. 그리고 떠벌린다. 내가 그를 큰떠버리라고 부르는 것은 요란한 경적이나 번쩍거리는 그림 속 빛이 중추신경계를 장악하여 관심을 기울이지 않을 수 없게 만드는 것과 똑같은 방식으로 관심을 끌기 때문이다. 그의 피부, 머리카락, 목소리, 허우대의 현란한 광채는 무시하고 싶어도 도저히 무시할 수 없다.

큰떠버리는 "햄버더"(이 책에서 큰떠버리로 지칭되는 인물이 연방정부 셧다운 당시 대학 미식축구팀을 백악관에 초청하고서 햄버거를 대접했는데, 이 일을 트윗하면서 'hambergers'를 'hamberders'로 오기한 사건을 가리킨다—옮긴이)와 금붙이와 미녀에 걸신들린 아귀다. 그것들을 직접 과시할 뿐 아니라, 전 세계가 공유하여 자신의 자부심을 높여주길 바란다. 그에게 (그가 받아 마땅한) 사랑을 줄 수 없다면 적어

243

도 증오로 존중을 표해야 한다. 지구인 중 한 명이라도 하루가 지나도록, 한 시간이 지나도록, 1분이 지나도록 그의 얼굴을 보거나 그의 이름을 불러주지 않는 치욕은 결코 용납되지 않는다.

이것이 내가 그의 이름을 적어서는 안 되는 이유다. 그가 대통령이 된 이유, 그가 매일 아침 침대에서 일어나는 이유는 오로지 세상에 떠벌리기 위해서다. 자신을 쳐다보라고, 자신의 이름을 부르라고 요구하기 위해서다. 이것은 최악의 트롤이나 학교 총기 난사범과 같은 동기다.

큰떠버리가 대통령 후보로서 과소평가된 이유는 대중 이야기꾼으로서의 위대함을 논객들이 간파하지 못했기 때문이다. 제임스 패터슨James Patterson 같은 동네북 대중 소설가의 재능을 문학 비평가들이 간파하지 못하는 것처럼 말이다. 모든 논객이 알 수 있었던 것은 그의 표현 방식이 경악스러울 만큼 서툴다는 사실이었다. 하지만 그것은 열광하여 바라보든 어안이 벙벙하여 바라보든 모두의 관심을 사로잡는 서투름이었다. 횡설수설하고 중언부언하긴 했지만 그는 원초적인 감정을 끓어오르게 하는 명쾌하고 단순한 이야기를 들려주었다.

"미국을 다시 위대하게"라는 큰떠버리의 이야기에는 다음과 같은 신화적 울림이 있다. 세계에서 가장 위대한 문명이 소심함, 부패, 음모 때문에 쑥대밭이 되었다. 색색의 야만인들이 전 세계 똥간에서 쏟아져 나와 이 나라의 관문을 부수고 안에서부터 좀먹고 있다. 하지만 미국은 다시 떠오를 준비가 되었다. 필요한 것은 우리를 황금시대로 이끌 문화 영웅뿐이다.

큰떠버리는 내가 가장 좋아하는 픽션 등장인물 유형인 희극적 괴인怪人이다. 이를테면 《바보들의 결탁》의 주인공인 위대한 이그네이셔스 J. 라일리, 마틴 에이미스의 소설 《돈Money》이나 그의 아버지 킹슬리 에이미스의 소설 《뚱보 영국인One Fat Englishman》의 썩어빠진 주인공, 톰 울프의 소설 또는 윌 페럴이나 대니 맥브라이드Danny McBride가 출연하는 코미디 영화에서 맞닥뜨릴 인물을 생각해보라. 큰떠버리는 이 인물들처럼 탐욕, 허영, 타락, 자기중심주의, 이기심, 거기다 통제 불능의 더닝·크루거식 나르시시즘(더닝·크루거 효과란 능력이 있는 사람은 자신의 능력을 과소평가하고, 반대로 능력이 없는 사람은 자신의 실력을 과대평가하는 경향을 일컫는다―옮긴이)으로 점철된 불안감 등이 도무지 믿을 수 없을 만큼 한꺼번에 어우러져 있다. 심리적 병증의 이 퍼펙트스톰을 감싼 신체적 포장은 또 어찌나 지독하게 과장되었던지 허구의 등장인물에게 개연성이 있어야 한다는 규칙을 위반할 정도다.

내가 생각하는 큰떠버리의 유일한 문제는 허구적 세계를 위해 창조되었음이 분명한데도 어찌 된 영문인지 그 세계에서 탈출했다는 것이다. 그는 본디 미국적 성격의 가장 조잡한 측면들에 대한 날카로운 풍자였다. 그런 측면들을 모조리 뭉뚱그려 의인화한, 퉁퉁 부어오른 흙빛 상징이었다. 그는 탈출하면서 허구적 세계를 함께 가져갔으며 이 나라의 절반 가까이를 그 속에 고립시켰다.

물론 모든 대통령은 이상화된 영웅에서 풍자화된 어릿광대까지의 스펙트럼 사이에서 허구적으로 묘사된다. 모든 대통령 후보가 페르소나를 만들고 자신의 삶과 비전에 대해 그럴듯한 서사를 빚어내는 것도 사실이다. 하지만 시쳇말로 게임에도 급이라는 게 있는 법이다. 그토록 적나라하게 허구화된 인간이 정말 대통령으로 선출되었다는 사실은 우리가 '현실에 기반한' 세계에서 '탈진실' 세계로 이동했음을 보여주는 궁극적인 상징이다. 물론 큰떠버리는 부인할 수 없는 물리적 실재다. 하지만 그는 공적 무대에 등장한 첫 순간부터 자수성가형 재벌이라는 허구적 이미지를 짜맞추고는 반신반의하는 세상을 향해 그 허구를 (자신의 책을 통해, 리얼리티쇼를 통해, 대통령 재임 기간에 쏟아낸 3만 573건의 허구적 주장을 통해[14]) 힘껏 꽂아 넣었다.

큰떠버리는 자신의 논스톱 리얼리티쇼에 출연하는 동안에도 그 쇼를 맹렬히 즉흥적으로 개작하는 포스트모던적 등장인물이다. 그가 세계사를 통틀어 가장 성공적인 이야기꾼이자 가장 영향력 있는 등장인물이라는 데는 의문의 여지가 없다. 처음 출마를 선언한 이후 그의 얼굴은 누구보다도 널리 유포되었고 그의 이름은 누구보다도 자주 회자되었다. 웹 트래픽과 소셜미디어의 통계 분석에 따르면 그는 2016년 즈음 전 세계에서 가장 유명한 사람이 되었다.[15] 지금은 훨씬 더 유명하다.

2015년 대선 출마 선언 이후 논스톱으로 펼쳐지는 큰떠버리 쇼는 거대한 규모로 여전히 진행 중인 하이더·지멜 실험이다. 사람들은 같은 영상을 시청하면서도 영웅과 악당이 뒤바뀌고 정반대 교훈이 담긴 서로 다른 영화를 본다. 마치 한 집단은 윌 페럴이 주연한 〈앵커맨Anchorman〉의 끔찍한 디스토피아적 버전을 보았다고 확신하는 반면에 다른 집단은 같은 영상을 시청하면서도 소름 끼치는 광대짓과 폭력이 아니라 희망과 장엄함을 보았다고 생각하는 것 같다.

어떤 사람들은 역사상 가장 뻔뻔하고 유능한 연쇄 허언마虛言魔를 보지만 다른 사람들은 진실을 담대하게 외치는 사람을 본다. 어떤 사람들은 소중한 규범을 부수는 난동꾼을 보지만 다른 사람들은 파괴를 통해 문제를 바로잡으려 하는 저항자를 본다. 어떤 사람들은 미국 민주주의에 대한 가장 심각한 위협을 보지만 다른 사람들은 민주주의의 마지막 희망을 본다.

하지만 큰떠버리가 언제나 그렇게 분열적 인물은 아니었음을 명심하라. 정치적 스펙트럼을 막론하고 사실상 모든 사람이 큰떠버리의 대선 출마를 단지 황당무계한 시도가 아니라 농담으로 여기던 그때 큰떠버리는 스토리텔링의 갈등 모형을 송두리째 가져다 자신의 대선 운동에 대입했다. 리얼리티쇼 참가자와 마찬가지로 분량을 따내는 가장 확실한 방법은 악역을 자처하는 것, 분란을 일으키고 갈등을 조장하는 나쁜 놈이 되는 것임을 그는 알고 있었다. 그는 언제나 갈등을 일으키고 결코 화목하지 말라 전략을 뉴스 매체가 거부하지 못하리라는 쪽에 도박을 걸었다.

그의 예측은 적중했다. 큰떠버리의 선거 운동 초기에 뉴스 매체들은 (경험 많고 책임감 있는 여러 인사를 비롯한) 나머지 공화당 예비선거 후보들을 외면했는데, 그 이유는 용서할 수 없을 만큼 고리타분하기 때문이었다. 모든 방송사와 신문사는 큰떠버리를 실시간으로 전개되는 정치 드라마의 주연으로 선정했으며 그는 매일 매시간 새로운 만행을 저지르고 새로운 스토리라인을 이끌어 감으로써 기대에 부응했다. 이것은 결코 감질나게 전개되는 순문학 소설이 아니었다. 플롯을 마구잡이로 반전시키는 과장된 정치 막장 드라마였다. 큰떠버리의 대통령 당선은 서사심리를 해킹하고 (자신을 경멸하는 사람의 비율이 압도적인) 미디어로부터 수십억 달러어치 공짜 광고를 얻어낸 결과였다.

큰떠버리의 당선에 일조했다는 이유로 뉴스 미디어를 비난할 수는 없다. 그들도 어쩔 수 없었으니까. 언론인들은 특제 스토리텔링 애니멀인데, 큰떠버리는 거대하고 풍성한 이야기의 소재를 끝없이 공급하는 불가항력적 인물이다. 게다가 우리는 모두 뉴스 미디어 못지않은 공모자다. 패스트푸드 기업은 우리의 의사에 반하여 우리에게 지방과 설탕을 퍼먹이는 것이 아니다. 우리가 먹고 싶어 하는 것을 먹이는 것이다. 머랭을 얹은 기름진 과자인 큰떠버리를 언론인들이 우리에게 퍼먹이는 데는 이유가 있다. 우리는 큰떠버리를 싫어할지언정 누구나 그를 사랑한다. 이것은 숫자로 입증된다. 큰떠버리와 미디어는 근사한 사업 동반자였다. 양쪽 다 원하는 것을 얻었다. 큰떠버리는 우주 최대의 블랙홀이 되어 인간의 주의력을 대량으로 빨아들였으며 고전하던 미디어는 플롯 기계를 손에 넣자 훨씬 많은 트래픽과 훨씬 많은 돈을 챙겼다.[16] 결국 그들은 카다시안급의 진지함과 문화적 의미를 가진 사람을 지구상에서 가장 중요하고 위험한 인물로 둔갑시켰다.

그가 떠나는 순간 당신의 삶에는 커다란 구멍이 생길 것이다. 그가 당신에게 혐오감을 불러일으킬수록 당신은 그가 당신에게 선사한 의미를 그리워할 것이다. 또한 당신은 그가 당신의 애정하는 픽션 등장인물이라는 것에도 (어쩌면 머뭇거리는 태도로) 동의할 것이다. 그는 누구보다 기이한 인물이다. 머리카락, 피부색, 목소리, 발끈하는 성격, 허영심까지 모든 것이 무척이나 기이하다.

당신은 자신의 악당을 그리워할 것이다. 침울하고 맥이 풀린 느낌을 받을 것이다. 당신은 영영 알아차리지 못하겠지만 그 이유는 그가 당신의 뉴스 피드에 나타날 때마다 폭발하던 분노를 당신이 갈망하기 때문이다. 그가 떠난 뒤 당신은 그가 선사한 이야기, 당신과 친구들 같은 착한 사람들이 빨간 모자를 쓴 나쁜 놈들과 맞선다는 단순 명쾌한 이야기를 되찾으려고 끊임없이 애쓸 것이다. 그 이야기를 되찾으려고 그의 대통령 시절에 대한 실제 풍자적 허구를, 훨씬 터무니없는 역사와 전기를 소비할 것이다.

큰떠버리는 "이야기꾼이 세상을 다스린다"라는 금언에 꼭 들어맞는 사례다. 판타지를 창조하는 본능적 재능과 서사를 주무르는 아슬아슬한 천재성을 발휘하여 현존하는 지위 중에서 세계 통치자에 가장 가까운 미국 대통령 지위를 얻었으니 말이다. 하지만 큰떠버리는 플라톤이 꿈꾼 이야기꾼 왕과는 천양지차였다. 플라톤이 가장 바란 것은 지금의 중국 주석 같은 사람이었다. 원로들의 위원회를 통해 평생 단련되고 최대의 합리성을 발휘하여 통치하는 사람 말이다. 플라톤이 가장 두려워한 것은 큰떠버리 같은 이야기꾼이었다. 사익 추구 이외의 철학이 전무하고 오로지 감정과 욕망에만 휘둘리는 타고난 선동가 말이다.

큰떠버리가 이야기꾼 왕으로 대관한 것은 소련의 서기장이나 북한의 김씨 정권이나 푸틴이나 교황보다 훨씬 인상적인 사건이다. 이것은 큰떠버리가 자신에 대한 개인숭배를 일으키고 유지한 과정이 삼권 분립과 언론 자유라는 헌법적 원리에 제약되었기 때문이다. 이전의 이야기꾼 왕과 달리 그는 결코 스토리텔링 채널을 독점할 수 없었다. 그의 이야기는 실제로 먹혀야 했다. 이에 반해 대부분의 이야기 왕국 백성은 이야기가 실제로는 먹히지 않더라도 먹히는 것처럼 실감 나게 연기해야 목숨을 부지할 수 있었다.

큰떠버리는 스토리텔링의 완전 자유 시장에서 실제로 경쟁하여 승리해야 했다. 그리고 놀랍게도 그는 해냈다. 특히 2016년 대선이 시작되었을 때는 진보와 보수를 막론하고 점잖은 스토리텔링의 세계가 똘똘 뭉쳐 그에게 맞섰으나 그는 우리를 완파했다.

후기

내가 놓치지 않은 사실은 (솔직히 말하자면 놓칠 뻔했지만) 내가
스스로의 원칙을 어기고서 제45대 대통령을 악당으로 출연시켰
을 뿐 아니라 그의 적나라하고 꼴사나운 잔인함을 흉내 냈다는 것
이다. 방대한 조사를 바탕으로 하는 이런 종류의 책은 집필 기간
이 길어서 그동안 저자가 새로운 것을 배우고 생각이 진화하고
(바라건대) 성숙한다. 막바지에 이르면 저자는 대개 앞의 페이지를
다시 펼쳐 보며 모든 것을 새로워진 기준에 맞춘다. 그럼으로써,
책이 몇 달이나 몇 년에 걸쳐 찔끔찔끔 명료해진 것이 아니라 완
성된 형태로 저자의 머릿속에서 단번에 튀어나왔다는 환상을 불
러일으킨다.

내가 제45대 대통령에 대해 쓴 글은 집필 초판에 얼개를 잡은
다음 진행 경과에 맞춰 살을 붙였다. 악당 없는 역사를 만드는 바
람직한 전망에 대한 글은 대부분 막바지에 가서야 꼴을 갖췄다.
나는 마지막 퇴고 때 큰떠버리에 대한 묘사를 누그러뜨렸다. 하지
만 날 선 문구를 전부 얼버무리진 않기로 했다. 결론에서 자세히
설명하겠지만, 이를 통해 내가 드러내고 싶었던 요점은 가장 깊숙
하고 오래된 고랑에 틀어박힌 서사심리를 들쑤시는 게 쉬운 일이
아니라는 것이다. 서사를 구성하는 법을 개혁해야 한다고 설교하
기는 쉽지만 설교를 실천으로 옮기기는 힘든 법이다.

큰떠버리의 묘사를 완성한 것은 2020년 대통령 선거를 앞둔 시점이었다. 그 뒤로 그는 새로운 이야기의 소재를 충격적인 새로운 반전과 함께 계속해서 만들어냈다. 조 바이든이 취임하기 전 권력 공백기에는 엄청나게 선동적인 음모담을 지어냈는데, 대략 이런 식이다. 내가 선거 승리를 억울하게 빼앗긴 것은 의심할 여지가 없지만, 적들은 하도 교활해서 증거를 전혀 남기지 않았다.

대통령이 제기한 소송 수십 건을 공화당과 민주당 측 판사들이 공히 각하하고 있는데도 그의 이야기는 (여론 조사에서 선거의 공정성에 의심을 표한) 공화당 지지자 70퍼센트로 하여금 불신을 유예하도록 하는 데 성공했다. 앞에서 보았듯 어떤 사람들은 이 이야기를 철석같이 믿고서 미국 의사당에 떼로 난입하여 난장판을 벌였다.[17] 이 책을 마무리하던 2021년 1월 하순에 동료 미국인인 반란군이 정부를 공격할까 봐 2만 5000명의 국가경비대원이 의사당에 주둔하고 있었다. 앞 장에서 나는 이야기가 내전으로 치닫지 않을까 우려했는데, 이제는 그 우려가 히스테리적으로 느껴지지 않는다.

큰떠버리가 낙선했다는 사실은 현실에 기반한 세계에는 좋은 징조지만 마냥 기뻐할 수만은 없다. 단적인 예로, 그를 꺾기 위해 무엇을 해야 했는지 생각해보라. 미국 역사상 최대의 투표율을 기록하고도 선거인단 수로는 신승을 거뒀을 뿐이다(경합 주인 애리조나, 위스콘신, 조지아에서 바이든이 단 4만 6000표를 '덜' 얻었다면 선거는 무승부로 끝났을 것이다). 한편 이번 승리는 큰떠버리의 허구에 맞선 현실의 봉기가 코로나19라는 형태로 일어났기 때문이기도 하다. 100년 만에 한 번 찾아올 정도의 역병에 대해 대통령이 지독히 무능하게 대응하지 않았다면 그는 아마도 재선에 성공했을 것이다.

큰떠버리는 백악관을 떠난 지금도 추방당한 이야기꾼 왕으로서 레드 아메리카를 통치하면서 자신(과 자신의 운동)이 존속하는 한 우리의 삶과 운에 지대한 구슬림을 행사할 것이다. 역사가들은 그를 임기 중의 구체적 조치로나, 심지어 봉기를 선동한 행위로 기억하기보다는 현실이 얼마나 허약하며 총력을 기울인 적절한 허구에 의해 얼마나 쉽게 무너질 수 있는지를 미국 정치인들에게 가르친 인물로 기억할지도 모른다. 게다가 그는 2015년에 대통령으로 당선한 것과 같은 이유로 2024년에 다시 한번 당선할 수 있다고 확신한다. 그 이유란 언론인들이 자신을 드라마의 주연으로 만들지 않고는 못 배기리라는 것이다.[18]

봉기, 두 번째 탄핵, 트위터 차단 이후 재선 전망이 희박해지긴 했지만 큰떠버리는 여전히 공화당 지지자들 사이에서 75퍼센트의 지지를 받고 있다. 그러니 다시 한번 레드 아메리카의 이야기꾼 왕이 되진 못하더라도 킹메이커가 될 순 있다. 돌아가는 상황을 보건대 큰떠버리는 2024년 공화당 대선 후보가 되거나 자신의 구상대로 통치할 적임자를 선택할 것이다.

학계의 개혁

An Academic Reformation

플라톤은 여러 번 헛다리를 짚었지만, 그의 심란하고 혼란스럽고 어딘지 사악한 책이 그토록 칭송받는 데는 이유가 있다.《국가》는 우리 모두가 원하는 것을 추구한다. 그것은 최대 다수의 최대 행복을 달성하기 위해 합리적으로 운용되는 세계다. 우리는 모두 이야기를 사랑하지만, 최고의 이야기꾼이 우리의 감정을 자극하고 우리의 논리적 사고력을 억눌러 세상을 다스리기를 바라는 사람은 거의 없다.

세상에는 이성이 더 많아져야 한다. 하지만 우리가 그 목표에 도달하는 방법은 이야기에 대한 공격을 통해서는 아닐 것이다. 플라톤은 국가의 필요에 부응하여 펜을 놀리지 않는 이야기꾼을 모조리 추방해 그들의 지배력을 약화하고 싶어 했다. 자유 시인의 시대에 쓰인 모든 것을 불태우거나 삭제하고 싶어 했다. 이야기를 우리 마음속에서 더 생생하게 만들려고 이야기꾼이 구사하는 감정 유발 수법을 모조리 금지함으로써 국가가 이야기 방식을 엄격히 통제하길 바랐다. 그 뒤로 북한, 소련, 마오쩌둥 치하 중국, 나치 독일, 크메르 루주 치하 캄보디아 같은 역사상 최상의 디스토피아들에서 이 실험은 다양하게 변주되어 시도되었으며 언제나 서사시적 비극으로 끝났다.

모든 사람이 이성에 기반한 똑같은 이야기우주에서 살아가는 문명을 건설하려면 우리와 이야기의 연결을 약화하는 것이 아니라 이야기와 아슬아슬하게 균형을 맞추고 있는 추인 로기스티콘을 강화해야 한다. 무엇보다 과학에 더욱 매진해야 한다. 이야기에 맞서는 것이야말로 과학의 존재 이유기 때문이다.

과학은 플라톤의 첫 충동에 화답하여 이야기꾼을 추방하려 한 유일한 국가다. 스토리텔링은 과학자가 아닌 사람들을 가르치는 것은 허용되었지만 학술지에서는 엄격히 금지되었다. 과학자들은 참과 거짓을 구별하기 위해 꼼꼼하고 깐깐하게 노력하기 때문이다. 서사가 학술 논문에 등장하긴 하지만, 그것은 주로 검증하여 논파하기 위해서다. 본질적으로 과학은 현실에 대한 서사 중에서 어느 것이 참이고 어느 것이 거짓인지 알아내기 위해 지금껏 고안된 방법 중에서 가장 신뢰할 만한 것이다. 물론 결함 있는 인간에 의해 운영되는 제도인 과학이 완벽하다고 생각하는 사람은 아무도 없다. 하지만 과학을 아무리 혹독히 비판하는 사람이라도 과학 이전 시대로 돌아가는 게 낫다고 주장하지는 않으리라는 것 또한 사실이다. 과학은 우리로 하여금 우리의 자아와 이야기가 보여주고 싶어 하는 것이 아니라 실제로 우리 앞에 있는 것을 보도록 강제하는 유일한 수단이다. 과학은 이야기가 우리의 삶에서 마구잡이로 날뛰지 못하도록 막아줄 가장 효과적인 방법이다.

지금의 탈진실적 순간에서 살아남아 다 함께 현실 세계로 돌아갈 수 있으려면 과학을 비롯한 강력한 경험주의적 태도가 권위를 되찾는 세계로 돌아갈 수 있어야 한다. 이를 위해서는 진실을 말하는 제도, 우리가 가진 으뜸가는 제도가 달라져야 한다.

학계와 언론은 민주주의에 참으로 필수 불가결한 역할을 한다. 언론은 세상에서 매일같이 무슨 일이 벌어지고 있는지에 대해 참된 이야기를 들려주며 대학 체계는 어마어마한 교육을 받은 과학자와 인문학자로 가득하다. 그들의 임무는 경제 체제, 성평등 실태, 인간 심리의 윤곽, 기후 변화 이면의 요인, 예술의 역할 등에 대해 가장 엄밀하고 신뢰할 만한 평가를 내리는 것이다.

언론과 학계가 정상적으로 작동한다면 민주주의 이야기 전쟁에서 중재자 역할을 할 수 있다. 신뢰할 수 있는 정보를 제시하여 논란을 해소할 수 있는 제도가 없다면 이야기 전쟁이 실제 싸움이나 냉전으로 치닫기 전에 막을 방법은 전무하다. 그러면 사회는 그대로 얼어붙어 문제들의 면전에서 속수무책일 것이다. 진실을 찾는 이 임무는 학계와 언론의 성스럽고도 필수 불가결한 사회적 역할이다. 우리가 이 임무를 제대로 해냈다면 탈진실 사회로의 추락은 일어나지 않았을 것이다.

주류 매체가 좌파에 편향되었다는 생각이 우파의 정치 구호라고 해서 이것이 반드시 거짓이라는 뜻은 아니다. 주류 매체에서 일하는 민주당원(28퍼센트)은 공화당원(7퍼센트)보다 네 배 많지만,[19] 당적이 없는 언론인의 절대다수가 실제로는 좌파에 기울어 있으면서도 자신의 정치 성향을 겉으로 드러내고 싶어 하지 않는다는 사실을 의심하는 사람은 거의 없다. 이를테면 내셔널퍼블릭라디오NPR 직원들의 정치 성향에 대한 통계를 찾을 수는 없었지만, 내가 수십 년간 매일같이 했듯 당신이 NPR에서 들려주는 이야기에 귀를 기울인다면 그들이 다양성을 증진하려고 무척 노력하고 있음에도 보도나 뉴스 프로그램 제작 부문에서 내용을 결정하는 위치에 공화당원이 단 한 명이라도 있으리라고는 도무지 상상할 수 없다는 결론에 도달할 것이다.

하지만 나는 우리 부족인 학계의 실패에 초점을 맞추고 싶다. 이곳에서는 이념적 편향 문제가 훨씬 극단적으로 나타나기 때문이다. 이를테면 1960년대 미국의 역사학과는 이미 압도적으로 좌파에 기울어 있었다. 공화당 역사학자 한 명당 민주당 역사학자는 2.7명이었다. 하지만 최근 미국 유수의 고등 교육 기관 마흔 곳에 재직 중인 8000명가량의 교원을 조사했더니 보수파 역사학자 대 진보파 역사학자의 비율은 1대 33.5명까지 치솟았다.[20]

법학자 캐스 선스틴Cass Sunstein의 연구에 따르면 무작위로 사람들을 골라 첨예한 주제에 대해 논쟁을 벌이게 하면 대체로 절충적인 입장에 도달한다고 한다. 당파적 신념, 태도, 행동이 상대편의 논리에 의해 누그러지는 것이다. 하지만 한쪽 편에 속한 사람들을 골라 낙태나 총기 규제 같은 첨예한 주제에 대해 자기들끼리 토론하도록 하면 그들은 중도적 입장으로 수렴하지 않는다. 균질한 집단이 회의론과 반론으로부터 격리되면 그들은 가장 극단적인 입장으로 치닫는다. 특정 정당 지지자로 가득한 방에서 이런 질문이 제기되는 일은 드물다. "우리 너무 나간 거 아냐?" 대개는 이렇게 묻는다. "이 정도로 되겠어?" 이 경향이 어찌나 확고하고 예측 가능하던지 선스틴은 여기에 "집단 양극화 법칙the law of group polarization"이라는 이름을 붙였다.[21]

역사학과는 극단적인 사례다. 하지만 정치적 성향이 한쪽으로 치우친 것은 어느 학계에서나 마찬가지다. 보수주의자를 자처하는 미국인(약 37퍼센트)이 진보주의자를 자처하는 미국인(약 24퍼센트)보다 많은 나라에서,[22] 조사에 따르면 대학 교원 중 민주당원 대 공화당원의 비율은 8대 1과 13대 1 사이였으며 특히 인류학과(41대 1), 영문학과(27대 1), 사회학과(27대 1)는 눈이 휘둥그레질 정도로 불균형이 심했다.[23] 가장 다양한 관점을 지닌 분야인 경제학과에서도 보수주의자는 진보주의자에 비해 4.5대 1로 열세다. 일부 분야에서는 이념 지형이 하도 획일적이어서 학과를 통틀어 '공개적' 공화당원이 단 한 명이라도 존재할 수 있으리라 상상하기 힘들 정도다. 실제로 미국 내 최상위 인문학 교육 기관 60곳 중 51곳을 조사했더니 젠더학, 평화학, 아프리카학 분야에서는 공화당원이 단 한 명도 없었다.[24]

학계는 이 불균형을 수십 년 전부터 인지하고 있었다. 대수롭지 않게 여기고 있었을 뿐이다. 내가 동료들에게 우려를 제기하면 가장 흔한 반응은 어깨를 으쓱하며 반농담조로 이렇게 대꾸하는 것이었다. "글쎄, 진실이 진보 쪽으로 편향된 걸 어쩌겠어?" 하지만 정말로 우리가 불편부당한 진실에 더 가까이 가고자 한다면 이 불균형은 우리가 하는 모든 연구와 강의의 진정성을 훼손하는 재앙이다. 분명히 말하지만 나는 이것이 관점의 차이에 따른 문제라고 말하는 것이 아니다(그런 측면도 있지만). 내 말은 학계 연구가 편향된 것처럼 보이는 것은 실제로 편향되었기 때문이라는 것이다. 그것도 체계적으로, 한 방향으로 편향되었다.

학계의 이념적 균일성이라는 문제를 악화하는 것은 성별, 인종, 성적 지향 같은 정체성 사안에서 신성불가침이자 도전을 불허하는 신조를 내세우는 무지막지한 권위주의적 성향이 커지고 있는 현실이다. 조리돌림, 발언권 박탈, 배제, 금지된 질문의 배척 등 공포로 순응을 강제하는 지적 분위기는 큰떠버리주의 못지않게 탈진실 세계에 일조한다.

이 책을 구상할 때만 해도 호전적이거나 논쟁적인 글을 쓸 계획은 없었다. 그럼에도 결국 유력한 사람들의 심기를 건드리긴 했다. 가톨릭교회, 그 밖의 종교인, 음모론자, 실리콘밸리의 기술 엘리트, 큰떠버리, 여전히 그를 사랑하며 완전 무장을 한 미국인 수천만 명의 예민한 구석을 공격한 것에 가책은 전혀 느끼지 않는다. 두려움은 더더욱 없다. 심지어 라프에서 종말 흉내 놀이를 하는 ISIS 전사들을 풍자적으로 묘사하면서 즐거운 시간을 보내기까지 했다(결국 삭제하긴 했지만 그건 논점이 중복되어서였지 두려워서는 아니었다).

내가 잠을 설친 것은 좌파의 성스러운 서사에 대해 조금이라도 이단적인 언급을 했을까 봐서였다. 여느 현대 작가와 마찬가지로 나는 언제든 한 발짝만 잘못 내디디면 스스로의 아우토다페(auto-da-fé: 스페인 종교 재판에 의한 화형—옮긴이)에 불을 당기게 된다는 것을 알고 있다. 광신적 우익이 아닌 나의 진보주의자 친구들이 화형장에 달려와 가스통을 흔들리라는 것을 알고 있다. 이런 자기 검열은 당신이 읽는 거의 모든 글을 왜곡하며 작가가 감히 무엇을 말하는지, 우리가 감히 그것을 어떻게 말하는지를 좌우한다. 어떤 전체주의 정권도 모든 이단자를 불태울 수는 없지만, 소수만 불태우면 나머지는 알아서 줄을 서기 마련이다. 제대로 겁을 주면 사상범죄자들은 선제적으로 자신의 책을, 적어도 이념적으로 부정확한 것들을 한 무더기 불태운다. 이것은 학계가 사상과 표현의 자유라는 고귀한 이상에 절대적 충성을 바친다면서도 여전히 이설異說을 결코 용납하지 않는다는 말과 같은 뜻이다.

마치 불관용, 겁박, 집단사고, 이념적 균질성이 당 노선을 따르는 비겁한 학문 풍토(소련 리센코주의[트로핌 데니소비치 리센코는 옛 소련의 생물학자로, 환경 조건의 변화로 유전성이 결정될 수 있다는 가설을 제기했는데, 과학적으로 잘못된 가설이었으나 대부분의 소련 학자들은 침묵하거나 동조했다—옮긴이] 의 축소판)로 이어지지 않을 것처럼 처신하는 것은 지평설과 인식론적으로 동일한 입장을 취하는 셈이다. 인간 인지와 이념의 깊은 편향에 대해 학자들 스스로 밝혀낸 사실들이 정작 자신에게는 적용되지 않는다고 무작정 우기는 셈이다.

하지만 대중은 그 사실이 우리에게 적용된다는 것을 알며 그에 따라 우리 연구의 신뢰도를 낮잡는다. 그리하여 학계는 이 나라 전반에 걸쳐 스스로의 권력을 허물었다. 현재 대부분의 공화당 지지자들(59퍼센트)은 고등 교육이 미국에서 선한 요인이 아니라 악한 요인이라고 말한다.[25] 이것은 당파성을 띨 수 있는 주제, 즉 대부분의 주제에 대한 모든 연구가 질과 무관하게 의심받으리라는 뜻이다. 교수진의 압도적인 이념적 편향으로 보건대 대중은 젠더 연구자가 임금 격차의 원인에 대해 이야기할 때 의심하고, 사회학자가 경찰 폭력을 연구하면서 적절한 질문을 던지는지 의심하고, 탄핵 심판에서 전문가 증언을 하는 역사가들의 저의를 의심할 만하다.

대중에게는 과학을 의심할 이유도 있을 것이다. 과학의 힘은 뉴턴이나 다윈 같은 천재 개개인에게 있는 것이 아니라 노골적인 거짓말에서 무의식적인 선입견에 이르는 예측 가능한 인간적 결함을 (수학적 엄밀성, 동료 평가, 재현을 요구함으로써) 막아주는 정교한 집단적 과정에 있다. 하지만 과학적 방법이 편견의 예방약이기는 해도 완벽한 해결책은 아니다. 학계 과학자들도 왼쪽으로 훌쩍 치우쳐 있으며, 우리는 그들이 던지는 질문과 그들이 선호하는 해석이 그로부터 영향을 받는다고 가정해야 한다. 따라서 연구는 인간이 결부된 분야에서 멀어질수록(이를테면 천체물리학) 덜 왜곡되고 생생한 사회적 관심 분야에 가까워질수록(이를테면 유전학, 사회학) 더 왜곡될 것이다.

심지어 과학자들이 연구를 자신의 정치 성향으로부터 완전히 격리하는 법을 알아내더라도 과학의 당파적 편향성은 여전히 홍보 면에서 재앙일 것이다. 예를 들어보자. 기후 변화라는 실존적 위협에 대처하는 우리의 역량을 무력화하다시피 한 지구 온난화 음모담의 창궐은 우익 선전가들이 지어낸 허구다. 하지만 이 허구가 먹힌 한 가지 이유는 진보파 학계가 (압도적으로 왼쪽으로 기울어진 기후학자 학계를 비롯하여) 실증적으로 편향된 탓에 음모가 그럴듯해 보였기 때문이다.

데모칼립스

Democalypse

나는 백치 미소를 짓고 있다. 나는 얼굴들이 남성에서 여성으로, 황인종에서 백인으로, 다시 다양한 색조의 황색으로 바뀌면서 내게 미소 짓는 동영상을 보고 있다. 젊은 여인이 나이가 들어 노인 남성으로 바뀌면서 완벽하던 피부가 메마른 것을 본다. 소담하게 풍성한 머리카락은 점차 줄어들다 거의 사라진다. 성격은 (웃어서 생긴) 팔자 주름에 새겨져 있으며 장신구, 의상, 화장, 헤어스타일의 섬세한 연출로 표현된다.

내가 백치 미소를 짓는 이유는 애간장을 녹이는 우리 종의 초상을 보면서 우리가 공유하는 인간성에 비하면 차이가 얼마나 하찮은지 실감하기 때문이다. 하지만 나의 미소는 더 문자 그대로의 의미에서도 백치 같은데, 그것은 화면 위의 얼굴이 진짜가 아니라는 걸 알기 때문이다. 저 얼굴들은 고성능 컴퓨터로 불러일으킨 극사실적 골렘(유대 민담에 등장하는 조각상으로, 종이에 주문을 써서 붙이면 생기를 얻는다—옮긴이)에 불과하다. 내가 저것들이 가짜 임을 아는 것은 오로지 지금 읽고 있는 《뉴욕타임스》 기사의 제목 'AI가 만든 가짜 사람들이 진짜처럼 보이는가?' 덕분이다.[26] 아직까지는 훈련받은 전문가의 눈에 장신구, 안경, 배경 묘사에서의 사소한 특이 사항 같은 AI의 작은 허점이 포착될 수 있다. 하지만 얼굴 표현 기술은 매 순간 학습하고 발전한다.

플라톤은 《국가》에서 "철학과 시는 옛날부터 사이가 나빴"다고 말한다.[27] 이 투쟁의 토대는 제약 없는 서사를 지어내고 싶은 이야기꾼의 욕망과 진실의 벽을 쌓아 그 서사를 제약하고 싶은 철학자의 욕망이다. 진실을 말하는 철학자와 허구를 지어내는 이야기꾼 사이의 균형이 이야기꾼에게 유리한 쪽으로 기울면 감정이 이성을 압도하고 사회가 분별력을 잃는다고 플라톤은 경고한다.

신기술, 특히 전파력이 어마어마하게 강한 소셜미디어 네트워크가 권력 균형을 진실 전달자에게 불리한 쪽으로 기울이고 있다. 이제 우리는 시쳇말로 딥페이크deepfake라고 불리는 이른바 위조 매체synthetic media의 여명을 맞았다. 이 현상은 모든 텍스트, 오디오, 비디오 자료가 감쪽같이 위조될 수 있는 세상을 예고한다.[28] 훗날 우리가 딥페이크의 여명을 돌아보면서 인류 역사의 중대한 전환점으로 규정하게 될까 봐 우려스럽다. 그것은 보고 듣는 것과 믿는 것 사이의 오래된 연결이 기술로 인해 끊어져 현실이 사망한 순간이다.

한두 세대 뒤에 어떤 골동품 수집가가 책을 발견한다면 그는

(앞 대목에서 제시된) 진실 탐구 기관의 정치적 편향에 대한 우려에 콧방귀를 뀔지도 모른다(에이, 사람들이 그런 걸 걱정했다고?). 기술 연구자들은 우리가 인포칼립스infocalypse, 즉 정보 종말을 향해 내달리고 있다고 경고한다. 모든 것의 증거를 위조할 수 있게 될 것이므로 어떤 것의 증거 또한 일축할 수 있게 될 테니 말이다. 그러면 합리적 의사결정의 근거적 토대가 풍비박산할 것이다.

인포칼립스가 일어나면 온갖 종말의 가능성이 어마어마하게 커진다. 실제 위험이 무엇인지에 동의하지 못하면서 어떻게 위험에 대처하기 위해 힘을 합칠 수 있겠는가? 따라서 이 인식론적 위기는 우리가 지금껏 맞닥뜨린 실존적 위기 중에서 가장 심각한 것인지도 모른다. 대부분의 위기가 여기에 포함되기 때문이다. 수많은 사람이 전문가를 믿지 못할 수많은 이유를 발견한 탓에 우리가 기후 변화에 제대로 대처하지 못하고 있는 현실은 앞으로 다가올 일에 대한 맛보기에 불과한지도 모른다.

한 가지 우려에만 초점을 맞추자면 논평가들은 인포칼립스가 데모칼립스, 즉 자유민주주의의 종말을 불러올 수도 있다고 걱정한다.[29] 정치학자 프랜시스 후쿠야마는 소련 붕괴의 어수선한 여파에 얼떨떨한 채 자유민주주의가 전 세계에서 번성하면서 (군주제든 공산제든 파시즘 체제든) 온갖 종류의 독재 체제가 급속히 사멸하고 있다고 주장했다. 그는 우리가 "역사의 종말"을 살아가고 있다는 명언을 남겼다.

후쿠야마의 주장은 자연재해, 전쟁, 경제 붕괴, 문화적 격변이

더는 일어나지 않으리라는 뜻이 아니었다. 오히려 그는 정치 체제의 번성과 실패가 생물학적 진화와 같은 원리, 즉 적자생존 원리를 따른다고 믿었다. 민주주의가 독재에 패배하고 있다는 정치학자들의 우려는 개코원숭이 같은 하등 영장류가 언젠가 인간을 뛰어넘을지도 모른다는 우려만큼이나 기우에 불과하다는 것이었다.

후쿠야마의 명제는 탄탄대로를 걷지 못했다. 하지만 수많은 추종자를 끌어모았는데, 그것은 도발적이어서가 아니라 통념적이어서였다. 후쿠야마의 강연을 들은 사람의 절대다수는 이미 민주주의가 경쟁 체제들에 비해 도덕적으로나 현실적으로나 우월하다고 믿고 있었다. 처칠은 이런 재담을 남겼다. "민주주의가 완벽하다거나 전지전능하다고 주장하는 사람은 아무도 없습니다. …… 민주주의는 최악의 정치 체제입니다. 이따금 시도된 나머지 모든 체제를 제외한다면 말이죠."[30]

후쿠야마와 처칠을 옹호하자면, 수렵채집인 정치의 가장 두드러진 특징은 권위주의 지배에 단호히 저항하고 합의에 기반한 의사결정을 강조하는 것이다. 그렇다면 자유에 대한 갈망과 거물(또는 당파)의 지배에 대한 증오가 인간의 자연적 성향이라는 말에는 실제로 일리가 있다. "자연 상태"의 인간이 민주주의적 동물이라고 말해도 과히 틀리진 않을 것이다.[31]

하지만 자연 상태(진화생물학자들이 말하는 '환경environment')는 영구적이지도 안정적이지도 않다. 그리고 환경이 달라지면 유기체(또는 정치 체제)는 적응해야 하며 그러지 못하면 죽는다. 바로 그런 변화가 약 1만 2000년 전 신석기 혁명과 함께 시작되었다. 농업이 출현하면서 인간은 훨씬 큰 집단을 이뤄 살 수 있게 되었으며 수렵채집인의 평등주의 체제는 그 뒤로 줄곧 후퇴했다.[32] 농경 덕분에 인구가 급증한 이후 족장, 영주, 국왕, 교황, 칼리프, 황제 등 온갖 권위주의 체제가 인류 사회를 지배했다.

오랫동안 잠들어 있던 민주주의적 충동은 그리스에서 잠시나마 불타올랐지만 그 뒤로 2000년간 서구 사회에서는 완전히 사라지다시피 했다. 새로운 형태의 민주주의가 나타나 점차 전 세계에 퍼진 것은 계몽주의 시대에 이르러서였다. 그러니 인류 역사의 기나긴 시야에서 보면 민주주의가 영구적 체제라거나 언제나 다른 체제들보다 뛰어나리라고 말하는 것은 잘못이다. 대규모 인간 집단을 통치하는 것으로 말할 것 같으면 다양한 형태의 권위주의가 훨씬 일반적이고 오랫동안 안정적이었다고 말하는 것이 진실에 더 가깝다. 민주주의가 미래에도 살아남는다면 그것은 본질적으로 우월하기 때문이 아니라 민주주의를 좋아하는 사람들이 그 섬세한 우연적 성격을 파악했기 때문일 것이다.

현대 민주주의는 '(증오와 거짓 같은) 나쁜 발언에 대한 해독제는 (사랑과 진실 같은) 나은 발언이다'라는 원칙을 따른다. 특히 미국에서는 경제적 시장은 규제받을 수 있지만 사상과 서사에 대해서는 수정헌법 제1조에 따라 극단적인 자유지상주의적 시장이 보장된다. 그 바탕은 '서사의 시장에서는 좋고 옳은 서사가 나쁘고 그른 서사를 결국은 이긴다'라는 신념이다. 자유 경제 시장에서 좋은 제품이 나쁜 제품을 이긴다고 우리가 믿는 것처럼 말이다.

하지만 사상의 탈진실 시장에서는 오정보misinformation와 역정보disinformation가 진실을 압도할 가능성이 훨씬 높다는 증거가 쌓이고 있다. 《사이언스》에 실린 심란한 논문에서 소루시 보수기Soroush Vosoughi 연구진은 거짓된 서사가 참된 서사를 이길 뿐 아니라 소셜미디어 플랫폼의 모든 전파 척도에서도 완승을 거둔다는 사실을 밝혀냈다.[33] 시의적절한 사례를 들자면, 또 다른 연구자들은 코로나19에 대한 정보를 연구하다가 "건강 관련 오정보를 퍼뜨리는 웹사이트 상위 열 곳이 올린 콘텐츠의 페이스북 조회 수가 세계보건기구와 질병통제예방센터 같은 보건 기관 상위 열 곳이 올린 콘텐츠의 조회 수보다 네 배 많은 것으로 추산된"다는 사실을 발견했다.[34] 이런 오정보 출처에서 비롯하는 혼란은 전염병 대유행의 인적·경제적 손실을 최소화하려는 노력에 걸림돌이 된다. 말하자면 바이러스가 미국에서 그토록 빠르게 번지는 이유는 허구가 진실보다 널리 퍼지기 때문이다.

윌리엄 버틀러 예이츠의 시 〈산산조각 나면(재림)〉에서 묘사하는 피비린내 나는 광경에서는 세상이 점점 격렬하고 빠르게 회전하다 결국 중심이 지탱하지 못하여 "순전한 무질서가 세상에 풀려난"다. 결코 멈추지 않는 분열과 오정보의 기계인 소셜미디어는 그 무엇보다 강력한 회전 중심이다. 페이스북과 트위터 같은 기업의 총수들은 과거의 강도 남작(robber baron: 19세기 미국에서 불공정한 수단으로 부를 축적한 기업인들을 이르는 말—옮긴이)처럼 막대한 가치를 창출했지만 엄청난 외부 효과를 모든 시민에게 전가하기도 했다. 강도 남작의 시대에 벌어진 부정적 외부 효과의 사례로 노동력 착취와 환경 파괴가 있었다면 소셜미디어 시대의 플랫폼들은 증오, 분열, 망상 같은 맹독성 사회적 발암물질을 정치체의 혈류에 주입했다.

개혁가들에게는 이 문제를 해결할 방법이 있다. 소셜미디어를 규제하고 가장 큰 플랫폼들을 쪼개면 된다.[35] 그래, 제발 좀 그렇게 해보자. 소셜미디어는 아직 10년이 채 되지 않았으며 허리케인처럼 우리에게 몰아쳤다. 그러니 우리가 소셜미디어를 통제하에 두거나 무너진 건물을 재건할 수 없다고 결론 내리긴 너무 이르다.

하지만 비관할 이유도 있다. 이를테면 페이스북은 서사 유포 플랫폼으로서의 성격이 두드러진다. 사실 페이스북은 역사상 단연 가장 크고 강력한 매체가 되어 30억 명에게 콘텐츠를 배포하고 있으며 가입자 수는 점점 늘고 있다. 페이스북이 승승장구한 것은 주의를 사로잡는 새로운 방법을 발견했기 때문이 아니다. 뭉뚱그려 말하자면 페이스북의 알고리즘은 주의를 사로잡는 가장 오래된 방법인 스토리텔링의 보편문법을 독자적으로 발견하고 그것을 어마어마한 규모로 전파하는 방법을 알아낸 것에 불과하다. 알고리즘을 작동시키는 지능은 인공적일지 몰라도 그 대상이 되는 서사심리는 전적으로 자연적이다.

페이스북의 부정적 외부 효과를 없애고 싶어 하는 것은 스토리텔링의 보편문법을 없애고 싶어 하는 것과 다를 바 없다. 그것은 소셜미디어 기업들이 어둡고 분열적이고 도덕적인 분노를 유발하는 재료에 단순히 반응하는 것이 아니라 그런 수요를 창조하고 있다고 공상하는 격이다. 따라서 진실, 선함, 긍정의 서사를 전파하는 또 다른 알고리즘이 페이스북 못지않게 승승장구할 수 있다고 공상하는 격이다. 하지만 무료든 구독이든 어떤 사업 모형을 채택하든 소셜미디어 플랫폼은 자연스럽게 서사심리의 내재적 규칙성에 순응할 것이다. 어두운 서사일수록 도덕주의적 에너지가 넘치고 이야기 전쟁에서 승리할 가능성이 커진다는 규칙성 말이다.

플라톤의 국가, 중국

Plato's Republic of China

이야기가 어떻게 집단 정체성을 빚어내는가에 대한 논문에서 심리학자 루카스 비에티Lucas Bietti와 동료들은 "스토리텔링은 (논란의 여지가 있지만) 집단적 의미 부여를 달성하는 주된 사회적 활동"이라고 주장한다.[36] 말하자면 스토리텔링은 사회 전체가 모든 중요한 사안에서 의견 일치를 보기 위한 방법이다.

플라톤이 《국가》를 쓰고 2400년 뒤 그의 꿈을 실현할 기술적 조건이 마침내 마련되었다. 중국공산당의 이야기꾼 왕들은 하드파워에 대한 의존도를 점차 줄여가면서 국가 규모의 이야기우주를 빚어내어 국민으로부터 순응을 얻어낼 수 있을 것이다. 모든 미디어 채널을 전면적으로 통제하는 이 총체적 국가 감시 계획은 이미 매우 성숙한 단계에 도달해 있다. PBS의 다큐멘터리 시리즈 〈프런트라인Frontline〉 최신화의 제작자들이 말한다. "기술을 통해 인간을 통제하는 새로운 통치 형태가 중국에서 개발되어 이미 전 세계에 수출되고 있는데, 그 덕에 권위주의 정부들은 국민을 무시무시할 정도로 통제할 수 있다. 21세기의 주된 이념적 전투는 중국의 권위주의 모형 대 점차 위태로워지는 서구의 자유민주주의 사이에서 벌어질 것이다."[37]

우리가 이기는 쪽에 내기를 걸 사람이 누가 있을까?

중국의 학자 류밍푸刘明福가 말한다. "위대한 나라는 국가적 단결이 필요하다."[38] 국가 간의 경쟁은 십중팔구 어느 쪽이 더 통일적인가의 경쟁이다. 국가적 단결로 말할 것 같으면 중국은 본질적 이점들이 있다. 한족이 95퍼센트인 단일 민족이며 문명국가로서의 역사가 5000년에 이른다. 공산당이 부여하는 공동의 신화도 있다. 서구(특히 미국) 문화의 골칫거리 개인주의와 달리 개인보다 집단을 우선시하는 집단주의적 문화 성향을 지니고 있다.[39] 중국이 서구 민주주의보다 우위에 있는 것은 이런 국가적 단결의 측면에서만이 아니다. 디지털 도구는 우리에게는 무척 위협적이며 점차 격렬해지고 파괴적으로 치닫는 내부적 이야기 전쟁이 미래를 초토화할 것이 분명하지만 중국에서는 이야기 평화를 가져올 것이 분명하다.

중국(과 그 밖의 권위주의 국가들)은 이미 서구에 맞서 이야기 전쟁의 도구를 무기화하고 있으며 그들이 공들여 만든 이야기우주는 만리장성(중국 정부가 자국 인터넷망을 보호하기 위해 구축한 방화벽—옮긴이)의 성벽 뒤에서 보호받는다. 딥페이크는 중국인들에게 위협이 되지 않는다. 오히려 딥페이크는 중국 국민을 통치자들이 상상할 수 있는 모든 허구적 꿈속에 매달아둔다는 플라톤적·전체주의적 목표의 실현에 더 가까워 보인다. 어쩌면 우리는 이 모든 것에 열린 마음을 가지려고 노력해야 하는지도 모르겠다. 중국이 건설하는 매트릭스는 SF적 악몽이 아닐 수도 있다. 어쨌거나 영화 〈매트릭스〉에서도 시뮬레이션은 꽤 살기 좋은 장소였으니까. 〈매트릭스〉에서 정말로 오싹한 상황은 시뮬레이션이 아니라 날것의 현실이라는 지옥에 떨어지는 것이다. 게다가 중국이 빚어내는 것이 무엇이든 그것은 자유 사회가 맞닥뜨릴 것만큼 불쾌하지는 않을지도 모른다. 중국인들이 단일한 매트릭스의 획일성 속에서 살아가긴 하지만 자유 사회의 시민들은 점점 나쁜 쪽으로 치닫는 이야기 전쟁에 갇힌 채 상호 배타적인 매트릭스의 다양성 속에서 살아가니까.

결론:
모험에의 소명

CONCLUSION: A Call to Adventure

로버트 펜 워런Robert Penn Warren(1905~1989)은 퓰리처상을 받은 《왕의 모든 신하All the King's Men》(1946)의 저자로 가장 잘 알려져 있다. 하지만 산문보다 운문에 더 뛰어났던 그는 시로 퓰리처상을 두 번 더 받았으며 미국 최초의 계관시인으로 추앙받는다. 그가 쓴 위대한 이야기시 〈오듀본Audubon〉(1969)의 한 구절은 이 책의 제사로 안성맞춤이다.

이야기를 들려달라.
이 광란의 세기에, 순간에,
이야기를 들려달라.

워런이 이 시를 쓴 시기는 광기의 세기 중 광기의 순간이었다. 위대한 미술가이자 박물학자 장 자크 오듀본Jean Jacques Audubon

(1785~1851)에 대한 시는 베트남전쟁의 광란이 극에 달했을 때 탄생했다. 당시는 남북전쟁 이래로 유례를 찾을 수 없는 국가적 분열과 문화적 격변의 시기였다. 그리고 그 광기의 순간에는 20세기의 훨씬 커다란 광기가 담겨 있었다. 워런의 시를 읽은 대부분의 독자는 제2차 세계대전을 겪었으며 상당수는 워런 본인이 그랬듯 제1차 세계대전과 대공황도 거쳤을 터였다. 모두가 냉전의 가장 매서운 순간을 헤쳐나왔을 것이다. 하루하루 핵전쟁이 벌어지지 않으면 운이 좋았다고 생각하던 나날이었다.

워런은 장시를 마무리하면서 서사의 가장 심오한 연금술을 부릴 "깊은 기쁨"의 이야기를 들려달라고 청한다. 그것은 혼란을 질서로, 광기를 의미로 탈바꿈시키는 이야기였다.

물론 사람들은 언제나 자신이 광기의 시대를 살아가며 말세가 가까웠다고 느끼는 듯하다. 그들은 언제나 광기에 의미를 부여하고 위안을 선사하는 이야기를 갈구한다.

하지만 이야기꾼들이 우리를 구원하리라 기대할 수 없다는 이유만으로도 우리가 살아가는 광기의 순간은 정말로 특별해 보인다. 문화적·기술적 변화의 속도 때문에, 한때 우리를 고양하고 단합시키던 이야기가 도리어 광기를 일으키고 있다. 해체와 무질서의 치료제가 오히려 해체와 무질서의 원인이 되고 있다.

그리하여 여기 이 책이 줄곧 향하던 물음이 있다. 이야기가, 이야기꾼이 강해지고 강해질수록, 사실과 근거의 힘이 약해지고 약해질수록, (우리가 스스로 분열한다는 의미에서의, 또한 위험한 집단적

망상 속에서 살아가고 있다는 의미에서의) 사회적 정신분열증으로부터 우리 스스로를 구해내려면 무엇을 해야 할까?

분명한 것은 하나뿐이다. 그 일이 쉽지 않으리라는 것.

동굴 비유

Allegory of a Cave

약 1만 5000년 전 피레네산맥 자락에서, 우리가 지금 프랑스라고 부르는 땅에서 한 남자가 무릎 높이의 작은 강에 선 채 물에 잠긴 동굴 어귀를 바라보고 있었다.[1] 땅의 진흙 냄새를 머금은 강물은 동굴에서 흘러나왔다. 남자는 점차 깊어지는 물속으로 첨벙첨벙 발을 내디뎠다. 어두운 동굴 속으로 들어가자 강물이 수염을 적셨다. 그는 타닥거리는 횃불을 높이 쳐들고 물살에 몸을 실었다. 30미터를 걸어간 뒤 좁은 자갈 기슭으로 올라가 횃불의 빛 안에서 이빨을 딱딱거리며 한동안 서 있었다.

그는 벽에 바싹 붙은 채 자갈을 오도독오도독 지르밟으며 동굴 속으로 더 깊이 들어갔다. 위를 올려다보니 위에 돌칼들이 매달려 있고 벽에 아이벡스와 들소 형체가 새겨진 것이 보였다. 그는 12미터 위로 뻗은 수직굴에 이르렀다. 굴 안에는 나뭇가지가 빼곡히 꽂혀 있었다. 그는 사다리를 오르듯 나뭇가지를 디디고 올라갔다.

그가 들어선 공간은 하도 좁아서 서 있을 수 없었다. 그래서 벽에 둘러싸인 채 손과 무릎으로 기면서 나아갔다. 이따금 몸을 일으킬 수 있었다. 이따금 땅에 엎드려 넓은 어깨를 꼼지락거리며 어둠 속으로 깊이 더 깊이 들어가야 했다. 그는 발치에 깊고 굶주린 목구멍처럼 뚫린 구덩이를 빙 둘러 걸어갔다. 동굴곰의 뼈를 지나쳤다. 석영암이 별처럼 반짝거리는 작은 방을 통과했다.

드디어 목적지에 도착했다. 커다란 사발을 뒤집어놓은 듯한 방이었다. 남자는 주머니에서 속이 빈 돌멩이를 꺼냈다. 돌멩이 안쪽은 기름이 엉겨 허옜다. 기름에 꽂혀 있는 심지에 불을 붙이자 램프가 불꽃을 타닥거리고 연기를 피워 올리며 빛을 발했다. 남자는 방의 한쪽 구석에 무릎을 꿇고 앉아 돌멩이로 진흙 바닥을 파고 긁어냈다. 두꺼운 점토판을 캐내어 반대편으로 날랐다. 점토판을 낮은 바위에 기대 세운 다음 손과 돌멩이와 아이벡스 뿔로 형체를 빚기 시작했다. 우툴두툴한 부분은 웅덩이 물로 문질러 매끈하게 다듬었다. 그는 진흙 들소 두 마리를 빚었다. 수컷이 암컷을 올라타고 있었다. 조각은 수천 년간 암흑 속에서 누구의 눈에도 띄지 않은 채 서 있다가 1908년 모험가들에게 발견되었다.

이 간략한 이야기에서 놀라운 점은 대부분 사실이라는 것이다. 약 1만 5000년 전 프랑스에서 한 사람 또는 여러 사람이 실제로 구불구불한 땅의 창자 속으로 1킬로미터 가까이 헤엄치고 오르고 기어 들어가 예술품을 만든 뒤 그곳에 내버려 두었다.

튀크 도두베르 동굴Tuc d'Audoubert caves 진흙 들소의 발견은 20세기의 여러 충격적 발견 중 하나로, 이 정교한 동굴 미술의 역사는 수만 년 전으로 거슬러 올라간다.[2] 이 발견들은 석기시대 조상들이 어떤 사람이었는가에 대한 우리의 생각을 완전히 바꿔놓았다. 그들은 그르렁거리는 털북숭이 혈거인이 아니었다. 예술혼의 소유자였다. 그들은 인간이 문화적으로뿐 아니라 본성적으로도 예술을 제작하고 예술을 소비하고 예술에 중독된 유인원임을 우리에게 보여주었다.

선사시대 사람들은 짧고 고되고 위험한 삶을 살았다. 적대적인 부족, 위험한 짐승, 혹독한 겨울을 맞닥뜨렸다. 짝에게 구애하고 자식을 먹이고 경쟁자를 물리쳐야 했다. 그들은 왜 곰과 아득한 미로와 악귀가 출몰하는 암흑을 무릅쓰고 동굴에 들어갔을까? 왜 그곳에 가서 그림을 그리고 조각을 하고, (어쩌면) 노래하고 춤추고 이야기를 했을까?

들소 두 마리의 조각에 대해 우리는 결코 진상을 알 수 없을 것이다. 하지만 이야기는 지금처럼 언제나 예술의 여왕이었다. 음악, 조각, 그림, 무용에 대한 우리의 사랑은 대체로 스토리텔링에 대한 매혹의 다른 표현이다. 우리가 발레 공연에 가는 것은 이야기가 춤추는 것을 보기 위해서다. 루브르박물관을 거니는 것은 신화와 역사에서 비롯한 강력한 이야기의 거대한 선집을 거니는 것이다. 그 이야기는 돌로 표현되기도 하고 그림으로 표현되기도 하고 직물로 표현되기도 한다. 사람들이 루브르에 가는 것은 예술가의 기예에 경탄하기 위해서지만, 비극적 영웅, 애처로운 처녀, 분노한 신에 대한 (서구 문화를 통틀어 가장 오래된) 이야기를 시각 예술의 형태로 경험하기 위해서기도 하다.

그래서 전문가들은 들소 조각 두 점이 종교적 성격을 띠고 있으며 신이나 정령, 기원, 종말에 대한 어떤 부족의 가장 소중한 이야기를 담고 있다고 말한다.[3] 어른과 아이의 발자국이 통로의 딱딱한 진흙에 찍힌 것으로 보건대 조각가의 부족 사람들은 그의 작품에 경탄하고 그의 이야기에 빠져들었을 것이다.

이 모든 일의 인간적인 모습에는 아프도록 아름다운 무언가가 있다. 하지만 이것은 우리의 스토리텔링 본능이 얼마나 깊이 흐르고 있는지, 사람들이 언제나 이야기를 하고 소비하던 방식을 조금이라도 바꾸기가 얼마나 힘들지 보여주는 것이기도 하다. 당신이 진흙으로 이야기를 빚어 땅 밑 어둠 속에 묻어둔다면 사람들은 헤엄치고 올라가고 기어가서라도 그곳에 찾아가려고 목숨을 걸 것이다.

스토리텔링은 서두에 말했듯 인류의 필수적 독이다. 우리의 생존에 산소만큼 필수적이며 그만큼 치명적이다. 이 책을 쓰면서 나의 한 가지 바람은 스토리텔링의 필수적이고 즐거운 측면을 유지하면서도 독의 가장 나쁜 성분을 걸러내는 전략을 고안하는 것이었다. 그럴 수 있는 가능성의 추가 긍정적인 방향으로 조금이나마 기울었다고 생각하지 않았다면 이 책을 쓰는 수고를 감수하지 않았을 것이다.

하지만 선사시대 조각가가 자신의 이야기를 진흙에 새기는 광경에 대해 생각하고 내가 쓴 페이지들을 훑어보면서 의심에 휩싸인다. 비관의 이유를 최대한 단도직입적으로 표현해보겠다. 이야기에서 독을 걸러내는 것이 힘든 이유는 이제 와 돌이켜 생각하니 명백해 보인다. 이야기는 이미 순수한 증류액이다. 증류한다는 것은 혼합물의 여러 성분을 분리하는 것이다. 그래서 증류수는 모든 불순물을 제거하고 따로 뽑아낸 H_2O다. 증류주는 쿰쿰한 탄수화물 곤죽을 모조리 발효통에 남겨두고 뽑아낸 에탄올이다. 이야기는 지루하고 무질서하고 이야깃거리가 되지 못하는 현실의 맹숭맹숭한 곤죽을 끓여 뽑아낸 보편문법의 주정酒精이다.

필수적 독의 유해 성분을 중화하는 유일한 방법은 지루한 조각, 윤리적으로 부적절한 조각, 감정을 유발하지 않는 조각, 주인공들이 햇볕을 쬐는 한가로운 나날 같은 맹숭맹숭한 곤죽을 증류액에 다시 부어 넣는 것이다. 이 일이 가능하다고 상상하는 것은 인간이 이야기 없이 살아갈 수 있으리라는 플라톤의 첫 번째 꿈으로 돌아가는 셈이다.

우리는 그럴 수 없다. 설령 그럴 수 있더라도 결코 그러지 않는다. 온 세상을 구할 수 있더라도. 우리는 맨정신으로 엄숙하게 있기보다 증류된 이야기에 도취하고 싶어 한다. 술에 취해 아수라장이 벌어지더라도.

인류가 존재한 기간 내내 우리는 똑같은 오래된 이야기를 똑같은 오래된 방식으로 똑같은 오래된 이유로 주고받았다. 플라톤이 《국가》에서 권고하고 전 세계 독재자들이 언제나 실시하려 든 노골적 탄압이 아니고서는 이 성향을 바꾸긴 힘들 것이다. 이 결론에 도달하는 것이 두려운 이유는 인류가 이야기 없이 살아갈 수 없음이 분명하기 때문이다. 하지만 기술이 이야기의 힘을 계속해서 증폭한다면 우리는 이야기와 더불어서도 그다지 오래 살아갈 수 없을지 모른다.

자신을 알라

Know Thyself

플라톤이 이야기를 공격한 일은 유명하다. 하지만 이 때문에 인간이 이야기와 맺는 일상적 관계가 달라졌으리라고는 생각지 않는다. 철학자 칼 포퍼는 나치와 소련의 범죄가 플라톤 탓이라고 주장했지만[4] 그가 플라톤의 이상적 국가와 (광신적 얼간이가 통치하는) 온갖 전체주의적 디스토피아를 나란히 놓은 것은 고전 문학에 깊이 심취한 결과라기보다는 열정적인 유토피아적 몽상의 결과에 가까워 보인다.

스토리텔링에 대한 플라톤의 경고는 시인들을 격분시키고 그들의 반대 성명을 촉발한 것을 제외하면[5] 거의 영향을 미치지 못했는데, 이유는 간단하다. 아무도 그의 말을 믿지 않았기 때문이다. 우리에게 그토록 많은 선함과 의미와 쾌락을 선사하는 이야기가 혼란, 비논리, 잔인함의 원뿌리일 수도 있음은 스토리텔링 애니멀에게는 받아들이기 힘든 사실이다.

그리고 대부분의 사람들은 여전히 믿지 못한다. 이 책을 쓰려고 조사하던 초창기 어느 아침 나는 대학교 심리학과 라운지에서 여러 심리학 분야의 최근 교과서 스무 권가량의 차례와 찾아보기 목록을 열심히 들여다보고 있었다. 이야기나 서사에 해당하는 모든 낱말에 대한 참고문헌을 찾고 있었다. 아이디어, 개념, 참고할 학술지 논문의 서지 사항을 적으려고 공책을 꺼내두었는데, 탐색이 끝났을 때 공책은 여전히 백지였다. 하나도 찾지 못했다.

이야기 과학은 존재한다. 그렇지 않다면 이 책은 쓰일 수 없었을 것이다. 하지만 이야기 과학은 매우 어린 학문이어서 우리가 아는 것은 모르는 것에 비하면 새 발의 피다. 이야기 과학은 인문학의 심장 가까이에 있는 원래 자리를 향해 나아가기는커녕 교과서에 발을 디디지도 못했다.

'자신을 알라'라는 델포이의 격언은 지적 삶과 모든 사회 개량 계획의 토대다. 자신을 알지 못하면 자신을 고칠 수 없다. 앞에서 나는 우리가 자신을 잘 알지 못한다고 주장했다. 우리는 자신이 호모 사피엔스 못지않게 호모 픽투스임을 모르며 이것이 모든 것을 위협한다는 사실을 모른다.

문명의 최대 문제들을 해결하고 싶다면 이야기가 우리의 마음과 사회에 작용하는 은밀한 방식을 훨씬 똑똑히 이해해야 한다. 이 말은 인문학과 사회학을 망라하여 학자들로 하여금 서사심리라는 새로운 분야에 대규모 학제 간 연구를 시작함으로써 굵고 성긴 인문학적 지식에 과학의 특수 연장을 접목하도록 독려해야 한다는 뜻이다.

내가 야심 찬 젊은 연구자의 귓가에 이렇게 속삭이는 것을 양해해달라. 이야기 과학의 나무에는 맛있는 열매가 낮은 가지에 잔뜩 달려 있다. 실컷 먹고 명성으로 배를 불리라. 연구를 통해 세상을 구할 수도 있다면 금상첨화 아니겠는가? 용감한 학자여, 이것은 모험에의 소명이라고 알려진 것이다.

나머지 사람들에게는 이렇게 말하고 싶다. 이야기하는 마음에 대해 우리가 아직 충분히 알지 못한다고 해서 우리가 아무것도 모른다거나 이 지식을 활용하는 게 시기상조라는 뜻은 아니라고.

이 책 첫머리에서 내가 외친 "결코 이야기꾼을 믿지 말라"라는 말은 당신에게 한 것일 뿐 아니라 당신에 대해 한 것이기도 하다. 우리는 모두 이야기꾼이며 따라서 믿으면 안 된다. 적어도 우리 자신은 그러면 안 된다.

개인 차원에서 모든 사람은 현실보다 더 기운을 북돋우고 윤곽이 선명한 이야기에 빠져들어 밖으로 나오길 거부하는 라프적 성향이 자신에게 있음을 자각해야 한다. 시뮬레이션은 지루하고 도덕적으로 모호한 현실 세계보다 더 살기 좋은 장소이기 때문이다. 무엇보다 다른 사람이 말하는 이야기뿐 아니라 우리가 스스로에게 말하는 이야기의 도덕적 단순화에 대해서도 의심하는 능력을 길러야 한다.

하지만 타인의 입 냄새를 맡기는 너무 쉽고 자신의 입 냄새를 맡기는 너무 힘들다. 나의 독자들이 페이지 위로 몸을 숙인 채 자신이 좋아하지 않는 사람들과 서사에 나의 논점이 적용될 때는 흐

못하게 체크 표시를 하다가 자신의 일관된 세계와 정체성 감각에 가장 중요한 서사에 적용될 때는 삭제 표시를 하는 광경을 상상해 본다. 독자여, 나는 당신을 모욕하려는 것이 아니다. 당신이 인간 이며 따라서 어느 정도는 서사에 빠져 있다고 가정할 뿐이다.

하지만 우리는 무력하지 않다. 사람들은 (주위에 좋은 친구가 있어서) 자신에게서 입 냄새가 난다는 말을 들으면 위생에 신경 쓰고 음식을 가려 먹고 대화할 때 상대방과 거리를 둔다. 손으로 입과 코를 감싸고 입 냄새를 확인하는 습관을 들일지도 모른다. 별것 아니다!

우리 머릿속에 들어 있는 이야기도 마찬가지다. 우리는 의심하는 습관을 들여야 한다. 자신의 이야기에서 과장, 위조, 비논리 같은 허튼소리의 낌새를 알아차리는 법을 배워야 한다. 이 책은 내가 친구로서 당신에게 건네는 조언이다. 이 책에서 다룬 다양한 서사적 입 냄새는 당신에게도 예외가 아니다. 누구도 그럴 수 없다.

하지만 나는 우리가 타고난 충동을 조절하는 법을 배울 수 있듯 스토리텔링 편향에 대해서도 통제력을 발휘할 수 있다고 믿는다. 이 충동이 진짜이고 만일 자동항법장치로 운항하도록 내버려두면 우리를 엉뚱한 곳으로 데려갈 것임을 깨닫기만 하면 된다. 이를테면 나는 도덕주의적 분노가 치미는 것이 느껴지거나 나 자신이 어떤 사람을 악당으로 만들어 그를 비인간화하고 있음을 알아차리면 심호흡을 하고서 그 이야기를 다른 식으로 상상하려고 애쓴다. 이렇게 함으로써 내 뇌의 자동적 처리 과정에 대해 관리

통제권을 행사한다. 이렇게 할 수 없거나 하지 않으려 든다면 나는 머릿속 이야기의 주인이 아니라 노예에 불과하며, 나를 옭아맨 사슬을 감지하지도 못하기에 더욱 비천한 신세다.

마지막 때

End Time

사실 아테네의 황금시대는 페르시아와 영웅적 전쟁을 치른 때로부터 스파르타와 폭력을 주고받은 끔찍한 수십 년간에 이르기까지 불과 한 세대 동안 지속되었다. 활기찬 민주주의, 아크로폴리스의 기념물을 건축한 거대한 제국의 부, 영원한 진리를 논한 흰옷 걸친 철학자들을 비롯하여 우리가 고대 아테네 하면 금세 떠올리는 모든 것은 대부분 두 대전쟁 사이에 찰나적으로 번득인 평화의 산물이었다.

하지만 플라톤은 아테네가 영광을 누리던 시대에 태어나지 않았다. 그 뒤에 이어진 쇠락의 시기에 태어났다. 아테네가 이제껏 겪어보지 못한 최악의 역병과 가장 길고 잔혹한 전쟁의 와중에 태어났다. 스파르타와의 전쟁은 아테네인을 단합시키기는커녕 모든 분열에 불을 붙였다. 플라톤은 아테네인들이 스파르타인 점령군을 몰아내자마자 내전에 돌입하는 꼴을 보았다. 사랑하는 스승 소크라테스를 비롯한 많은 목숨을 앗은 중우정치의 시대가 밝는 것을 보았다.

해결된 것은 아무것도 없었다. 전쟁은 영영 낫지 않을 불치병처럼 보였다. 사람들은 (호메로스 말마따나) "젊어서부터 늙을 때까지 …… 비참한 전쟁의 실타래를 감"을 운명이었다.[6] 펠로폰네소스 전쟁이 끝나고 10년이 채 지나지 않아 아테네는 다시 스파르타와 전쟁을 벌였다.

플라톤의 시대에는 앞으로 더 암울한 나날이 다가올지도 모른다는 생각이 팽배해 있었다.[7] 적의 대군이 창과 노예 목걸이를 들고 지평선까지 늘어설지도 모른다. 그리스는 외부의 힘에 의해 무너지지 않더라도 속으로부터 피를 흘려 죽을 것이다. 끔찍한 일은 재앙이 다가오는 것을 사람들이 감지하더라도 그 사태를 어떻게 막아야 할지 중지를 모을 수 없었다는 것이다.

플라톤이 살아서 본 광경은 마케도니아제국이 힘을 키워 전면적인 침공 전 첫 번째 탐색전을 벌일 때까지였다. 그가 사망한 직후 마케도니아 방진이 북쪽에서 휩쓸고 내려왔으며 그리스의 영광은 역사 속으로 사라졌다.

플라톤이 맞닥뜨린 역사적 조건들은 대부분 우리 시대에서도 찾아볼 수 있다. 창궐하는 전염병 대유행. 수십 년째 계속되는 전쟁. 포퓰리즘 운동을 이끄는 무자비한 선동가의 부상. 끓어오르는 민족적·계급적 긴장. 우리 문명에 대한 확신의 약화, 외세의 발호, (핵전쟁, 기후 변화, 새로운 역병, AI의 부상, 구식의 파벌 싸움 등) 점점 뚜렷해지는 실존적 위협. 우리가 플라톤의 시대와 공유하는 또 다른 특징은 여러 종류의 궤변 때문에 사람들이 같은 현실을 보지 못하는 탈진실 세계에 접어들고 있다는 두려움이다. 어느 문제가 진짜이고 어느 문제가 이야기에 불과한지 합의하지 못한다면 어떻게 문제 해결을 위해 힘을 합칠 수 있겠는가?

플라톤이 《국가》를 쓴 것은 우리를 위해서가 아니었다. 그는 젊은 철학도들이 2400년 뒤에도 자신의 책을 읽으리라거나 나 같은 사람들이 여전히 자신의 책을 해부하리라고는 상상하지 못했을 것이다. 플라톤이 《국가》를 쓴 것은 자신의 세상을 구하기 위해서였다. 그는 실패했다. 그는 충분히 알지 못했다. 그는 과학 이전의 시대에 살았으며 디디고 올라설 거인의 어깨가 없었다. 하지만 이야기의 위험에 대한 플라톤에 경고에 귀를 기울이고 과학 지식에 기반한 현대적 해결책을 모색한다면 우리는 자신의 세상을 구할 수 있을지도 모른다.

가장 중요한 절차는 우리를 분열시키는 이야기를 헤쳐나갈 수 있도록 더 너그러운 경험칙을 마련하는 것이다. 내가 제안하는 경험칙은 아래와 같다.

이야기를 증오하고 거부하라.
하지만 이야기꾼을 증오하지 않으려고 노력하라.
그리고 평화와 자신의 영혼을 위해,
이야기에 말 그대로 반할 수밖에 없는 가련한 자들을
경멸하지 말라.

우리 뇌가 이야기를 소비하고 창조하는 자동적 방식을 통제하기란 힘들 것이며 결국 실패할지도 모른다. 인류를 탄생시킨 스토리텔링 본능이 돌아서서 우리를 짓밟을지도 모른다. 하지만 위험이 진짜가 아니고 해결책이 막막하지 않다면 영웅은 필요하지 않을 것이다.

용감한 독자여, 이것은 모험에의 소명이라고 알려진 것이다.

감사의 글

도움을 준 사람들에게 감사한다. 아내 티파니. 동생 가르시아 로베르토. 어머니 마샤. 친구 브라이언 보이드, 마티아스 클라센, 타라 피, 멜러니 그린, 제니퍼 하링. 총괄 편집자 켈리 렌케비치. 교열 편집자 크리스티나 팔라이아. 저작권 대리인 톰 밀러. 편집자 에릭 헤니.

참고문헌

- Ahren, Raphael. 2020. "World War II Was Caused by Hatred of Jews, Preeminent Holocaust Scholar Says." *Times of Israel*, January 20, 2020. www.timesofisrael.com/world-war-ii-was-caused-by-hatred-of-jews-preeminent-holocaust-scholar-says/.

- Allen, M., and R. W. Preiss. 1997. "Comparing the Persuasiveness of Narrative and Statistical Evidence Using Meta-Analysis." *Communication Research Reports* 14 (2): 125–131.

- Alter, Alexandra. 2020. "The 'Trump Bump' for Books Has Been Significant. Can It Continue?" *New York Times*, December 24, 2020, B1.

- Andersen, Marc Malmdorf, Uffe Schjoedt, Henry Price, Fernando E. Rosas, Coltan Scrivner, and Mathias Clasen. 2020. "Playing with Fear: A Field Study in Recreational Horror." *Psychological Science* 31 (12): 1497.

- Anderson, Ross. 2020. "The Panopticon Is Already Here." *The Atlantic*, September 2020, 56–68.

- Appel, Markus. 2008. "Fictional Narratives Cultivate Just-World Beliefs." *Journal of Communications* 58:62–83.

- Appel, Markus, and Tobias Richter. 2007. "Persuasive Effects of Fictional Narratives Increase over Time." *Media Psychology* 10:113–135.

- Arendt, Hannah. (1948) 1994. *The Origins of Totalitarianism*. Reprint, New York: Harcourt, Brace, Jovanovich. 한국어판은 《전체주의의 기원》(한길사, 2006).

- Argo, Jennifer, Rui Zhu, and Darren W. Dahl. 2008. "Fact or Fiction: An Investigation of Empathy Differences in Response to Emotional Melodramatic Entertainment." *Journal of Consumer*

Research 34:614 – 623.

- Arieti, James. 1991. *Interpreting Plato: The Dialogues as Drama*. Lanham, MD: Rowman & Littlefield Publishers.

- Asma, Stephen. 2017. *The Evolution of Imagination*. Chicago: University of Chicago Press.

- Atran, Scott. 2003. "Genesis of Suicide Terrorism." *Science* 299:1534 – 1539.

- ———. 2006. "The Moral Logic and Growth of Suicide Terrorism." *Washington Quarterly* 29:127 – 1247.

- Aubert, Maxime, Rustan Lebe, Adhi Agus Oktaviana, Muhammad Tang, Basran Burhan, Hamrullah, Andi Jusdi, et al. 2019. "Earliest Hunting Scene in Prehistoric Art." *Nature* 576:442 – 445.

- AVAAZ. 2020. *Facebook's Algorithm: A Major Threat to Public Health*. August 19, 2020. avaazimages,avaaz.org/facebook_threat_ health.pdf.

- Azéma, Marc, and Florent Rivère. 2012. "Animation in Palaeolithic Art: A Pre-Echo of Cinema." *Antiquity* 86:316 – 324.

- Bail, Christopher, Lisa P. Argyle, Taylor W. Brown, John P. Bumpus, Haohan Chen, M. B. Fallin Hunzaker, Jaemin Lee, Marcus Mann, Friedolin Merhout, and Alexander Volfovsky. 2018. "Exposure to Opposing Views Can Increase Political Polarization: Evidence from a Large-Scale Field Experiment on Social Media." *Proceedings of the National Academy of Sciences* 115 (37): 9216 – 9221.

- Bailey, Blake. 2004. *A Tragic Honesty: The Life and Work of Richard Yates*. New York: Picador.

- Baird, Jay. 1974. *The Mythical World of Nazi War Propaganda 1939 – 1945*. Minneapolis: University of Minnesota Press.

- Baldwin, James. (1963) 1992. *The Fire Next Time*. New York:

Vintage. 한국어판은 《단지 흑인이라서, 다른 이유는 없다》(열린책들, 2020).

- Barnes, Jennifer, and Paul Bloom. 2014. "Children's Preference for Social Stories." *Developmental Psychology* 50:498–503.

- Barraza, Jorge, Veronika Alexander, Laura E. Beavin, Elizabeth T. Terris, and Paul J. Zak. 2015. "The Heart of the Story: Peripheral Physiology During Narrative Exposure Predicts Charitable Giving." *Biological Psychology* 105:138–143.

- Baumeister, Roy, Ellen Bratslavsky, Catrin Finkenauer, and K. de Vohs. 2001. "Bad Is Stronger Than Good." *Review of General Psychology* 5:323–370.

- Bazelon, Emily. 2020. "The Problem of Free Speech in an Age of Disinformation." *New York Times Magazine*, October 13, 2020, 26.

- Bedard, Paul. 2018. "Trump Bump for Media Doubles, Drives Millions to News Websites." *Washington Examiner*, June 14, 2018. www.washingtonexaminer.com/washington-secrets/trump-bump-for-media-doubles-drives-millions-to-news-websites.

- Begouen, Max. 1926. *Bison of Clay*. Translated by Robert Luther Duffus. Harlow, UK: Longmans, Green & Co.

- Begouen, Robert, Carole Fritz, Gilles Tosello, Andreas Pastoors, François Faist, and Jean Clottes. 2009. *Le Sanctuaire Secret des Bisons: Il Y A 14,000 Ans, Dans la Caverne Du Tuc Daudobert*. Somogy Editions D'Art.

- Benson, Hugh, ed. 2006. *A Companion to Plato*. Hoboken, NJ: Blackwell.

- Bentham, Jeremy. 1791. *Panopticon; or, The Inspection House*. London: T. Payne. 한국어판은 《파놉티콘》(책세상, 2007).

- Berger, Jonah. 2013. *Contagious: Why Things Catch On*. New York: Simon & Schuster. 한국어판은 《컨테이저스, 전략적 입소문》(문

학동네, 2013).

- Berger, Jonah, and Katherine Milkman. 2012. "What Makes Online Content Viral." *Journal of Marketing Research* 49 (2): 192 – 205.

- Bezdek, Matthew, Jeffrey Foy, and Richard J. Gerrig. 2013. "'Run for It!': Viewers' Participatory Responses to Film Narratives." *Psychology of Aesthetics, Creativity, and the Arts* 7:409 – 416.

- Bezdek, Matthew, and Richard Gerrig. 2017. "When Narrative Transportation Narrows Attention: Changes in Attentional Focus During Suspenseful Film Viewing." *Media Psychology* 20:60 – 89.

- Bietti, Lucas M., Ottilie Tilston, and Adrian Bangerter. 2018. "Storytelling as Adaptive Collective Sensemaking." *Topics in Cognitive Science* 11:1 – 23.

- Blondell, Ruby. 2002. *The Play of Character in Plato's Dialogues*. Cambridge: Cambridge University Press.

- Bloom, Allan. 1968. "Interpretive Essay." In *Republic of Plato*, trans. Allan Bloom. New York: Basic Books.

- Bloom, Harold. 1994. *The Western Canon: The Books and School of the Ages*. New York: Harcourt Brace & Company.

- Bloom, Paul. 2016. *Against Empathy: The Case for Rational Compassion*. New York: HarperCollins. 한국어판은 《공감의 배신》 (시공사, 2019).

- Boehm, Christopher. 2001. *Hierarchy in the Forest: The Evolution of Egalitarian Behavior*. Cambridge, MA: Harvard University Press. 한국어판은 《숲속의 평등》(토러스북, 2017).

- Bohannon, Laura. 1966. "Shakespeare in the Bush." *Natural History*, August – September 1966, 28 – 33.

- Bower, Bruce. 2019. "A Nearly 44,000-Year-Old Hunting Scene Is the Oldest Known Storytelling Art." *ScienceNews*, December 11, 2019. www.sciencenews.org/article/nearly-44000-year-oldhunting-scene-is-oldest-storytelling-art.

- Bower, G. H., and M. C. Clark. 1969. "Narrative Stories as Mediators for Serial Learning." *Psychonomic Science* 14:181 – 182.
- Bowker, Gordon. 2011. *James Joyce: A New Biography*. New York: Farrar, Straus and Giroux.
- Boyd, Brian. 2009. *On the Origin of Stories: Evolution, Cognition, Fiction*. Cambridge, MA: Harvard University Press. 한국어판은 《이야기의 기원》(휴머니스트, 2013).
- Boyd, Brian, Joseph Carroll, and Jonathan Gottschall. 2010. *Evolution, Literature, and Film: A Reader*. New York: Columbia University Press.
- Boyer, Pascal. *Religion Explained: The Evolutionary Origins of Religious Thought*. New York: Basic Books, 2002. 한국어판은 《종교, 설명하기》(동녘사이언스, 2015).
- Bracken, Bethany, Veronika Alexander, Paul J. Zak, Victoria Romero, and Jorge A. Barraza. 2014. "Physiological Synchronization Is Associated with Narrative Emotionality and Subsequent Behavioral Response." In *Augmented Cognition*, ed. D. Schmorrow and C. Fidopiastis, 3 – 13. New York: Springer.
- Braddock, Kurt, and James Dillard. 2016. "Meta-Analytic Evidence for the Persuasive Effect of Narratives on Beliefs Attitudes, Intentions, and Behaviors." *Communications Monographs* 83:446 – 467.
- Brady, William, Julian A. Wills, John T. Jost, Joshua A. Tucker, and Jay J. Van Bavel. 2017. "Emotion Shapes the Diffusion of Moralized Content in Social Networks." *PNAS* 114:7313 – 7318.
- Branch, Glenn, and Craig Foster. 2018. "Yes, Flat-Earthers Really Do Exist." *Scientific American*, October 24, 2018. blogs. scientificamerican.com/observations/yes-flat-earthers-really-

do-exist/.

- Brandenberg, David. 2011. *Propaganda State in Crisis*. New Haven, CT: Yale University Press.

- Brechman, Jean Marie, and Scott Purvis. 2015. "Narrative Transportation and Advertising." *International Journal of Advertising* 34:366-381.

- Breithaupt, Fritz. 2019. *The Dark Sides of Empathy*. Ithaca, NY: Cornell University Press. 한국어판은 《나도 그렇게 생각한다》(소소의 책, 2019).

- Brenan, Megan. 2020. "Americans Remain Distrustful of Mass Media." *Gallup*, September 30, 2020. news.gallup.com/poll/321116/americans-remain-distrustful-mass-media.aspx.

- Breuil, Abbé Henri. 1979. *Four Hundred Centuries of Cave Art*. Hacker Art Books.

- Brinthaupt, Thomas M. 2019. "Individual Differences in Self-Talk Frequency: Social Isolation and Cognitive Disruption." *Frontiers in Psychology* 10. doi:10.3389/fpsyg.2019.01088.

- Brodrick, Alan Houghton. 1963. *Father of Prehistory: The Abbé Henri Breuil: His Life and Times*. New York: William Morrow.

- Brown, Donald. 1991. *Human Universals*. New York: McGraw-Hill.

- Burdick, Alan. 2018. "Looking for Life on a Flat Earth." *New Yorker*. May 30, 2018. www.newyorker.com/science/elements/looking-for-life-on-a-flat-earth.

- Burke, D., and N. Farbman. 1947. "The Bushmen: An Ancient Race Struggles to Survive in the South African Deserts." *Life*, February 3, 1947, 91-99.

- Burnard, Trevor. 2011. "The Atlantic Slave Trade." In *The Routledge History of Slavery*, edited by Gad Heuman and Trevor Burnard,

80 – 98. London: Routledge.

- Burroway, Janet. 2003. *Writing Fiction: A Guide to Narrative Craft*. 6th ed. New York: Longman. 한국어판은《라이팅 픽션》(위즈덤하우스, 2020).

- Campbell, Joseph. 1949. *The Hero with a Thousand Faces*. 1st ed. Princeton, NJ: Princeton University Press. 한국어판은《천의 얼굴을 가진 영웅》(민음사, 2018).

- Cantor, Joan. 2009. "Fright Reactions to Mass Media." In *Media Effects: Advances in Theory and Research*, edited by Jennings Bryant and Mary Beth Oliver, 287 – 306. New York: Routledge.

- Carroll, Joseph, Jonathan Gottschall, Dan Kruger, and John Johnson. 2012. *Graphing Jane Austen: The Evolutionary Basis of Literary Meaning*. New York: Palgrave Macmillan.

- Cha, Ariana Eunjung. 2015. "Why DARPA Is Paying People to Watch Alfred Hitchcock Cliffhangers." *Washington Post*, July 28, 2015. www.washingtonpost.com/news/to-your-health/wp/2015/07/28/why-darpa-is-paying-people-to-watch-alfred-hitchcock-cliffhangers/.

- Chang, Edward, Katherine L. Milkman, Laura J. Zarrow, Kasandra Brabaw, Dena M. Gromet, Reb Rebele, Cade Massey, Angela L. Duckworth, and Adam Grant. 2019. "Does Diversity Training Work the Way It's Supposed To?" *Harvard Business Review*, July 9, 2019. hbr.org/2019/07/does-diversity-training-work-the-way-its-supposed-to.

- Chen, Tsai. 2015. "The Persuasive Effectiveness of Mini-Films: Narrative Transportation and Fantasy Proneness." *Journal of Consumer Behavior* 14:21 – 27.

- Chiu, Melissa, and Zheng Shengtian, eds. 2008. *Art and China's Revolution*. New Haven, CT: Yale University Press.

- Chomsky, Noam. 1965. *Aspects of the Theory of Syntax*. Cambridge, MA: MIT Press.

- Chua, Amy. 2007. *Day of Empire: How Hyperpowers Rise to Global Dominance—and Why They Fail*. New York: Anchor Books. 한국어판은《제국의 미래》(비아북, 2008).

- ———. 2018. *Political Tribes*. New York: Penguin. 한국어판은《정치적 부족주의》(부키, 2020).

- Cillizza, Chris. 2014. "Just 7 Percent of Journalists Are Republicans. That's Far Fewer Than Even a Decade Ago." *Washington Post*, May 6, 2014. www.washingtonpost.com/news/the-fix/wp/2014/05/06/just-7-percent-of-journalists-are-republicans-thats-far-less-than-even-a-decade-ago/.

- Clark, Daniel, director. 2018. *Behind the Curve* (film). Netflix. 한국어판은 〈그래도 지구는 평평하다〉.

- Cohen, Anna-Lisa, E. Shavalian, and M. Rube. 2015. "The Power of the Picture: How Narrative Film Captures Attention and Disrupts Goal Pursuit." *PLOS ONE* 10 (12). doi.org/10.1371/journal.pone.0144493.

- Colapinto, John. 2021. *This Is the Voice*. New York: Simon & Schuster. 한국어판은《보이스》(매일경제신문사, 2022).

- Coleridge, Samuel Taylor. 1817. *Biographia Literaria*. London: Rest Fenner. 한국어판은《문학전기》(한신문화사, 1995).

- Copeland, Libby. 2017. "Why Mind Wandering Can Be So Miserable, According to Happiness Experts." *Smithsonian Magazine*, February 24, 2017. www.smithsonianmag.com/science-nature/why-mind-wandering-can-be-so-miserable-according-happiness-experts-180962265/.

- Corballis, Michael. 2015. *The Wandering Mind: What the Brain Does When You're Not Looking*. Chicago: University of Chicago

Press. 한국어판은《딴생각의 힘》(플루토, 2016).

- Corman, Steven, Adam Cohen, Anthony Roberto, Gene Brewer, and Scott Ruston. 2013. "Toward Narrative Disruptors and Inductors: Mapping the Narrative Comprehension Network and Its Persuasive Effects" (research project). Arizona State University. asu.pure.elsevier.com/en/projects/toward-narrative-disruptors-and-inductors-mapping-the-narrative-c-10.

- Correa, Kelly, Bradly T. Stone, Maja Stikic, Robin R. Johnson, and Chris Berka. 2015. "Characterizing Donation Behavior from Psychophysiological Indices of Narrative Experience." *Frontiers in Neuroscience* 9:1–15.

- Crandall, Kelly. 2006. "Invisible Commercials and Hidden Persuaders: James M. Vicary and the Subliminal Advertising Controversy of 1957" (undergraduate honors thesis, University of Florida). plaza.ufl.edu/cyllek/docs/KCrandall_Thesis2006.pdf.

- Crispin Miller, Mark. 2007. *Introduction to Packard, Vance. The Hidden Persuaders*. New York: Ig Publishing.

- Cunliffe, Richard. 1963. *A Lexicon of the Homeric Dialect*. Norman: University of Oklahoma Press.

- Dabrowska, Ewa. 2015. "What Exactly Is Universal Grammar, and Has Anyone Seen It?" *Frontiers in Psychology* 6. doi.org/10.3389/fpsyg.2015.00852.

- Dahlstrom, Michael. 2014. "Using Narratives and Storytelling to Communicate Science with Nonexpert Audiences." *Proceedings of the National Academy of Sciences* 111:13614–13620.

- Dal Cin, Sonya, Mike Stoolmiller, and James D. Sargent. 2012. "When Movies Matter: Exposure to Smoking in Movies and Changes in Smoking Behavior." *Journal of Health Communication* 17 (1): 76–89.

- Damasio, Antonio. 2005. *Descartes' Error: Emotion, Reason, and the Human Brain*. London: Penguin. 한국어판은 《데카르트의 오류》 (중앙문화사, 1999).

- ———. 2010. *Self Comes to Mind: Constructing the Conscious Brain*. New York: Pantheon.

- Darwin, Charles. 1871. *The Descent of Man and Selection in Relation to Sex*. New York: D. Appleton and Company. 한국어판은 《인간의 유래》(한길사, 2006).

- Davies, Joanna, Josiane Cillard, Bertrand Friguet, Enrique Cadenas, Jean Cadet, Rachael Cayce, Andrew Fishmann, et al. 2017. "The Oxygen Paradox, the French Paradox and Age-Related Diseases." *Geroscience* 39:499–550.

- Davies, Kelvin J. A. 2016. "The Oxygen Paradox, Oxidative Stress, and Ageing." *Archives of Biochemistry and Biophysics* 595:28–32.

- Davies, Kelvin J. A., and Fulvio Ursini. 1995. *The Oxygen Paradox*. Padua, Italy: CLEUP University Press.

- Dawkins, Richard. 2008. *The God Delusion*. Boston: Mariner Books. 한국어판은 《만들어진 신》(김영사, 2007).

- Defense Advanced Research Projects Agency. n.d. "Narrative Networks(Archived)." www.darpa.mil/program/narrative-networks.

- De Graaf, Anneke, and Lettica Histinx. 2011. "The Effect of Story Structure on Emotion, Transportation, and Persuasion." *Information Design Journal* 19:142–154.

- Dehghani, Morteza, Reihane Boghrati, Kingson Man, Joe Hoover, Sarah I. Gimbel, Ashish Vaswani, Jason D. Zevin, et al. 2017. "Decoding the Neural Representation of Story Meanings Across Languages." *Human Brain Mapping* 38 (12): 6096–6106. doi:10.1002/hbm.23814.

- Del Giudice, Marco, Tom Booth, and Paul Irwing. 2012. "The Distance Between Mars and Venus: Measuring Global Sex Differences in Personality." *PLOS ONE* 7 (1). doi.org/10.1371/journal.pone.0029265.

- Dennett, Daniel. 2006. *Breaking the Spell: Religion as a Natural Phenomenon*. New York: Penguin. 한국어판은《주문을 깨다》(동녘사이언스, 2010).

- Dibble, J. L., and S. F. Rosaen. 2011. "Parasocial Interaction as More Than Friendship." *Journal of Media Psychology* 23:122 – 132.

- Didion, Joan. 1976. "Why I Write." *New York Times Book Review*, December 5, 1976, 270. www.nytimes.com/1976/12/05/archives/why-i-write-why-i-write.html.

- Dill-Shackleford, Karen E., and Cynthia Vinney. 2020. *Finding Truth in Fiction: What Fan Culture Gets Right—and Why It's Good to Get Lost in a Story*. New York: Oxford University Press.

- Dines, Gail. 2011. *Pornland: How Porn Has Hijacked Our Sexuality*. Boston: Beacon Press. 한국어판은《포르노랜드》(열다북스, 2020).

- Dissanayake, Ellen. 1990. *What Is Art For?* Seattle: University of Washington Press. 한국어판은《예술은 무엇을 위해 존재하는가》(연암서가, 2016).

- ———. 1995. *Homo Aetheticus*. Seattle: University of Washington Press.

- Djikic, Maja, and Keith Oatley. 2013. "Reading Other Minds: Effects of Literature on Empathy." *Scientific Study of Literature* 3:28 – 47.

- Dobbin, Frank, and Alexandra Kale. 2013. "The Origins and Effects of Corporate Diversity Programs." In *Oxford Handbook of Diversity and Work*, edited by Quinetta M. Roberson, 253 – 281. Oxford University Press.

- Dor, Daniel. 2015. *The Instruction of Imagination: Language as a Social Communication Technology*. New York: Oxford University Press.

- Dreier, Peter. 2017. "Most Americans Are Liberal, Even If They Don't Know It." *American Prospect*, November 10, 2017. prospect.org/article/most-americans-are-liberal-even-if-they-don%E2%80%99t-know-it.

- Drum, Kevin. 2018. "America Is Getting More Liberal Every Year." *Mother Jones*, January 22, 2018. www.motherjones.com/kevin-drum/2018/01/america-is-getting-more-liberal-every-year/.

- Duffy, Bobby. 2017. "Opinion. Crime, Terrorism and Teen Pregnancies: Is It All Doom and Gloom? Only in Our Minds." *The Guardian*, December 8, 2017.

- Dunbar, Robin, Ben Teasdale, Jackie Thompson, Felix Budelmann, Sophie Duncan, Evert van Emde Boas, and Laurie Maguire. 2016. "Emotional Arousal When Watching Drama Increases Pain Threshold and Social Bonding." *Royal Society Open Science* 3 (9). doi.org/10.1098/rsos.160288.

- Dutton, Denis. 2009. *The Art Instinct: Beauty, Pleasure, and Human Evolution*. London: Bloomsbury Press.

- Ecker, Ullruch K. H., Lucy H. Butler, and Anne Hamby. 2020. "You Don't Have to Tell a Story! A Registered Report Testing the Effectiveness of Narrative Versus Non-Narrative Misinformation Corrections." *Cognitive Research: Principles and Implications* 5 (64). doi.org/10.1186/s41235-020-00266-x.

- Ehrenreich, John. 2021. "Why People Believe in Conspiracy Theories." *Slate*, January 11, 2021. slate.com/technology/2021/01/conspiracy-theories-coronavirus-fake-psychology.html.

- Ehrman, Bart. 2007. *Misquoting Jesus: The Story Behind Who*

Changed the Bible and Why. New York: HarperOne. 한국어판은《성경 왜곡의 역사》(청림출판, 2006).

- ──────. 2014. *How Jesus Became God: The Exaltation of a Jewish Preacher from Galilee*. New York: Harper One. 한국어판은《예수는 어떻게 신이 되었나》(갈라파고스, 2015).

- ──────. 2018. *The Triumph of Christianity: How a Forbidden Religion Swept the World*. New York: Simon & Schuster. 한국어판은《기독교는 어떻게 역사의 승자가 되었나》(갈라파고스, 2019).

- ──────. 2020. *Heaven and Hell: A History of the Afterlife*. New York: Simon & Schuster. 한국어판은《두렵고 황홀한 역사》(갈라파고스, 2020).

- Ellis, Christopher, and James Stimson. 2012. *Ideology in America*. New York: Cambridge University Press.

- Ellithorpe, Morgan, and Sarah Brookes. 2018. "I Didn't See That Coming: Spoilers, Fan Theories, and Their Influence on Enjoyment and Parasocial Breakup Distress During a Series Finale." *Psychology of Popular Media Culture* 7:250–263.

- Emerson, Ralph Waldo. 1850. *Representative Men: Seven Lectures*. London: George Routledge. 한국어판은《자기신뢰 철학/영웅이란 무엇인가》(동서문화사, 2020).

- Enten, Harry. 2017. "Most People Believe in JFK Conspiracy Theories." *FiveThirtyEight*, October 23, 2017. fivethirtyeight.com/features/the-one-thing-in-politics-most-americans-believe-in-jfk-conspiracies/.

- Fessler, Daniel, Anne C. Pisor, and Carlos David Navarrete. 2014. "Negatively-Biased Credulity and the Cultural Evolution of Beliefs." *PLOS ONE* 9. doi.org/10.1371/journal.pone.0095167.

- Fields, Douglas. 2020. "Mind Reading and Mind Control Technologies Are Coming." Observations (blog), *Scientific*

American, March 10, 2020. blogs.scientificamerican.com/observations/mind-reading-and-mind-control-technologies-are-coming/.

- Flavel, John H., Eleanor R. Flavell, Frances L. Green, and Jon E. Korfmacher. 1990. "Do Young Children Think of Television Images as Pictures or Real Objects?" *Journal of Broadcasting and Electronic Media* 34:399–419.

- Flesch, William. 2007. *Comeuppance: Costly Signaling, Altruistic Punishment, and Other Biological Components of Fiction*. Cambridge, MA: Harvard University Press.

- Foer, Joshua. 2012. *Moonwalking with Einstein: The Art and Science of Remembering Everything*. New York: Penguin. 한국어판은《1년 만에 기억력 천재가 된 남자》(갤리온, 2016).

- Forster, E. M. (1927) 1956. *Aspects of the Novel*. Boston: Mariner Books.

- Franks, Bradley, Adrian Bangerter, and Martin Bauer. 2013. "Conspiracy Theories as Quasi-Religious Mentality: An Integrated Account from Cognitive Science, Social Representations Theory, and Frame Theory." *Frontiers in Psychology* 4:1–424.

- *Frontline*. 2020. "China Undercover." Season 2020, episode 9. Aired April 7, 2020. www.pbs.org/video/china-undercover-zqcoh2/.

- Frye, Northrop. (1957) 2020. *Anatomy of Criticism*. Princeton, NJ: Princeton University Press.

- Fukuyama, Francis. 1992. *The End of History and the Last Man*. New York: Free Press. 한국어판은《역사의 종말》(한마음사, 1992).

- Gallo, Carmine. 2016. *The Storyteller's Secret: Why Some Ideas Catch On and Others Don't*. New York: St. Martin's. 한국어판은《최고의 설득》(알에이치코리아, 2017).

- Gardner, John. 1978. *On Moral Fiction*. New York: Basic Books.

- ———. 1983. *The Art of Fiction: Notes on Craft for Young Writers*. New York: Vintage. 한국어판은《소설의 기술》(교유서가, 2018).

- Garwood, Christine. 2007. *Flat Earth: The History of an Infamous Idea*. New York: Macmillan.

- Gates, Henry Louis. 1999. *Wonders of the African World*. New York: Knopf.

- ———. 2010. "Ending the Slavery Blame-Game." *New York Times*, April 23, 2010, A27.

- Gerbner, George, Larry Gross, Michael Morgan, and Nancy Signorielli. 2006. "The 'Mainstreaming' of America: Violence Profile No. 11." *Journal of Communication* 30:10 – 29.

- Gerrig, Richard. 1993. *Experiencing Narrative Worlds: On the Psychological Activities of Reading*. New Haven, CT: Yale University Press.

- Geurts, Bart. 2018. "Making Sense of Self Talk." *Review of Philosophy and Psychology* 9:271 – 285.

- Ghose, Tia. 2016. "Half of Americans Believe in 9/11 Conspiracy Theories." *Live Science*, October 13, 2016. www.livescience.com/56479-americans-believe-conspiracy-theories.html.

- Giles, David. 2002. "Parasocial Interaction: A Review of the Literature and a Model for Future Research." *Media Psychology* 4:279 – 305.

- Godin, Seth. 2012. *All Marketers Tell Stories*. New York: Portfolio.

- Goldberg, Jeffrey. 2020. "Why Obama Fears for Our Democracy." *The Atlantic*, November 16, 2020. www.theatlantic.com/ideas/archive/2020/11/why-obama-fears-for-our-democracy/617087/.

- Gottschall, Jonathan. 2008. *Literature, Science, and a New Humanities*. New York: Palgrave Macmillan.

- ———. 2012. *The Storytelling Animal: How Stories Make Us*

Human. New York: Houghton Mifflin Harcourt. 한국어판은 《스토리텔링 애니멀》(민음사, 2014).

- ———. 2013. "Story 2.0: The Surprising Thing About the Next Wave of Narrative." *Fast Company*. October 27, 2013. www.fastcompany.com/3020047/story-20-the-surprising-thing-about-the-next-wave-of-narrative.

- ———. 2016. "Afterword." *Darwin's Bridge: Uniting the Humanities and Sciences*, edited by Joseph Carroll et al., 269–272. New York: Oxford University Press.

- Gould, Stephen Jay. 1994. *Eight Little Piggies: Reflections in Natural History*. New York: Norton. 한국어판은 《여덟 마리 새끼 돼지》(현암사, 2012).

- Gourevitch, Philip. 1998. *We Wish to Inform You That Tomorrow We Will Be Killed with Our Families: Stories from Rwanda*. New York: Picador. 한국어판은 《내일 우리 가족이 죽게 될 거라는 걸, 제발 전해주세요!》(갈라파고스, 2011).

- Grabe, Maria Elizabeth. 2012. "News as Reality-Inducing, Survival-Relevant, and Gender-Specific Stimuli." In *Applied Evolutionary Psychology*, edited by S. Craig Roberts, 361–377. New York: Oxford University Press.

- Graesser, A. C., K. Hauft-Smith, A. D. Cohen, and L. D. Pyles. 1980. "Advanced Outlines, Familiarity, Text Genre, and Retention of Prose." *Journal of Experimental Education* 48:209–220.

- Graesser, A. C., N. L. Hoffman, and L. F. Clark. 1980. "Structural Components of Reading Time." *Journal of Verbal Learning and Verbal Behavior* 19 (2): 135–151.

- Green, Melanie. 2008. "Research Challenges in Narrative Persuasion." *Information Design Journal* 6:47–52.

- Green, Melanie, and Timothy Brock. 2000. "The Role of

Transportation in the Persuasiveness of Public Narratives." *Journal of Personality and Social Psychology* 79:701 – 721.

- Green, Melanie, and Jenna Clark. 2012. "Transportation into Narrative Worlds: Implications for Entertainment Media Influences on Tobacco Use." *Addiction* 108:477 – 484.

- Green, Melanie, and K. E. Dill. 2013. "Engaging with Stories and Characters: Learning, Persuasion, and Transportation into Narrative Worlds." In *Oxford Handbook of Media Psychology*, edited by K. E. Dill, 449 – 461. New York: Oxford University Press.

- Grube, G. M. A. 1927. "The Marriage Laws in Plato's Republic." *Classical Quarterly* 21 (2): 95 – 99.

- Guber, Peter. 2011. *Tell to Win*. New York: Currency. 한국어판은《스토리의 기술》(라이팅하우스, 2021).

- Guriev, Sergei, and Daniel Treisman. 2019. "Informational Autocrats." *Journal of Economic Perspectives* 33 (4): 100 – 127.

- Haberstroh, Jack. 1994. *Ice Cube Sex: The Truth About Subliminal Advertising*. Notre Dame, IN: Cross Cultural Publications.

- Haidt, Jonathan. 2012a. "Born This Way? Nature, Nurture, Narratives, and the Making of Our Political Personalities." *Reason*, May 2012. reason.com/2012/04/10/born-this-way/.

- ———. 2012b. *The Righteous Mind: Why Good People Are Divided by Politics and Religion*. New York: Pantheon. 한국어판은《바른 마음》(웅진지식하우스, 2014).

- Hakemulder, J. 2000. *The Moral Laboratory: Experiments Examining the Effects of Reading Literature on Social Perception and Moral Self-Concept*. Amsterdam: John Benjamins.

- Hall, Alice. 2019. "Identification and Parasocial Relationships with Characters from *Star Wars: The Force Awakens*." *Psychology of Popular Media Culture* 8 (1): 88 – 98.

- Halper, Stefan. 2013. *China: The Three Warfares* (report). US Department of Defense. cryptome.org/2014/06/prc-three-wars. pdf.

- Hambrick, David, and Alexander Burgoyne. 2016. "The Difference Between Rationality and Intelligence." *New York Times*, September 16, 2016, SR12.

- Hamby, Ann, and David Brinberg. 2016. "Happily Ever After: How Ending Valence Influences Narrative Persuasion in Cautionary Stories." *Journal of Advertising* 45:498–508.

- Hamby, Anne, David Brinberg, and Kim Daniloski. 2017. "Reflecting on the Journey: Mechanisms in Narrative Persuasion." *Journal of Consumer Psychology* 27:11–22.

- Hamilton, Edith. 1961. Introduction. In *The Collected Dialogues of Plato*. Princeton, NJ: Princeton University Press.

- Harari, Yuval Noah. 2015. *Sapiens: A Brief History of Humanity*. New York: Harper. 한국어판은 《사피엔스》(김영사, 2015).

- Harris, Sam. 2012. *Free Will*. New York: Free Press. 한국어판은 《자유 의지는 없다》(시공사, 2013).

- Hartman, R. J. 2019. "Moral Luck and the Unfairness of Morality." *Philosophical Studies* 176 (12): 3179–3197.

- Havelock, Eric. 1963. *Preface to Plato*. Cambridge, MA: Harvard University Press.

- Hayman, David. 1990. *The "Wake" in Transit*. Ithaca, NY: Cornell University Press.

- Heath, C., C. Bell, and E. Sternberg. 2001. "Emotional Selection in Memes: The Case of Urban Legends." *Journal of Personality and Social Psychology* 81:1028–1041.

- Heatherton, Todd, and James Sargent. 2009. "Does Watching Smoking in Movies Promote Teenage Smoking?" *Current*

Directions in Psychological Science 18:63 – 67.

- Heider, Fritz. 1983. *Life of a Psychologist: An Autobiography*. Lawrence: University of Kansas Press.

- Heider, Fritz, and Marianne Simmel. 1944. "An Experimental Study of Apparent Behavior." *American Journal of Psychology* 57:243 – 259.

- Henley, Jon, and Niamh McIntyre. 2020. "Survey Uncovers Widespread Belief in 'Dangerous' Covid Conspiracy Theories." *The Guardian*, October 26, 2020. www.theguardian.com/world/2020/oct/26/survey-uncovers-widespread-belief-dangerous-covid-conspiracy-theories.

- Heuman, Gad, and Trevor Burnard. 2011. "Introduction." In *The Routledge History of Slavery*, edited by Gad Heuman and Trevor Burnard, 1 – 16. London: Routledge.

- ———, eds. 2011. *The Routledge History of Slavery*. London: Routledge.

- Hill, Kashmir, and Jeremy White. 2020. "Do These A.I. Created Fake People Look Real to You?" *New York Times*, November 21, 2020. www.nytimes.com/interactive/2020/11/21/science/artificial-intelligence-fake-people-faces.html.

- Hobson, Katherine. 2018. "Clicking: How Our Brains Are in Sync." *Princeton Alumni Weekly*, April 11, 2018.

- Hoeken, Hans, Matthijs Kolthoff, and José Sanders. 2016. "Story Perspective and Character Similarity as Drivers of Identification and Narrative Persuasion." *Human Communication Research* 42:292 – 311.

- Hoeken, Hans, and Jop Sinkeldam. 2014. "The Role of Identification and Perception of Just Outcome in Evoking Emotions in Narrative Persuasion." *Journal of Communication* 64:935 – 955.

- Hoffner, C. A., and E. L. Cohen. "Responses to Obsessive Compulsive Disorder on Monk Among Series Fans: Parasocial Relations, Presumed Media Influence, and Behavioral Outcomes." *Journal of Broadcasting & Electronic Media* 56 (4): 650 – 668.

- Hogan, Patrick. 2003. *The Mind and Its Stories*. New York: Cambridge University Press.

- Holmes, Marcia. 2017. "Edward Hunter and the Origins of 'Brainwashing'" (blog), Hidden Persuaders, May 25, 2017. www.bbk.ac.uk/hiddenpersuaders/blog/hunter-origins-of-brainwashing/.

- Homer. 1999. *The Iliad*. Volume II. Edited by G. P. Goold. Cambridge, MA: Harvard University Press. 한국어판은《일리아스》 (숲, 2015).

- Howland, Jacob. 1993. *The Republic: The Odyssey of Philosophy*. Philadelphia: Paul Dry Books.

- Hunt, Lynn. 2007. *Inventing Human Rights: A History*. New York: Norton. 한국어판은《인권의 발명》(돌베개, 2009).

- Jacobsen, Annie. 2015. *The Pentagon's Brain: An Uncensored History of DARPA, America's Top Secret Military Research Agency*. Boston: Little, Brown.

- James, Steven. 2018. "What a Coincidence: 7 Clever Strategies for Harnessing Coincidences in Fiction." *Writer's Digest*, September 7, 2018. www.writersdigest.com/write-better-fiction/what-a-coincidence-7-strategies-for-creating-clever-coincidences-in-fiction.

- Janaway, Christopher. 1995. *Images of Excellence: Plato's Critique of the Arts*. New York: Oxford University Press.

- ———. 2006. "Plato and the Arts." In *A Companion to Plato*, edited by Hugh Benson, 388 – 400. Hoboken, NJ: Blackwell.

- Jarrett, Christian. 2016. "Do Men and Women Really Have Different Personalities?" *BBC*, October 12, 2016. www.bbc.com/future/story/20161011-do-men-and-women-really-have-different-personalities.

- Jaschik, Scott. 2016. "Professors, Politics and New England." *Inside Higher Ed*, July 5, 2016. www.insidehighered.com/news/2016/07/05/new-analysis-new-england-colleges-responsible-left-leaning-professoriate.

- ———. 2017. "Professors and Politics: What the Research Says." *Inside Higher Ed*, February 27, 2017. www.insidehighered.com/news/2017/02/27/research-confirms-professors-lean-left-questions-assumptions-about-what-means.

- ———. 2018. "Falling Confidence in Higher Ed." *Inside Higher Ed*, October 9, 2018. www.insidehighered.com/news/2018/10/09/gallup-survey-finds-falling-confidence-higher-education.

- Johnson, Dan, Grace K. Cushman, Lauren A. Borden, and Madison S. McCune. 2013. "Potentiating Empathic Growth: Generating Imagery While Reading Fiction Increases Empathy and Prosocial Behavior." *Psychology of Aesthetics, Creativity, and the Arts* 7 (3): 306–312.

- Jones, Kerry, Kelsey Libert, and Kristin Tynski. 2016. "The Emotional Combinations That Make Stories Go Viral." *Harvard Business Review*, May 23, 2016. hbr.org/2016/05/research-the-link-between-feeling-in-control-and-viral-content.

- Jones, Jeffrey. 2018. "Confidence in Higher Education Down Since 2015." Gallup Blog (blog), Gallup, October 9, 2018. news.gallup.com/opinion/gallup/242441/confidence-higher-education-down-2015.aspx.

- Kahn, Chris. 2020. "Half of Republicans Say Biden Won Because of a 'Rigged' Election: Reuters/Ipsos Poll." Reuters, November 18, 2020.www.reuters.com/news/picture/half-of-republicans-say-biden-won-becaus-idUSKBN27Y1AJ.

- Kahneman, Daniel. 2011. *Thinking Fast and Slow*. New York: Farrar, Straus and Giroux. 한국어판은 《생각에 관한 생각》(김영사, 2018).

- Kang, Olivia, and Thalia Wheatley. 2017. "Pupil Dilation Patterns Spontaneously Synchronize Across Individuals During Shared Attention." *Journal of Experimental Psychology: General* 146:569–576.

- Kenez, Peter. 1974. *The Birth of the Propaganda State: Soviet Methods of Mass Mobilization 1917–1929*. Cambridge: Cambridge University Press.

- Kenny, Anthony. 2013. *Introduction to the Poetics of Aristotle*. Translated by Anthony Kenny. New York: Oxford University Press.

- Kessler, Glenn. 2021. "Trump Made 30,573 False or Misleading Claims as President. Nearly Half Came in His Final Year." *Washington Post*, January 23, 2021. www.washingtonpost.com/politics/how-fact-checker-tracked-trump-claims/2021/01/23/ad04b69a-5c1d-11eb-a976-bad6431e03e2_story.html.

- Key, Wilson Bryan. 1973. *Subliminal Seduction: Ad Media's Manipulation of a Not So Innocent America*. New York: Penguin.

- Kidd, Daniel C., and Emanuele Castano. 2013. "Reading Literary Fiction Improves Theory of Mind." *Science*, October 18, 2013, 377–380.

- Killingsworth, Matthew, and Daniel Gilbert. 2010. "A Wandering Mind Is an Unhappy Mind." *Science* 330 (November 12, 2010): 932.

- Kim, Catherine. 2020. "Poll: 70 Percent of Republicans Don't Think the Election Was Free and Fair." *Politico*, November 11, 2020. www.politico.com/news/2020/11/09/republicans-free-fair-elections-435488.

- Kinzer, Stephen. 2020. *Poisoner in Chief*. New York: St. Martin's.
- Kirsch, Adam. 1968. Introduction. In *The Republic of Plato*, translated by Alan Bloom. New York: Basic Books.
- Kjeldgaard-Christiansen, Jens. 2016. "Evil Origins: A Darwinian Genealogy of the Popcultural Villain." *Evolutionary Behavioral Sciences* 10:109-122.
- Klein, Ezra. 2020. *Why We're Polarized*. New York: Simon & Schuster. 한국어판은《우리는 왜 서로를 미워하는가》(월북, 2022).
- Klin, A. 2000. "Attributing Social Meaning to Ambiguous Visual Stimuli in Higher-Functioning Autism and Asperger Syndrome: The Social Attribution Task." *Journal of Child Psychology and Psychiatry* 41:831-846.
- Kolbert, Elizabeth. 2017. "Why Facts Don't Change Our Minds." *New Yorker*, February 20, 2017. www.newyorker.com/magazine/2017/02/27/why-facts-dont-change-our-minds.
- Krendl, A., C. Neil Macrae, William M. Kelley, Jonathan A. Fugelsang, and Todd F. Heatherton. 2006. "The Good, the Bad, and the Ugly: An FMRI Investigation of the Functional Anatomic Correlates of Stigma." *Social Neuroscience* 1:5-15.
- Kroeger, Brooke. 2017. *The Suffragents: How Women Used Men to Get the Vote*. Albany: SUNY Press.
- Kross, Ethan. 2021. *Chatter: The Voice in Our Head, Why It Matters, and How to Harness It*. New York: Crown. 한국어판은《채터, 당신 안의 훼방꾼》(김영사, 2021).
- Kuzmičová, A., A. Mangen, H. Støle, and A. C. Begnum. 2017. "Literature and Readers' Empathy: A Qualitative Text Manipulation

Study." *Language and Literature* 26:137–152.

- LaFrance, Adrienne. 2020. "The Prophecies of Q." *The Atlantic*, June 2020. www.theatlantic.com/magazine/archive/2020/06/ qanon-nothing-can-stop-what-is-coming/610567/.

- Langbert, Mitchell. 2019. "Homogenous: The Political Affiliations of Elite Liberal Arts College Faculty." *Academic Questions*, March 29, 2019. www.nas.org/academic-questions/31/2/homogenous_ the_political_affiliations_of_elite_liberal_arts_college_faculty.

- Langbert, Mitchell, Anthony J. Quain, and Daniel B. Klein. 2016. "Faculty Voter Registration in Economics, History, Journalism, Law, and Psychology." *Econ Journal Watch* 13 (3): 422–451.

- Langbert, Mitchell, and Sean Stevens. 2020. "Partisan Registration and Contributions of Faculty in Flagship Colleges." *National Association of Scholars*, January 17, 2020. www.nas.org/blogs/ article/partisan-registration-and-contributions-of-faculty-in- flagship-colleges.

- Lanier, Jaron. 2019. *Ten Arguments for Deleting Your Social Media Accounts Right Now*. New York: Picador. 한국어판은《지금 당장 당신의 SNS 계정을 삭제해야 할 10가지 이유》(글항아리, 2019).

- Lankov, Andrei. 2013. *The Real North Korea: Life and Politics in the Failed Stalinist Utopia*. New York: Oxford University Press. 한국어판은《리얼 노스코리아》(개마고원, 2013).

- Law, Robin. 1985. "Human Sacrifice in Pre-Colonial West Africa." *African Affairs* 84:53–87.

- Lee, Elissa. 2002. "Persuasive Storytelling by Hate Groups Online: Examining Its Effects on Adolescents." *American Behavioral Scientist* 45:927–957.

- Lee, Jayeon, and Weiai Xu. 2018. "The More Attacks, the More Retweets: Trump's and Clinton's Agenda Setting on Twitter."

Public Relations Review 44:201–213.

- Leese, Daniel. 2011. *Mao Cult: Rhetoric and Ritual in China's Cultural Revolution*. New York: Cambridge University Press.

- Lenzer, Anna. 2019. "The Green New Deal's Supporters Hope to Harness Power of Narrative with Federal Writers' Project." *Fast Company*, April 30, 2019. www.fastcompany.com/90341727/the-green-new-deals-supporters-hope-to-harness-power-of-narrative-with-federal-writers-project.

- Lerner, Jennifer, Ye Li, Piercarlo Valdesolo, and Karim S. Kassam. 2015. "Emotion and Decision Making." *Annual Review of Psychology* 66:799–823.

- Levinson, Ronald. 1953. *In Defense of Plato*. Cambridge, MA: Harvard University Press.

- Lewis, C. S. (1959) 2013. *Studies in Words*. New York: HarperCollins.

- Lewis-Williams, David. 2002. *The Mind in the Cave*. London: Thames and Hudson.

- Liddell, Henry George, and Robert Scott. 1940. *A Greek–English Lexicon*. Oxford, UK: Clarendon Press.

- Loxton, Daniel. 2018. "Is the Earth Flat?" *Skeptic*, March 20, 2018. www.skeptic.com/insight/flat-earth-conspiracy-theory/.

- Lyons, Leonard. 1956. "The Lyons Den." *Pittsburgh Press*, March 2, 1956, 19.

- Mann, Charles. 2011. *1493: Uncovering the New World Columbus Created*. New York: Knopf. 한국어판은《1493》(황소자리, 2020).

- Mar, Raymond A. 2004. "The Neuropsychology of Narrative: Story Comprehension, Story Production and Their Interrelation." *Neuropsychologia* 42:1414–1434.

- Mar, Raymond, Keith Oatley, Jacob Hirsh, Jennifer dela Paz, Jordan B. Peterson. 2006. "Bookworms Versus Nerds: Exposure to Fiction

Versus Non-Fiction, Divergent Associations with Social Ability, and the Simulation of Fictional Social Worlds." *Journal of Research in Personality* 40:694-712.

- Marks, John. 1979. *The Search for the "Manchurian Candidate": The CIA and Mind Control.* New York: Times Books.

- Martin, Bradley. 2004. *Under the Loving Care of the Fatherly Leader: North Korea and the Kim Dynasty.* New York: Thomas Dunne Books.

- McCabe, Mary Margaret. 2006. "Form and the Platonic Dialogues." In *A Companion to Plato*, edited by Hugh Benson, 39-54. Hoboken, NJ: Blackwell.

- McCarthy, Justin. 2020. "U.S. Support for Same-Sex Marriage Matches Record High." *Gallup News*, June 1, 2020. news.gallup.com/poll/311672/support-sex-marriage-matches-record-high.aspx.

- McLuhan, Marshall. (1962) 2011. *The Gutenberg Galaxy: The Making of Typographic Man.* Toronto: University of Toronto Press. 한국어판은 《구텐베르크 은하계》(커뮤니케이션북스, 2001).

- McNamee, Roger. 2019. *Zucked: Waking Up to the Facebook Catastrophe.* New York: Penguin. 한국어판은 《마크 저커버그의 배신》(에이콘출판, 2020).

- Mecklin, John. 2017. "Climate Communication: Are Apocalyptic Messages Ever Effective? Interview with Journalist and Science Writer Jon Christensen." *Yale Climate Connections*, August 23, 2017. www.yaleclimateconnections.org/2017/08/climate-communication-do-apocalyptic-messages-work/.

- Mekemson, C., and S. Glantz. 2002. "How the Tobacco Industry Built Its Relationship with Hollywood." *Tobacco Control* 11:81-91.

- Mercier, Hugo, and Dan Sperber. 2017. *The Enigma of Reason.*

Cambridge, MA: Harvard University Press. 한국어판은《이성의 진화》
(생각연구소, 2018).

- Mikkelson, David. 2008. "Did Ernest Hemingway Write a Six-Word Story to Win a Bet?" Snopes.com, October 29, 2008. www.snopes.com/fact-check/hemingway-baby-shoes/.

- Mingfu, Liu. 2015. *The China Dream: Great Power Thinking and Strategic Posture in the Post-American Era*. Kindle ed. New York: CN Times.

- Miranda, Robbin, William D. Casebeer, Amy M. Hein, Jack W. Judy, Eric P. Krotkov, Tracy L. Laabs, Justin E. Manzo, et al. 2015. "DARPA-Funded Efforts in the Development of Novel Brain-Computer Interface Technologies." *Journal of Neuroscience Methods* 15:52-67.

- Mitchell, David. 2001. *Ghostwritten*. New York: Vintage. 한국어판은《유령이 쓴 책》(문학동네, 2009).

- Mitchell, Stephen. 1991. *The Gospel According to Jesus: A New Translation and Guide According to Essential Teachings for Believers and Non-Believers*. New York: HarperCollins. 한국어판은《애초에 예수는 사랑만 말씀하셨다》(둥지, 1995).

- Mithen, Steven. 2009. "Out of the Mind: Material Culture and the Supernatural." In *Becoming Human: Innovation in Prehistoric Material and Spiritual Culture*, edited by Colin Renfrew and Iain Morley, 123-134. Cambridge: Cambridge University Press.

- Mittler, Barbara. 2012. *A Continuous Revolution: Making Sense of Cultural Revolution Culture*. Cambridge, MA: Harvard University Press.

- Mommsen, Hans. 1999. "German Society and the Resistance Against Hitler." In *The Third Reich: The Essential Readings*, edited by Christian Leitz, 255-273. Hoboken, NJ: Blackwell.

- Morin, Olivier, Oleg Sobchuk, and Alberto Acerbi. 2019. "Why People Die in Novels: Testing the Ordeal Simulation Hypothesis." *Palgrave Communications* 5. doi:10.1057/s41599-019-0267-0.

- Muchembled, Robert. 2012. *A History of Violence: From the End of the Middle Ages to the Present*. Cambridge: Polity Press.

- Mumper, M. J., and R. J. Gerrig. 2017. "Leisure Reading and Social Cognition: A Meta-Analysis." *Psychology of Aesthetics, Creativity, and the Arts* 11:109-120.

- Murdock, George. 1949. *Social Structure*. New York: Macmillan. 한국어판은 《사회구조》(서경문화사, 2004).

- Murphy, Sheila, Lauren B. Frank, Joyee S. Chatterjee, and Lourdes Baezconde-Garbanati. 2013. "Narrative Versus Nonnarrative: The Role of Identification, Transportation, and Emotion in Reducing Health Disparities." *Journal of Communications* 63:116-137.

- Murrar, Sohad, and Markus Brauer. 2018. "Entertainment Education Effectively Reduces Prejudice." *Group Processes and Intergroup Relations* 21:1053-1077.

- Myers, B. R. 2010. *The Cleanest Race: How the North Koreans See Themselves—and Why It Matters*. New York: Melville House. 한국어판은 《왜 북한은 극우의 나라인가》(시그마북스, 2011).

- Nabi, Robin, and Melanie Green. 2015. "The Role of a Narrative's Emotional Flow in Promoting Persuasive Outcomes." *Media Psychology* 18:137-162.

- Nabi, Robin, Abby Prestin, and Jiyeon So. 2016. "Could Watching TV Be Good for You? Examining How Media Consumption Patterns Relate to Salivary Cortisol." *Health Communication* 31:1345-1355.

- Nagel, Thomas. 1979. *Mortal Questions*. Cambridge: Cambridge University Press.

- Nails, Debra. 2006. "The Life of Plato of Athens." In *A Companion to Plato*, edited by Hugh Benson, 1–12. Hoboken, NJ: Blackwell.
- Nelkin, Dana K. 2019. "Moral Luck." *Stanford Encyclopedia of Philosophy*. Edited by Edward N. Zalta. April 19, 2019. plato.stanford.edu/entries/moral-luck/.
- Newman, Nic, with Richard Fletcher, Antonis Kalogeropoulos, David A. L. Levy, and Rasmus Kleis Nielsen. 2018. *Reuters Institute Digital News Report*. Reuters Institute. reutersinstitute.politics.ox.ac.uk/sites/default/files/digital-news-report-2018.pdf?utm_source=digitalnewsreport.org&utm_medium=referral.
- Nicholson, Nigel, and Joanne Trautman, eds. 1975–1980. *The Letters of Virginia Woolf*. 6 vols. New York: Harcourt.
- Nielsen Global Media. 2020. *Nielsen Total Audience Report: February 2020*. www.nielsen.com/us/en/insights/report/2020/the-nielsen-total-audience-report-february-2020/.
- Nietzsche, Friedrich. (1882) 1974. *The Gay Science*. Translated by Walter Kaufmann. New York: Vintage. 한국어판은 《즐거운 학문/메시나에서의 전원시/유고(1881년 봄~1882년 여름)》(책세상, 2005).
- Nomura, Ryota, Kojun Hin, Makoto Shimazu, Yingzong Liang, and Takeshi Okada. 2015. "Emotionally Excited Eyeblink-Rate Variability Predicts an Experience of Transportation into the Narrative World." *Frontiers in Psychology* 6. doi:10.3389/fpsyg.2015.00447.
- Nomura, Ryota, and Takeshi Okada. 2014. "Spontaneous Synchronization of Eyeblinks During Storytelling Performance." *Bulletin of the Japanese Cognitive Science Society* 21:226–244.
- NPR. 2019. "One-Hundred Years Ago This Week, House Passes Bill Advancing 19th Amendment." *Morning Edition*, May 22, 2019. www.npr.org/2019/05/22/725610789/100-years-ago-this-week-

house-passes-bill-advancing-19th-amendment.

- O'Barr, William. 2013. "'Subliminal' Advertising." *Advertising and Society Review* 13 (4). doi:10.1353/asr.2006.0014.

- O'Brien, Edna. 1999. *James Joyce: A Life*. New York: Penguin.

- O'Connor, Cailin, and James Weatherall. 2019. *The Misinformation Age: How False Beliefs Spread*. New Haven, CT: Yale University Press. 한국어판은 《가짜 뉴스의 시대》(반니, 2019).

- Office of the Surgeon General. 2017. "Preventing Tobacco Use Among Youths, Surgeon General Fact Sheet." Office of the Surgeon General, 2017. www.hhs.gov/surgeongeneral/reports-and-publications/tobacco/preventing-youth-tobacco-use-factsheet/index.html.

- Oksman, Olga. 2016. "Conspiracy Craze: Why 12 Million Americans Believe Alien Lizards Rule Us." *The Guardian*, April 7, 2016. www.theguardian.com/lifeandstyle/2016/apr/07/conspiracy-theory-paranoia-aliens-illuminati-beyonce-vaccines-cliven-bundy-jfk.

- O'Malley, Zach, and Natalie Robehmed, eds. 2018. "The Celebrity 100: The World's Highest-Paid Entertainers." *Forbes*, July 16, 2018. www.forbes.com/celebrities/#4caa09845947.

- Online Etymology Dictionary. n.d. "Villain." Accessed June 6, 2020. www.etymonline.com/word/villain#etymonline_v_7791.

- Ord, Toby. 2020. *The Precipice*. New York: Hachette. 한국어판은 《사피엔스의 멸망》(커넥팅, 2021).

- Orlowski, Jeff, director. 2020. *The Social Dilemma* (film). Netflix. 한국어판은 〈소셜 딜레마〉.

- Oschatz, Corinna, and Caroline Marker. 2020. "Long-Term Persuasive Effects in Narrative Communication Research: A Meta-Analysis." *Journal of Communication* 70 (4): 473–496.

- Osgood, Kenneth. 2006. *Total Cold War: Eisenhower's Secret*

Propaganda Battle at Home and Abroad. Lawrence: University of Kansas Press.

- Packard, Vance. 1957. *The Hidden Persuaders*. New York: Ig Publishing.
- Paluck, Elizabeth Levy. 2009. "Reducing Intergroup Prejudice and Conflict Using the Media: A Field Experiment in Rwanda." *Journal of Personality and Social Psychology* 96:574–587.
- Panero, Maria. E., Deena S. Weisberg, Jessica Black, Thalia R. Goldstein, Jennifer L. Barnes, Hiram Brownell, and Ellen Winner. 2016. "Does Reading a Single Passage of Literary Fiction Really Improve Theory of Mind? An Attempt at Replication." *Journal of Personality and Social Psychology* 111 (5). doi:10.1037/pspa0000067.
- Parandowski, Jan. 2015. "Meeting with Joyce." *Studi Irlandesi. A Journal of Irish Studies* 5:135–142.
- Parker, Kim. 2019. "The Growing Partisan Divide in Views of Higher Education." *Pew Social Trends*, August 19, 2019. www.pewsocial trends.org/essay/the-growing-partisan-divide-in-views-of-higher-education/.
- Perlberg, Steven. 2020. "'There's No Antagonist': News Outlets Mull the Possible End of Their Editorial and Business-Side 'Trump Bump' Bonanza." Digiday, August 10, 2020. digiday.com/media/theres-no-antagonist-news-outlets-mull-the-possible-end-of-their-editorial-and-business-side-trump-bump-bonanza/.
- Pettegree, Andrew. 2014. *The Invention of News: How the World Came to Know About Itself*. New Haven, CT: Yale University Press. 한국어판은《뉴스의 탄생》(태학사, 2022).
- Pew Research Center's Forum on Religion and Public Life. 2012. *The Global Religious Landscape*. Pew Research Center, December

18, 2012. www.pewforum.org/2012/12/18/global-religious-landscape-exec/.

- Pinker, Steven. 2002. *The Blank Slate*. New York: Viking. 한국어판은《빈 서판》(사이언스북스, 2004).

- ———. 2012. *The Better Angels of Our Nature: Why Violence Has Declined*. New York: Penguin.《우리 본성의 선한 천사》(사이언스북스, 2014).

- ———. 2018a. *Enlightenment Now: The Case for Reason, Science, Humanism, and Progress*. New York: Viking. 한국어판은《지금 다시 계몽》(사이언스북스, 2021).

- ———. 2018b. "Steven Pinker Recommends Books to Make You an Optimist." *The Guardian*, February 26, 2018. www.theguardian.com/books/2018/feb/26/further-reading-steven-pinker-books-to-make-you-an-optimist.

- Piotrow, Phyllis, and Esta de Fossard. 2004. "Entertainment-Education as a Public Health Intervention." In *Entertainment-Education and Social Change: History, Research, and Practice*, edited by Arvind Singhal, M. J. Cody, M. Rogers, and M. Sabido, 39–60. Mahwah, NJ: Lawrence Erlbaum.

- Plato. 2016. *The Republic*. Translated by Allan Bloom. New York: Basic Books. 한국어판은《국가》(숲, 2013).

- Polti, Daniel. 2020. "Trump Reportedly Considering Launching 2024 Campaign During Biden's Inauguration." *Slate*, November 28, 2020. slate.com/news-and-politics/2020/11/trump-2024-campaign-biden-inauguration.html.

- Pomerantsev, Peter. 2019. *This Is Not Propaganda: Adventures in the War Against Reality*. London: Faber and Faber.

- Pomeroy, Sarah, Stanley M. Burstein, Walter Donlan, Jennifer Tolbert Roberts, David Tandy, and Georgia Tsouvala. 1999.

Ancient Greece: A Political, Social, and Cultural History. New York: Oxford University Press.

- Poniewozik James. 2019. *Audience of One: Donald Trump, Television, and the Fracturing of America*. New York: Liveright.
- Popper, Karl. 1945. *The Open Society and Its Enemies*. London: Routledge. 한국어판은《열린사회와 그 적들》(민음사, 2006).
- PornHub. 2019. "The 2019 Year in Review." PornHub Insights, December 11, 2019. www.pornhub.com/insights/2019-year-in-review.
- Power, J. Gerard, Sheila Murphy, and Gail Coover. 1996. "Priming Prejudice: How Stereotypes and Counter-Stereotypes Influence Attribution of Responsibility and Credibility Among Ingroups and Outgroups." *Human Communication Research* 23:36-58.
- Power, Samantha. 2013. *A Problem from Hell: America and the Age of Genocide*. New York: Basic Books. 한국어판은《미국과 대량 학살의 시대》(에코리브르, 2004).
- Pratkanis, Anthony, and Elliot Aronson. 1991. *Age of Propaganda: The Everyday Use and Abuse of Persuasion*. New York: W. H. Freeman. 한국어판은《프로파간다 시대의 설득전략》(커뮤니케이션북스, 2005).
- Prior, William. 2006. "The Socratic Problem." In *A Companion to Plato*, edited by Hugh Benson, 25-36. Hoboken, NJ: Blackwell.
- Pulizzi, Joe. 2012. "The Rise of Storytelling as the New Marketing." *Publishing Research Quarterly* 28:116-123.
- Rain, Marina, Elena Cilento, Geoff MacDonald, and Raymond A. Mar. 2017. "Adult Attachment and Transportation into Narrative Worlds." *Personal Relationships* 24:49-74.
- Ratajska, Adrianna, Matt I. Brown, and Christopher F. Chabris. 2020. "Attributing Social Meaning to Animated Shapes: A New

Experimental Study of Apparent Behavior." *American Journal of Psychology* 133:295–312.

- Ratcliffe, R. G. 2018. "Russians Sowed Divisions in Texas Politics, Says U.S. Senate Report." *Texas Monthly*, December 20, 2018. www.texasmonthly.com/news/russians-sowed-divisions-texas-politics-says-u-s-senate-report/.

- Reeves, Byron, and Clifford Nass. 1996. *The Media Equation: How People Treat Computers, Television, and New Media Like Real People and Places*. New York: Cambridge University Press. 한국어 판은 《미디어 방정식》(커뮤니케이션북스, 2001).

- Reilly, Conor. 2006. *Selenium in Food and Health*. 2nd ed. New York: Springer.

- Reinhart, R. J. 2020. "Fewer in U.S. Continue to See Vaccines as Important." *Gallup News*, January 14, 2020. news.gallup.com/poll/276929/fewer-continue-vaccines-important.aspx.

- Rhodes, Robert, ed. 1974. *Winston S. Churchill: His Complete Speeches, 1897–1963*. 8 vols. New York: Chelsea House.

- Richardson, Bradford. 2016. "Liberal Professors Outnumber Conservatives Nearly 12 to 1, Study Finds." *Washington Times*, October 6, 2016. www.washingtontimes.com/news/2016/oct/6/liberal-professors-outnumber-conservatives-12-1/.

- Ridley, Matt. 2010. *The Rational Optimist: How Prosperity Evolves*. New York: HarperCollins. 한국어판은 《이성적 낙관주의자》(김영사, 2010).

- Rieff, David. 2016. *In Praise of Forgetting: Historical Memory and Its Ironies*. New Haven, CT: Yale University Press.

- Riese, Katrin, Mareike Bayer, Gerhard Lauer, and Annekathrin Schacht. 2014. "In the Eye of the Recipient: Pupillary Responses to Suspense in Literary Classics." *Scientific Study of Literature* 4:211–

232.

- Roberts, Ian, ed. 2017. *The Oxford Handbook of Universal Grammar*. Oxford: Oxford University Press.

- Robinson, David. 2017. "Examining the Arc of 100,000 Stories: A Tidy Analysis." Variance Explained, April 26, 2017. varianceexplained.org/r/tidytext-plots/.

- Robson, David. 2017. "How East and West Think in Profoundly Different Ways." BBC Future, January 19, 2017. www.bbc.com/future/article/20170118-how-east-and-west-think-in-profoundly-different-ways.

- Rogers, Stuart. 1992 – 1993. "How a Publicity Blitz Created the Myth of Subliminal Advertising." *Public Relations Quarterly* 37 (Winter): 12 – 17.

- Rosenberg, Alex. 2018. *How History Gets Things Wrong*. Cambridge, MA: MIT Press.

- Rosin, Hanna. 2006. "How Soap Operas Can Change the World." *New Yorker*, June 5, 2006. www.newyorker.com/magazine/2006/06/05/life-lessons.

- Rowe, Christopher. 2006. "Interpreting Plato." In *A Companion to Plato*, edited by Hugh Benson. Hoboken, NJ: Blackwell.

- Saad, Lydia. 2020. "The U.S. Remained Center-Right, Ideologically, in 2019." Gallup News, January 9, 2020. news.gallup.com/poll/275792/remained-center-right-ideologically-2019.aspx.

- Sachs, Jonah. 2012. *Winning the Story Wars: Why Those Who Tell (and Live) the Best Stories Will Rule the Future*. Brighton, MA: Harvard Business Review Press. 한국어판은 《스토리 전쟁》(을유문화사, 2013).

- Samuel, Lawrence. 2010. *Freud on Madison Avenue: Motivation Research and Subliminal Advertising in America*. Philadelphia:

University of Pennsylvania.

- Santayana, George. 1905. *Reason in Common Sense*. New York: Scribner's.

- Sapolsky, Robert. 2018. *Behave: The Biology of Humans at Our Best and Worst*. New York: Penguin.

- Scalise Sugiyama, Michelle S. 2003. "Cultural Variation Is Part of Human Nature." *Human Nature* 14:383 – 396.

- Schiappa, Edward, Peter Gregg, and Dean Hewes. 2005. "The Parasocial Contact Hypothesis." *Communications Monographs* 72:92 – 115.

- ———. 2006. "Can One TV Show Make a Difference? *Will & Grace* and the Parasocial Contact Hypothesis." *Journal of Homosexuality* 5:15 – 37.

- Schick, Nina. 2020. *Deepfakes: The Coming Infocalypse*. New York: Twelve.

- Schmidt, Megan. 2020. "How Reading Fiction Increases Empathy and Encourages Understanding." *Discover Magazine*, August 28, 2020. www.discovermagazine.com/mind/how-reading-fiction-increases-empathy-and-encourages-understanding.

- Schulman, Eric. 2016. "Measuring Fame Quantitatively. Who's the Most Famous of Them All? (Part 2)." *Annals of Improbable Research Online*, August 29, 2016. www.improbable.com/wp-content/uploads/2016/08/MEASURING-FAME-part2-2016-09.pdf.

- Schulte, Gabriela. 2020. "Many Americans Are Buying into Baseless Theories Around COVID-19, Poll Shows." *The Hill*, August 27, 2020. thehill.com/hilltv/what-americas-thinking/514031-poll-majority-of-americans-buy-into-misinformation-surrounding.

- Sestero, Greg, and Tom Bissell. 2013. *The Disaster Artist: My Life*

Inside The Room, the Greatest Bad Movie Ever Made. New York: Simon & Schuster.

- Sestir, Marc, and Melanie C. Green. 2010. "You Are Who You Watch: Identification and Transportation Effects on Temporary Self-Concept." *Social Influence* 5:272–288.
- Shaer, Matthew. 2014. "What Emotion Goes Viral the Fastest?" *Smithsonian Magazine*, April 2014. www.smithsonianmag.com/science-nature/what-emotion-goes-viral-fastest-180950182/.
- Shane, Scott, and Mark Mazzetti. 2018. "The Plot to Subvert an Election: Unraveling the Russia Story So Far." *New York Times*, September 20, 2018. www.nytimes.com/interactive/2018/09/20/us/politics/russia-interference-election-trump-clinton.html.
- Shapiro, Ben. 2011. *Primetime Propaganda: The True Hollywood Story of How the Left Took Over Your TV*. New York: Broadside Books.
- Sharf, Zack. 2019. "Netflix Saved and Collected Every Choice Viewers Made in 'Black Mirror: Bandersnatch.'" Yahoo! Entertainment, February 13, 2019. www.yahoo.com/entertainment/netflix-saved-collected-every-choice-165856905.html.
- Sharot, Tali. 2017. *The Influential Mind*. New York: Henry Holt. 한국어판은 《최강의 영향력》(한국경제신문, 2019).
- Shedlosky-Shoemaker, Randi, Kristi A. Costabile, and Robert M. Arkin. 2014. "Self-Expansion Through Fictional Characters." *Self and Identity* 13:556–578.
- Shelley, Percy Bysshe. (1840) 1891. *A Defense of Poetry*. Boston: Ginn & Company.
- Shermer, Michael. 2002. *In Darwin's Shadow: The Life and Science of Alfred Russel Wallace*. New York: Oxford University Press.
- ———. 2015. *The Moral Arc: How Science Makes Us Better People*.

New York: Henry Holt. 한국어판은《도덕의 궤적》(바다출판사, 2018).

- Shome, Debika, and Sabine Marx. 2009. *The Psychology of Climate Change Communication: A Guide for Scientists, Journalists, Educators, Political Aides, and the Interested Public*, New York: Center for Research on Environmental Decisions.

- Shrum, L. 2012. *The Psychology of Entertainment Media: Blurring the Lines Between Entertainment and Persuasion*. New York: Routledge.

- Sidney, Philip. (1595) 1890. *The Defense of Poesy*. Cambridge, MA: Harvard University Press.

- Sies, Helmut. 2015. "Oxidative Stress: A Concept in Redox Biology and Medicine." *Redox Biology* 4:180–183. doi:10.1016/j.redox.2015.01.002.

- Singer, P. W., and Emerson Brooking. 2016. "War Goes Viral: How Social Media Is Being Weaponized." *The Atlantic*, November 2016. www.theatlantic.com/magazine/archive/2016/11/war-goes-viral/501125/.

- ———. 2018. *LikeWar: The Weaponization of Social Media*. New York: Houghton Mifflin Harcourt.

- Singh, Manvir. 2019. "The Sympathetic Plot: Identifying and Explaining a Narrative Universal." Preprint. June 2019. www.researchgate.net/publication/333968807_The_sympathetic_plot_Identifying_and_explaining_a_narrative_universal.

- Singhal, Arvind, and Everett Rogers. 2004. "The Status of Entertainment-Education Worldwide." In *Entertainment-Education and Social Change: History, Research, and Practice*, edited by Arvind Singhal, Michael J. Cody, Everett M. Rogers, and Miguel Sabido, 3–20. Mahwah, NJ: Lawrence Erlbaum.

- Slater, Michael, Benjamin K. Johnson, Jonathan Cohen, Maria

Leonora G. Comello, and David R. Ewoldsen. 2014. "Temporarily Expanding the Boundaries of the Self: Motivations for Entering the Story World and Implications for Narrative Effects." *Journal of Communication* 65:439–455.

- Smith, Daniel, Philip Schlaepfer, Katie Major, Mark Dyble, Abigail E. Page, James Thompson, Nikhil Chaudhary, et al. 2017. "Cooperation and the Evolution of Hunter-Gatherer Storytelling." *Nature Communications* 8:1–9.

- Soroka, Stuart, Patrick Fournier, and Lilach Nir. 2019. "Cross-National Evidence of a Negativity Bias in Psychophysiological Reactions to News." *Proceedings of the National Academy of Sciences* 116 (38): 18888–18892.

- Sorokin, Andrew Ross, Jason Karaian, Michael J. de la Merced, Lauren Hirsch, and Ephrat Livni. 2020. "The Media's Complicated Relationship with Trump: The Industry Has Enjoyed a Boom. Is a Bust Next?" *New York Times*, November 6, 2020. www.nytimes.com/2020/11/06/business/dealbook/media-trump-bump.html.

- Soto Laveaga, Gabriela. 2007. "'Let's Become Fewer': Soap Operas, Contraception, and Nationalizing the Mexican Family in an Overpopulated World." *Sexuality Research and Social Policy* 4 (3): 19–33.

- Spaulding, Charles B., and Henry A. Turner. 1968. "Political Orientation and Field of Specialization Among College Professors." *Sociology of Education* 41 (3): 247–262.

- Stanovich, Keith E. 2015. "Rational and Irrational Thought: The Thinking That IQ Tests Miss: Why Smart People Sometimes Do Dumb Things." *Scientific American*, January 1, 2015. www.scientificamerican.com/article/rational-and-irrational-thought-the-thinking-that-iq-tests-miss/.

- Stark, Rodney. 1996. *The Rise of Christianity: How the Obscure, Marginal Jesus Movement Became the Dominant Religious Force in the Western World in a Few Centuries*. New York: HarperCollins. 한국어판은《기독교의 발흥》(좋은씨앗, 2016).

- Stasavage, David. 2020. *The Decline and Rise of Democracy: A Global History from Antiquity to Today*. Princeton, NJ: Princeton University Press.

- Stephens, Greg, Lauren J. Silbert, and Uri Hasson. 2010. "Speaker-Listener Neural Coupling Underlies Successful Communication." *Proceedings of the National Academy of Sciences* 107:14425 – 14430.

- Stephenson, Jill. 2001. "Review Article: Resistance and the Third Reich." *Journal of Contemporary History* 36 (3): 507 – 516.

- Stever, Gayle. 2016. "Evolutionary Theory and Reactions to Mass Media: Understanding Parasocial Attachment." *Psychology of Popular Media Culture* 6 (2): 95 – 102. doi:10.1037/ppm0000116.

- ———. 2017. "Parasocial Theory: Concepts and Measures." In *International Encyclopedia of Media Effects*, edited by Patrick Rossler, Cynthia Hoffner, and Liesbet van Zoonen. New York: Wiley. doi:10.1002/9781118783764.wbieme0069.

- Stikic, Maja, Robin R. Johnson, Veasna Tan, and Chris Berka. 2014. "EEG-Based Classification of Positive and Negative Affective States." *Brain-Computer Interfaces* 1 (2): 99 – 112.

- Strauss, Leo. 1964. *The City and Man*. Chicago: University of Chicago Press.

- Strick, Madelijn, Hanka L. de Bruin, Linde C. de Ruiter, and Wouter Jonkers. 2015. "Striking the Right Chord: Moving Music Increases Psychological Transportation and Behavioral Transportation." *Journal of Experimental Psychology: Applied* 21:57 – 72.

- Strittmatter, Kai. 2020. *We Have Been Harmonized: Life in China's Surveillance State*. New York: Custom House.

- Stubberfield, Joseph. 2018. "Contemporary Folklore Reflects Old Psychology." *Evolutionary Studies in Imaginative Culture*, August 27, 2018. esiculture.com/blog/2018/8/27.

- Stubberfield, Joseph, Jamshid J. Tehrani, and Emma G. Flynn. 2017. "Chicken Tumours and a Fishy Revenge: Evidence for Emotional Content Bias in the Cumulative Recall of Urban Legends." *Journal of Cognition and Culture* 17:12 – 26.

- Sunstein, Cass. 1999. "The Law of Group Polarization." John M. Olin Program in Law and Economics Working Paper No. 91, 1 – 39.

- ———. 2019. *Conformity: The Power of Social Influences*. New York: New York University Press.

- Szalay, Jessie. 2016. "What Are Free Radicals?" Live Science, May 27, 2016. www.livescience.com/54901-free-radicals.html.

- Tajfel, H., and J. C. Turner. 1986. "The Social Identity Theory of Intergroup Behavior." *Psychology of Intergroup Relations* 5:7 – 24.

- Tal-Or, Nurit, and Yael Papirman. 2007. "The Fundamental Attribution Error in Attributing Fictional Figures' Characteristics to the Actors." *Media Psychology* 9:331 – 345.

- Taylor, A. E. 1926. *Plato: The Man and His Work*. New York: Routledge.

- Tarrant, Shira. 2016. *The Pornography Industry*. New York: Oxford University Press.

- Thornton, John. 1998. *Africa and Africans in the Making of the Atlantic World, 1400 – 1800*. Cambridge: Cambridge University Press.

- Thu-Huong, Ha. 2018. "These Are the Books Students at the Top US Colleges Are Required to Read." Quartz, January 27, 2018.

qz.com/602956/these-are-the-books-students-at-the-top-us-colleges-are-required-to-read/.

- Tolstoy, Leo. (1897) 1899. *What Is Art?* Translated by Aylmer Maude. New York: Thomas Y. Crowell. 한국어판은《예술이란 무엇인가》(범우, 2019).

- Tugend, Alina. 2014. "Storytelling Your Way to a Better Job or a Stronger Start-Up." *New York Times*, December 12, 2014, B4.

- Van Laer, Tom, Ko de Ruyter, Luca M. Visconti, and Martin Wetzels. 2014. "The Extended Transportation-Imagery Model: A Meta-Analysis of the Antecedents and Consequences of Consumers' Narrative Transportation." *Journal of Consumer Research* 40:797–817.

- Vezzali, Loris, Sofia Stathi, Dino Giovannini, Dora Capozza, and Elena Trifiletti. 2015. "The Greatest Magic of Harry Potter: Reducing Prejudice." *Journal of Applied Social Psychology* 45:105–121.

- Vonnegut, Kurt. 2018. "Story Shapes According to Kurt Vonnegut: Man in Hole." Filmed September 1, 2018. YouTube video, 1:05. www.youtube.com/watch?v=1w7IueiJHAQ&ab_channel=Ira Portman.

- Vosoughi, Soroush, Deb Roy, and Sinan Aral. 2018. "The Spread of True and False News Online." *Science* 359:1146–1151.

- Wagner, James Au. 2016. "VR Will Make Life Better—or Just Be an Opiate for the Masses." *Wired*, February 25, 2016. www.wired.com/2016/02/vr-moral-imperative-or-opiate-of-masses/.

- Warren, Robert Penn. 1969. *Audubon*. New York: Random House.

- Weber, Rene, Ron Tamborini, Hye Eun Lee, and Horst Stipp. 2008. "Soap Opera Exposure and Enjoyment: A Longitudinal Test of Disposition Theory." *Media Psychology* 11:462–487.

- Weinberger, Sharon. 2014. "Building the Pentagon's 'Like Me'

Weapon." BBC Future, November 18, 2014. www.bbc.com/future/article/20120501-building-the-like-me-weapon.

- Weldon, Laura Grace. 2011. "Fighting 'Mean World Syndrome.'" *Wired*, January 27, 2011. www.wired.com/2011/01/fighting-mean-world-syndrome/.

- Whitley, David S. 2009. *Cave Paintings and the Human Spirit: The Origin of Creativity and Belief*. Amherst, NY: Prometheus.

- Wiessner, Polly. 2014. "Embers of Society: Firelight Talk Among the Ju/'hoansi Bushmen." *Proceedings of the National Academy of Sciences* 111:14027–14035.

- Wikipedia. 2021. "List of Highest Grossing Films." Last modified March 11, 2021, accessed January 26, 2021. en.wikipedia.org/wiki/List_of_highest-grossing_films#Highest-grossing_franchises_and_film_series.

- Williams, Bernard. 1981. *Moral Luck*. New York: Cambridge University Press.

- Wilson, David. 2003. *Darwin's Cathedral: Evolution, Religion, and the Nature of Society*. Chicago: University of Chicago Press. 한국어판은《종교는 진화한다》(아카넷, 2004).

- Wilson, Timothy, David A. Reinhard, Erin C. Westgate, Daniel T. Gilbert, Nicole Ellerbeck, Cheryl Hahn, Casey L. Brown, and Adi Shaked. 2014. "Just Think: The Challenges of the Disengaged Mind." *Science Magazine* 345:75–77.

- Wise, Jeff. 2009. *Extreme Fear: The Science of Your Mind in Danger*. New York: Palgrave Macmillan.

- World Health Organization. *WHO Report on the Global Tobacco Epidemic, 2008*. World Health Organization, 2008. www.who.int/tobacco/mpower/2008/en/.

- Wright, Robert. 2010. *The Evolution of God*. New York: Back Bay

Books. 한국어판은《신의 진화》(동녘사이언스, 2010).

- Wu, Tim. 2016. *The Attention Merchants: The Epic Scramble to Get Inside Our Heads*. New York: Knopf. 한국어판은《주목하지 않을 권리》(알키, 2019).

- Wylie, Christopher. 2019. *Mindf*ck: Cambridge Analytica and the Plot to Break America*. New York: Random House.

- Zak, Paul J. 2013. *The Moral Molecule: How Trust Works*. New York: Plume.

- ―――. 2015. "Why Inspiring Stories Make Us React: The Neuroscience of Narrative." *Cerebrum* 2015:2.

- Zebregs, S., Bas van den Putte, Peter Neijens, and Anneke de Graaf. 2015. "The Differential Impact of Statistical and Narrative Evidence on Beliefs, Attitude, and Intention: A Meta-Analysis." *Health Communication* 30 (3): 282–289.

- Zillmann, Dolf. 2000. "Humor and Comedy." In *Media Entertainment: The Psychology of Its Appeal*, edited by D. Zillmann and P. Vorderer, 37–57. Mahwah, NJ: Lawrence Erlbaum.

- Zillmann, Dolf, and Joanne R. Cantor. 1977. "Affective Responses to the Emotions of a Protagonist." *Journal of Experimental Social Psychology* 13 (2): 155–165.

- Zimmerman, Jess. 2017. "It's Time to Give Up on Facts." *Slate*, February 8, 2017. slate.com/technology/2017/02/counter-lies-with-emotions-not-facts.html.

- Zuboff, Shoshana. 2020. *The Age of Surveillance Capitalism: The Fight for a Human Future at the New Frontier of Power*. New York: PublicAffairs. 한국어판은《감시 자본주의 시대》(문학사상, 2021).

주

머리말 : 결코 이야기꾼을 믿지 말라

1. Brinthaupt 2019; 또한 Geurts 2018; Kross 2021도 보라.
2. Gould 1994, 282.
3. Colapinto 2021.
4. Green and Clark 2012.
5. Oksman 2016.
6. Baird 1974.
7. Ahren 2020; Baird 1974.
8. 이 용어는 E. M. 포스터의《소설의 양상》(1927)에서 차용했다. 호모 픽투스는 포스터가 픽션 등장인물을 뭉뚱그려 일컫는 용어이며 그는 이것을 실제 호모 사피엔스와 흥미롭게 구분한다.
9. Davies, Cillard, Friguet et al. 2017.
10. 산화 스트레스와 '산소 역설'에 대해서는 Davies 2016; Davies and Ursini 1995; Sies 2015; Szalay 2016을 보라. 필수적 독 같은 영양소에 대해서는 Reilly 2006을 보라.
11. 인간 진화에서 스토리텔링이 맡은 결정적 역할에 대해서는 Boyd 2009; Boyd, Carroll, and Gottschall 2010; Gottschall 2012; Harari 2015를 보라.

1. "이야기꾼이 세상을 다스린다"

1. Nielsen Global Media 2020.
2. Wise 2009.
3. 스토리텔링이 뇌에 미치는 영향에 대해서는 Krendl et al. 2006; Morteza et al. 2017; Stephens, Silbert, and Hasson 2010을 보라. 주변 시야 상실에 대해서는 Bezdek and Gerrig 2017; Cohen, Shavalian, and Rube 2015를 보라. 동공 반사와 눈 깜박임 반사에 대해서는 Kang

and Wheatley 2017; Nomura and Okada 2014; Nomura et al. 2015; Riese et al. 2014를 보라. 엔도르핀 급증과 통증 내성 증가에 대해서는 Dunbar et al. 2016을 보라. 쾌감과 측정 가능한 생리 반응의 상관관계에 대해서는 Andersen et al. 2020을 보라.

4. Burke and Farbman 1947. 코이산족 스토리텔링에 대한 전반적 사항은 Wiessner 2014를 보라.

5. 스토리텔링의 진화적 수수께끼에 대해 어떤 답이 제시되었는지에 대해서는 Boyd 2009; contributors to Boyd, Carroll, and Gottschall 2010; Carroll et al. 2012; Dissanayake 1990, 1995; Dutton 2009; Gottschall 2012; Pinker 2002를 보라.

6. Damasio 2010, 293; 또한 Asma 2017, 152를 보라.

7. Smith et al. 2017.

8. O'Malley and Robehmed 2018.

9. Flavel et al. 1990.

10. Bezdek, Foy, and Gerrig 2013; Dibble and Rosaen 2011; Giles 2002; Hall 2019; Rain et al. 2017; Schiappa, Gregg, and Hewes 2005, 2006; Singh 2019; Stever 2016, 2017.

11. Tal-Or and Papirman 2007.

12. Cantor 2009.

13. 서사이동의 개요에 대해서는 Bezdek and Gerrig 2017; Gerrig 1993; Green and Brock 2000; Green and Dill 2013; Strick et al. 2015; van Laer et al. 2014를 보라.

14. Green and Brock 2000.

15. van Laer et al. 2014.

16. Shapiro 2011, xx.

17. Shapiro 2011, xii.

18. Dreier 2017; Drum 2018; Ellis and Stimson 2012를 보라. 수 세기 동안 관찰된 자유화 추세에 대해서는 Pinker 2018a를 보라.

19. McCarthy 2020.

20. Ellithorpe and Brookes 2018.

21. Shedlosky-Shoemaker, Costabile, and Arkin 2014.

22. Dibble and Rosaen 2011; Schiappa, Gregg, and Hewes 2005, 2006.

23. 호감 가는 흑인이 등장하는 드라마를 백인이 보았을 때 편견이 감소하는 현상에 대해서는 Power, Murphy, and Coover 1996을 보라. 무슬림이거나 장애인인 텔레비전 등장인물과 관계된 비슷한 효과에 대해서는 Murrar and Brauer 2018을 보라. 국제적 환경에서 대중적 픽션이 미치는 친사회적 연구에 대해서는 Paluck 2009; Piotrow and Fossard 2004; Rosin 2006; Singhal and Rogers 2004; Soto Laveaga 2007을 보라.

24. Murrar and Brauer 2018. 다양성 교육의 제한적 효과에 대해서는 Dobbin and Kale 2013; Chang et al. 2019를 보라.

25. Coleridge 1817, chap. 14.

26. Wilson et al. 2014를 보라.

27. 스토리텔링 현실도피론의 과학적 타당성에 대해서는 Slater et al. 2014를 보라.

28. Copeland 2017; Killingsworth and Gilbert 2010; Wilson et al. 2014; Kross 2021을 보라.

29. Corballis 2015; Kross 2021.

30. Nicholson and Trautman 1975–1980, 5:319.

31. Barraza et al. 2015; Dunbar et al. 2016; Nabi, Prestin, and So 2016; Zak 2013, 2015.

32. 이야기의 유효 성분 비유에 대해서는 Green 2008, 48을 보라.

2. 스토리텔링의 흑마술

1. 플라톤의 《국가》에 대한 나의 견해에 영향을 준 빼어난 학술 저작은 다음과 같다. Arieti 1991; Benson 2006; contributors to Blondell 2002; Bloom 1968; Hamilton 1961; Havelock 1963; Howland 2004; Janaway 1995, 2006; Kirsch 1968; Levinson 1953; Popper 1945;

Pomeroy et al. 1999; Strauss 1964; Taylor 1926.

2. Van Laer et al. 2014, 798.

3. 스토리텔링에 대한 경제경영서가 쏟아지고 있는 사례에 대해서는 Gallo 2016; Godin 2012; Guber 2011; Sachs 2012를 보라.

4. Singer and Brooking 2016, 2018.

5. Halper 2013.

6. 제임스 비커리에 대한 정보는 Crandall 2006; Crispin Miller 2007; Pratkanis and Aronson 1991; Rogers 1992－1993; Samuel 2010을 보라.

7. 마인드 컨트롤에 대한 20세기 중엽의 공포에 대해서는 Holmes 2017; Jacobsen 2015; Kinzer 2020; Marks 1979를 보라.

8. Samuel 2010, 95에서 재인용.

9. Samuel 2010, 95에서 재인용.

10. Haberstroh 1994; O'Barr 2013; Rogers 1992－1993; Samuel 2010.

11. O'Barr 2013.

12. Tugend 2014; 또한 Pulizzi 2012를 보라.

13. Godin 2012.

14. Guber 2011.

15. Krendl et al. 2006; Morteza et al. 2017; Stephens et al. 2010. 호르몬 동조에 대해서는 Zak 2013, 2015; Dunbar et al. 2016을 보라. 생리적 동기화의 또 다른 근거에 대해서는 Bracken et al. 2014를 보라.

16. Bower and Clark 1969; Dahlstrom 2014; Graesser et al. 1980; Haidt 2012a, 281; Kahneman 2011, 29. 세계기억력선수권대회에서는 누가 가장 많은 정보를 가장 빨리 암기할 수 있는지 겨룬다.《1년 만에 기억력 천재가 된 남자》(2012)에서 조슈아 포어는 타고난 기억력보다 스토리텔 링 기법이 관건임을 보여준다. 참가자들은 정보를 이야기로 바꿈으로써 무작위 낱말이나 숫자의 어마어마한 목록을 암기하는 등 불가능해 보이 는 기억의 위업을 달성한다.

17. 3장을 보라.

18. Lyons 1956에서 재인용.

19. Damasio 2005; Lerner et al. 2015.

20. Bail et al. 2018; Kolbert 2017.

21. Braddock and Dillard 2016; Oschatz and Marker 2020; van Laer et al. 2014의 메타 분석을 보라. 또한 Brechman and Purvis 2015; De Graaf and Histinx 2011; Green and Clark 2012; Green and Dill 2013; Murphy et al. 2013; Nabi and Green 2015; Shrum 2012; Strick et al. 2015를 보라. 하지만 일부 연구에서는 이야기 기반 의사소통이 설득력 면에서 아무런 이점이 없었다. Allen and Preiss 1997; Ecker, Butler, and Hamby 2020; Zebregs et al. 2015.

22. Van Laer et al. 2014.

23. Mikkelson 2008.

24. Dahlstrom 2014; 또한 Lee 2002를 보라.

25. Hamby and Brinberg 2016; Hamby, Brinberg, and Daniloski 2017.

26. Didion 1976, 270.

27. Gardner 1978, 39.

28. Gardner 1983, 87.

29. Sharf 2019.

30. 이런 유형의 연구(와 그 밖의 많은 연구)에 대한 훌륭한 개요는 Dill-Shackleford and Vinney 2020에서 볼 수 있다.

31. Del Giudice, Booth, and Irwing 2012; Jarrett 2016.

32. Brechman and Purvis 2015; Chen 2015를 보라. 서사이동 가능성의 성차에 대해서는 van Laer et al. 2014를 보라.

33. Jacobsen 2015, 7.

34. Cha 2015; Defense Advanced Research Projects Agency. n.d.; Weinberger 2014.

35. Barraza et al. 2015. 비슷한 연구로는 Correa et al. 2015; Stikic et al. 2014를 보라. 다르파의 뇌·컴퓨터 인터페이스 제작 시도에 대한 개요로는 Miranda et al. 2015를 보라. 다르파의 자금 지원으로 '머리뼈경유 자기 시뮬레이션(transcranial magnetic simulation)'을 이용하여 서사 처리

를 바꾸려는 시도에 대해서는 Corman et al. 2013을 보라.

36. 중화인민공화국은 이런 데이터를 끌어모아 억압적 목적으로 이용하는 최악의 시나리오를 보여주고 있다(Anderson 2020; Strittmatter 2020). 신기술이 독심술과 심리 조종에 어떻게 쓰이는지에 대해서는 Fields 2020을 보라.

37. Bentham 1791.

38. Lanier 2019, 8. 온라인 빅데이터 아키텍처와 행동 통제에 대한 정보는 Orlowski 2020; Wu 2016; Wylie 2019; Zuboff 2020을 보라.

39. Pomerantsev 2019; Shane and Mazzetti 2018.

40. Shane and Mazzetti 2018.

41. Pomerantsev 2019; Ratcliffe 2018; Shane and Mazzetti 2018; Wylie 2019.

42. Thu-Huong 2018. 대학 수업에서 가장 흔히 지정되는 교재와 관련하여 끊임없이 갱신되는 지표로는 Open Syllabus Project(opensyllabus. org/)를 보라.

43. Sidney (1595) 1890, 41.

3. 이야기나라를 장악하려는 대전쟁

1. Grube 1927.

2. 전체주의 사회에서 어떻게 스토리텔링(을 비롯한 예술 형식)을 통제하는지에 대해서는 Arendt (1948) 1994를 보라. 마오쩌둥 치하 중국에 대해서는 Chiu and Shengtian 2008; Leese 2011; Mittler 2012를 보라. 북한에 대해서는 Lankov 2013; Martin 2004; Myers 2010을 보라. 소련에 대해서는 Brandenberg 2011; Kenez 1974; Osgood 2006을 보라. 최근 세계를 휩쓴 우익 권위주의 운동에서도 비슷한 역학이 작동하지만, 잔혹한 탄압보다는 서사적 지배에 훨씬 치중한다(Guriev and Treisman 2019).

3. Tolstoy (1897) 1899, chap. 15.

4. Berger 2012; AVAAZ 2020; Heath, Bell, and Sternberg 2001;

Stubbersfield 2018; Vosoughi, Roy, and Aral 2018.

5. Nabi and Green 2015, 151.

6. Stubberfield 2018; 또한 Heath, Bell, and Sternberg 2001; Stubberfield et al. 2017을 보라.

7. Brady et al. 2017; 또한 Lee and Xu 2018을 보라.

8. Berger 2013; Berger and Milkman 2012; Brady et al. 2017; Hamby and Brinberg 2016; Jones, Libert, and Tynski 2016; Shaer 2014; Sharot 2017; Vosoughi, Roy, and Aral 2018.

9. 초창기 예수 운동에 대한 나의 서술은 대체로 바트 어먼의 여러 책(2007, 2014, 특히 2018)에 근거했다. 그 밖의 참고문헌으로는 Mitchell 1991과 Stark 1996이 있다.

10. 종교 및 공공생활을 위한 퓨연구소에 따르면 세계 인구의 31.5퍼센트가 기독교를 믿는다. 신자가 두 번째로 많은 종교는 세계 인구의 23.2퍼센트를 차지하는 이슬람교다(Pew Research Center's Forum on Religion and Public Life 2012를 보라).

11. Pew Research Center's Forum on Religion and Public Life 2012.

12. Ehrman 2018, 119.

13. Ehrman 2018; 또한 Stark 1996을 보라.

14. Ehrman 2018, 153.《두렵고 황홀한 역사》(2020)에서 어먼은 일관된 내세관이 성경에서 도출되지 않으며 그리스도 시대 이후에 점진적으로 진화했을 뿐이라고 강조한다.

15. Ehrenreich 2021; Enten 2017; Ghose 2016; Henley and McIntyre 2020; O'Connor and Weatherall 2019; Schulte 2020.

16. Vosoughi, Roy, and Aral 2018.

17. Havelock 1963, 4에서 재인용.

18. Mar 2004, 1414.

19. Campbell 1949.

20. 지평설 운동에 대한 나의 주 자료는 Garwood 2007이다. 그 밖의 자료는 다음과 같다. Burdick 2018; Loxton 2018; Shermer 2002. 지평설 운

동은 19세기로 거슬러 올라가는데, 콜럼버스에 대해 당신이 아는 것과
달리 지난 2000년을 통틀어 학식 있는 사람들이 지구가 평평하다고 생
각한 적은 단 한 번도 없었기 때문이다.

21. Branch and Foster 2018.

22. Hambrick and Burgoyne 2016; Sharot 2017, 22–23; Stanovich
     2015.

23. Garwood 2007을 보라.

24. 전산학자 기욤 샬로(Guillaume Chaslot)의 표현. Orlowski 2020에서
     재인용.

25. Franks, Bangerter, and Bauer 2013. 유사 종교로서의 큐어논 운동에
     대해서는 LaFrance 2020을 보라.

26. Lenzer 2019; Mecklin 2017; Shome and Marx 2009.

27. Baumeister et al. 2001; Fessler, Pisor, and Navarrete 2014; see also
     Soroka, Fournier, and Nir 2019.

4. 이야기의 보편문법

1. 《피네간의 경야》에 대한 논의는 앞서 발표한 논문(Gottschall 2013)을
    참고했다.

2. 제임스 조이스와 《피네간의 경야》에 대해 참고한 자료는 다음과 같다.
    Bowker 2011; Hayman 1990; O'Brien 1999.

3. 조이스가 해리엇 위버에게 보낸 편지에서. Hayman 1990, 36에서 재인용.

4. O'Brien 1999, 146.

5. Bloom 1994, 422.

6. Parandowski 2015, 141.

7. O'Brien 1999.

8. Chomsky 1965를 보라. 보편문법에 대한 현대적 생각의 개요에 대해서
    는 Roberts 2017을 보라. 비판에 대해서는 Dabrowska 2015; Dor 2015
    를 보라.

9. 문화적 특수성으로 인해 《햄릿》 같은 이야기들은 다른 문화에 속한 사

람들에게는 해독이 거의 불가능하다는 주장이 있다(Bohannon 1966). 하지만 문학자 미셸 스칼리스 스기야마(Michelle Scalise Sugiyama 2003)는 이 주장을 논파하여 전혀 다른 문화에서 온 사람들도 일단 문화적 차이가 설명되면《햄릿》같은 이야기를 따라가는 데 아무 문제가 없음을 밝혔다.

10. Nietzsche (1882) 1974, 74.

11. 반세기 넘도록 비판이론의 지배적 규칙은 인간 본성에 타고난 규칙성이 있어서 이것이 모든 인구 집단에서 보편적으로 발견되는 이야기의 규칙성을 낳는다는 주장을 체계적으로 부정하라는 것이었다. Gottschall 2008; Hogan 2003을 보라.

12. 게일 다인스가《포르노랜드》(2011)에 썼듯 포르노 소비에 대해 신뢰할 만한 데이터를 찾는 일은 힘들다. 포르노 소비의 규모와 관련하여 정보에 입각한 추측으로는 Shira Tarrant 2016이 있다. 하지만 사람들이 인터넷에 접속할 수 있는 곳에서는 어디서나 포르노 소비가 헤아릴 수 없을 만큼 막대하다는 데는 모든 문헌이 동의한다. 포르노 소비의 규모에 대한 (불완전할지언정) 탄탄한 지표는 PornHub에서 해마다 수집하는 통계다. 2019년에만 해도 169년어치 포르노가 PornHub에 업로드되었으며 사람들은 총 450억 회 방문에 50억 시간이 넘는 분량의 포르노를 소비했다. PornHub는 세계에서 으뜸가는 포르노 사이트다. 하지만 이 수치에는 그 밖의 포르노 사이트 수백만 곳으로 가는 트래픽이 빠져 있는데, 상당수는 매우 높은 트래픽을 기록한다. PornHub 2019를 보라.

13. Robinson 2017.

14. 스토리텔링의 부정 편향에 대한 설명은 Gottschall 2012를 보라.

15. 《햄릿》3막 2장.

16. Morin, Sobchuk, and Acerbi 2019.

17. Santayana 1905, 284.

18. Muchembled 2012, 263.

19. Muchembled 2012; Pettegree 2014.

20. Pinker 2012, 2018a. 비슷한 낙관적 논증으로는 Ridley 2010; Shermer

2015; Pinker 2018b의 권장 도서 목록을 보라.

21. Klein 2020.

22. Ord 2020.

23. Grabe 2012; 또한 Soroka, Fournier, and Nir 2019를 보라.

24. Pinker 2018a, 35.

25. Plato 2016, 359.

26. Appel 2008; Gerbner et al. 2006; Weldon 2011.

27. 비루한 세계관과 뉴스 소비 사이의 연관성에 대해서는 Appel 2008;
     Dahlstrom 2014를 보라.

28. James 2018.

29. Kahneman 2011, 207.

30. Vonnegut 2018.

31. 픽션의 깊은 도덕성에 대한 고전적 서술로는 Gardner 1978; see also
     Carroll et al. 2012를 보라.

32. Singh 2019.

33. Zillmann 2000. 아동에게 들려주는 이야기 패턴의 동일성에 대해서는
     Zillmann and Cantor 1977을 보라.

34. Weber et al. 2008.

35. Boehm 2001.

36. Kjeldgaard-Christiansen 2016, 109, 116.

37. 예술 행위가 진화한 데는 사회의 응집력을 증진하기 위한 탓도 있다는
     초기 논증으로는 Darwin 1871; Dissanayake 1990, 1995를 보라.

38. Dunbar et al. 2016.

39. Smith et al. 2017.

40. Cunliffe 1963, 204; Liddell and Scott 1940을 보라.

41. Zillmann 2000, 38.

42. Frye (1957) 2020, 47.

43. Rosenberg 2018, 244.

5. 모든 것이 산산조각 나면

1. 르완다 집단살해에 대한 역사적 개관으로는 Gourevitch 1998; Power 2013을 보라.

2. Paluck 2009.

3. Argo, Zhu, and Dahl 2008; Djikic and Oatley 2013; Kuzmičová et al. 2017; Mar et al. 2006; Mumper and Gerrig 2017; Schmidt 2020. 동일시로 알려진 강력한 형태의 이야기 기반 공감에 대해서는 Hall 2019; Hoeken, Kolthoff, and Sanders 2016; Hoeken and Sinkeldam 2014; Nabi and Green 2015; Sestir and Green 2010을 보라.

4. Vezzali et al. 2015.

5. Djikic and Oatley 2013; Johnson et al. 2013; Kidd and Castano 2013; Mar et al. 2006. 연구의 개관은 Mumper and Gerrig 2017을 보라. 스토리텔링의 도덕적 효과에 대한 연구의 개관은 Hakemulder 2000을 보라. 공감 효과의 재현 실패에 대해서는 Panero et al. 2016을 보라.

6. Gardner 1978, 147을 보라.

7. 르완다 집단살해에서 후투족의 힘 선전이 행한 역할은 Gourevitch 1998을 보라.

8. Bloom 2016, 31. 공감의 단점에 대한 그 밖의 논의로는 Brinthaupt 2019; Sapolsky 2018을 보라.

9. Bloom 2016. 자살폭탄 테러범을 부추기는 모든 요인에 대한 폭넓은 서술로는 Atran 2003, 2006을 보라.

10. Burroway 2003, 32.

11. Barnes and Bloom 2014.

12. Breithaupt 2019, 17.

13. Bietti, Tilston, and Bangerter 2018; Tajfel and Turner 1986을 보라.

14. Rieff 2016, 138에서 재인용.

15. Rosenberg 2018, 29.

16. Rieff 2016에서 묘사.

17. Santayana 1905, 284.
18. Rieff 2016, 87.
19. 아일랜드 작가 휴버트 버틀러(Hubert Butler)의 표현. Rieff 2016, 39에
    서 재인용.
20. Rieff 2016, 64.
21. Rosenberg 2018, 5.
22. Rosenberg 2018, 246.
23. 플라톤의《국가》3권.
24. 플라톤의《국가》10권.
25. 플라톤의《국가》3권.
26. Baldwin 1992, 101 – 102.
27. Chua 2007, xxv.
28. 도덕적 행운에 대한 철학적 사유의 개관으로는 Hartman 2019; Nelkin
    2019를 보라. 또한 중요한 철학 문헌으로는 Nagel 1979와 Williams
    1981을 보라.
29. 이 사례는 Nagel 1979에 실린 나치에 대한 비슷한 성찰에서 영감을 얻
    었다.
30. Mommsen 1999; Stephenson 2001.
31. Law 1985.

6. 현실의 종말

1. Heider and Simmel 1944. 하이더와 지멜의 결론을 확증하는 연구로는
   Klin 2000; Ratajska, Brown, and Chabris 2020을 보라.
2. Heider 1983, 148.
3. Kahneman 2011.
4. 연구의 개요에 대해서는 Sapolsky 2018, 455; 또한 Haidt 2012a를 보라.
5. Harris 2012, 9.
6. Kahneman 2011; Sapolsky 2018을 보라.
7. Harris 2012, 45.

8. Tolstoy (1897) 1899, 43.

9. McLuhan (1962) 2011.

10. Poniewozik 2019.

11. Lanier 2019, 20.

12. Poniewozik 2019.

13. Pinker 2018a; Ridley 2010.

14. Kessler 2021.

15. Schulman 2016.

16. Newman et al. 2018; Perlberg 2020; Sorokin et al. 2020. 출판계의 "트럼프 특수(Trump Bump)"에 대해서는 Alter 2020을 보라.

17. Kahn 2020; Kim 2020.

18. Polti 2020.

19. Cillizza 2014.

20. Langbert, Quain, and Klein 2016.

21. Sunstein 1999, 2019.

22. Saad 2020.

23. Jaschik 2016, 2017; Langbert 2019; Langbert, Quain, and Klein 2016; Langbert and Stevens 2020.

24. Langbert 2019.

25. Parker 2019; 또한 Jaschik 2018; Jones 2018을 보라. 그나저나 비슷한 여론 조사에서는 공화당 지지자의 90퍼센트 가까이가 대중매체를 "그다지" 또는 "전혀" 신뢰하지 않는다고 응답했다(Brenan 2020).

26. Kashmir and White 2020.

27. Plato 2016, 290.

28. Bazelon 2020; Schick 2020.

29. Bzelon 2020; Pomerantsev 2019. 탈진실을 "우리 민주주의에 대한 최대 위협"으로 본 버락 오바마 대통령의 견해에 대해서는 Goldberg 2020을 보라.

30. Rhodes 1974, 7:7566.

31. Boehm 2001; Stasavage 2020을 보라.

32. 민주적 전통을 가진 소규모 사회가 대규모 독재 사회로 바뀌는 과정은 Stasavage 2020에서 자세히 서술한다.

33. Vosoughi, Roy, and Aral 2018.

34. AVAAZ 2020.

35. 규제 제안에 대해서는 Zuboff 2020을 보라.

36. Bietti, Tilston, and Bangerter 2018.

37. 또한 Anderson 2020; *Frontline* 2020; Strittmatter 2020을 보라.

38. Mingfu 2015, loc. 457.

39. Robson 2017.

결론: 모험에의 소명

1. 튀크 도두베르 동굴의 선사시대 조각에 대한 이 논의는 앞서 발표한 논문(Gottschall 2016)을 참고했다.

2. 튀크 도두베르 동굴의 진흙 들소에 대한 문헌으로는 Begouen et al. 2009; Breuil 1979; Brodrick 1963; Lewis-Williams 2002; Whitley 2009를 보라.

3. 《네이처》에 실린 최근 논문에서 고고학자 막심 오베르(Maxime Aubert)와 동료들(2019)은 이렇게 주장한다. "인간은 이야기를 만들고 말하고 소비하려는 적응적 성향을 가진 듯하다. 선사시대 동굴 미술은 서사적 구성이나 '장면'의 형태로 된 최초의 스토리텔링을 엿볼 수 있는 가장 직접적인 자료다"(442). 선사시대 미술에 대한 비슷한 논증으로는 Azéma and Rivère 2012; Mithen 2009를 보라.

4. Popper 1945.

5. Shelley (1840) 1891; Sidney (1595) 1890을 보라.

6. 호메로스, 《일리아스》 14권 86~87행.

7. Pomeroy et al. 1999.

찾아보기

도서, 신문, 잡지 등

이야기를 횡단하는
호모 픽투스의 모험

초판 1쇄 인쇄 2023년 02월 09일
초판 1쇄 발행 2023년 02월 22일

지은이 조너선 갓셜
옮긴이 노승영
펴낸이 이승현

출판2 본부장 박태근
지적인 독자 팀장 송두나
디자인 함지현

펴낸곳 ㈜위즈덤하우스 **출판등록** 2000년 5월 23일 제13-1071호
주소 서울특별시 마포구 양화로 19 합정오피스빌딩 17층
전화 02) 2179-5600 **홈페이지** www.wisdomhouse.co.kr

ISBN 979-11-6812-573-5 03300